"本科教学工程"全国服装专业规划教材

高等教育"十二五"部委级规划教材

服装商品企划

FUZHUANG SHANGPIN QIHUA

唐虹 主编

化学工业出版社

·北 京·

服装商品企划是介绍服装企业商品企划流程和服装设计企划、管理过程的基础理论课程。该企划根据服装的属性特点展开，具有符合时代潮流特征以及社会思想系统和创意性整合的特性。本书介绍了服装商品企划的基本概念、程序、方法与战略，内容包括服装品牌企划、服装设计企划、服装品类企划、营销企划与市场调研、终端店铺管理企划、财务预算企划等，强调可操作性和案例教学，每一章都配有思考题和实践训练题。

本书可作为高等院校服装设计与工程、纺织工程等专业的教材，也可为从事服装行业商品企划的工作人员提供参考。

图书在版编目（CIP）数据

服装商品企划/唐虹主编. —北京：化学工业出版社，2014.1(2020.2 重印)
“本科教学工程”全国服装专业规划教材
高等教育“十二五”部委级规划教材
ISBN 978-7-122-19115-1

Ⅰ.①服… Ⅱ.①唐 Ⅲ.①服装企业-营销管理-高等学校-教材 Ⅳ.①F407.866

中国版本图书馆CIP数据核字（2013）第279224号

责任编辑：李彦芳　　装帧设计：史利平
责任校对：宋　夏

出版发行：化学工业出版社（北京市东城区青年湖南街13号　邮政编码100011）
印　　刷：北京京华铭诚工贸有限公司
装　　订：三河市振勇印装有限公司
787mm×1092mm　1/16　印张$15^1/_2$　字数371千字　2020年2月北京第1版第5次印刷

购书咨询：010-64518888　　售后服务：010-64518899
网　　址：http://www.cip.com.cn
凡购买本书，如有缺损质量问题，本社销售中心负责调换。

定　　价：39.80元

“本科教学工程”全国纺织服装专业规划教材编审委员会

序

Preface

教育是推动经济发展和社会进步的重要力量，高等教育更是提高国民素质和国家综合竞争力的重要支撑。近年来，我国高等教育在数量和规模方面迅速扩张，实现了高等教育由“精英化”向“大众化”的转变，满足了人民群众接受高等教育的愿望。我国是纺织服装教育大国，纺织本科院校47所，服装本科院校126所，每年2万余人通过纺织服装高等教育。现在是纺织服装产业转型升级的关键期，纺织服装高等教育更是承担了培养专业人才、提升专业素质的重任。

化学工业出版社作为国家一级综合出版社，是国家规划教材的重要出版基地，为我国高等教育的发展做出了积极贡献，被原新闻出版总署评价为“导向正确、管理规范、特色鲜明、效益良好的模范出版社”。依照《教育部关于实施卓越工程师教育培养计划的若干意见》（教高[2011]1号文件）和《财政部 教育部关于“十二五”期间实施“高等学校本科教学质量与教学改革工程”的意见》（教高[2011]6号文件）两个文件精神，2012年10月，化学工业出版社邀请开设纺织服装类专业的26所骨干院校和纺织服装相关行业企业作为教材建设单位，共同研讨开发纺织服装“本科教学工程”规划教材，成立了“纺织服装‘本科教学工程’规划教材编审委员会”，拟在“十二五”期间组织相关院校一线教师和相关企业技术人员，在深入调研、整体规划的基础上，编写出版一套纺织服装类相关专业基础课、专业课教材，该批教材将涵盖本科院校的纺织工程、服装设计与工程、非织造材料与工程、轻化工程（染整方向）等专业开设的课程。该套教材的首批编写计划已顺利实施，首批60余本教材将于2013-2014年陆续出版。

该套教材的建设贯彻了卓越工程师的培养要求，以工程教育改革和创新为目标，以素质教育、创新教育为基础，以行业指导、校企合作为方法，以学生能力培养为本位的教育理念；教材编写中突出了理论知识精简、适用，加强实践内容的原则；强调增加一定比例的高新奇特内容；推进多媒体和数字化教材；兼顾相关交叉学科的融合和基础科学在专业中的应用。整套教材具有较好的系统性和规划性。此套教材汇集众多纺织服装本科院校教师的教学经验和教改成果，又得到了相关行业企业专家的指导和积极参与，相信它的出版不仅能较好地满足本科院校纺织服装类专业的教学需求，而且对促进本科教学建设与改革、提高教学质量也将起到积极的推动作用。希望每一位与纺织服装本科教育相关的教师和行业技术人员，都能关注、参与此套教材的建设，并提出宝贵的意见和建议。

姚穆

2013.3

前言

如何创建并发展自主服装品牌已成为我国服装业的一个热门话题。服装品牌策划研究是一个全新的领域，无论是在理论上、实践上，还是在研究方法、表现形式上，有许多值得深入讨论的问题。

服装商品企划是一门以培养学生商品企划实际操作能力为主要目的的课程。该课程重点介绍围绕企业目标实现服装商品企划所开展的具体内容，企划人员应该怎样做及如何实现制订出来的企划目标。

服装商品企划课程要达到的主要目标是：第一，掌握企划基本理论和原则，通过本课程的讲授与训练，使学生能够应用这些理论与原则进行实际操作；第二，让学生在实践中养成敏锐的观察力和处置复杂问题的能力。

本书突出以下两个特色：

第一，可操作性。在课程内容上强调可操作性，不过多关注理论方面的分析与解释；在每一章中均安排必须通过实际操作才能完成的思考题，以加强对学生企划能力的训练。

第二，案例教学。在每一章课程内容上均安排单项案例分析，以加深对理论的理解；在第九章安排了两个服装整体案例分析，以便于学生在单项案例分析基础上增强对服装整体企划的概念，从而进一步理解整体企划与单项企划的关系。

本书共九章，分成三大部分。

第一部分：服装商品企划的基础知识和战略，由第一章和第二章组成，内容包括服装商品企划的概念、属性、流程、范畴、原则、地位及个性化服装的企划战略。

第二部分：服装商品的项目企划，由第三章至第八章组成，内容包括服装品牌企划、服装设计企划、服装品类企划、营销企划与市场调研、终端店铺管理企划、财务预算企划等。

第三部分：综合案例分析，由第九章组成，介绍了两个服装整体企划过程。

参加本书编写的人员有：曾真（绍兴文理学院）负责第二章的资料收集、整理和编写工作；周辉（南通大学）负责第三章第一、第二节，第七章的资料收集、整理和编写工作；乔南（河北科技大学）负责第三章第三、第四节的资料收集、整理和编写工作；吴圆圆（南通大学）负责第四章的资料收集、整理和编写工作；徐平华（南通大学）负责第六章和第八章的资料收集、整理和编写工作；沈岳（南通大学）负责第九章第一节的资料收集、整理和编写工作；唐虹（南通大学）负责全书框架结构的设计及统稿与审定工作，并编写了第一章、第五章、第九章第二节。

感谢每一个帮助过我们的人，使这本书顺利出版。同时，因为时间仓促，不足之处敬请指正。

唐　虹

2013年9月

目录
Contents

第一章 服装商品企划的基础知识

服装是自然性和社会性两个属性的统一体。服装对于消费者来说，是心理和社会特征的外在反映，具有向他人传达社会地位、职业、角色、自信心以及个性特征等形象的功能。对于强调服装耐用等物性价值的大众化商品，产品企划的重点是成本低廉、性价比合理、规模化经营。而作为品牌服装，在服装的物性价值基础上提高市场认知度，充分发掘服装的附加价值，使服装成为反映着装者社会性的一种无声语言，提高其附加价值是产品企划的重点。

从这个角度讲，服装商品是价值观念的物化，具有很强的社会渗透作用，服装商品企划的关键是充分考虑服装商品的社会属性。

在过去20多年里，服装界发生了巨大变革。首先，大批量生产、大量消费的方式转为多样化生产、快乐感受消费的方式，产品的经济性、功能性、合理性和大众化原则被表现性、审美性、独特性和个性化所替代。其次，单向传达的产品信息扩展为双向或多向传达的信息，产品从满足所有消费者的普遍需要转向适应消费者的个性需求。再次，消费者从希望拥有实用的、高品质的产品转而希望使用自己想要的、适用的产品，企业方面则从制造实用的、高品质产品转向追求“个性化”的“感性产品”，产品开发以满足个性、快乐、多样的充分感性化的产品为中心。感性服装设计是从消费者的立场出发，从其生理、心理、使用、废弃处理等方面入手，充分考虑消费者的意识、个性、审美、多样、快乐、舒适等方面的需求，体现出合乎使用者生活方式的设计。

针对高感度的服装市场，服装企业必须将创造性的、感性的业务与严格的管理高度融为一体。在品牌运营中，设计师常根据感性来决策判断，对市场的判断带有明显的主观性和风险性，为使服装企业实现最终盈利目标，商品企划过程应可预测和可调控，需要利用组织体系来保证商品企划的顺畅运转，从而为消费者创造新的时尚和生活方式。服装业的发展在各国都有共通性，初级阶段商品供不应求，企划重点是“如何制造产品”；发展到商品供大于求的时期，企划重点是“如何推销产品”；对于成熟化、高感度消费者群形成之后的商品的企划重点是“如何引导与满足消费者的生活需求”。

第一节 服装商品企划的概述

一、服装商品企划的概念

服装产业发展的动力是开发理想的服装商品，追求服装商品的高附加值。服装商品企划是以满足消费者需求为目标，实现企业利益最大化。企业目标的实现很大程度上取决于新产品的企划，见图1-1。

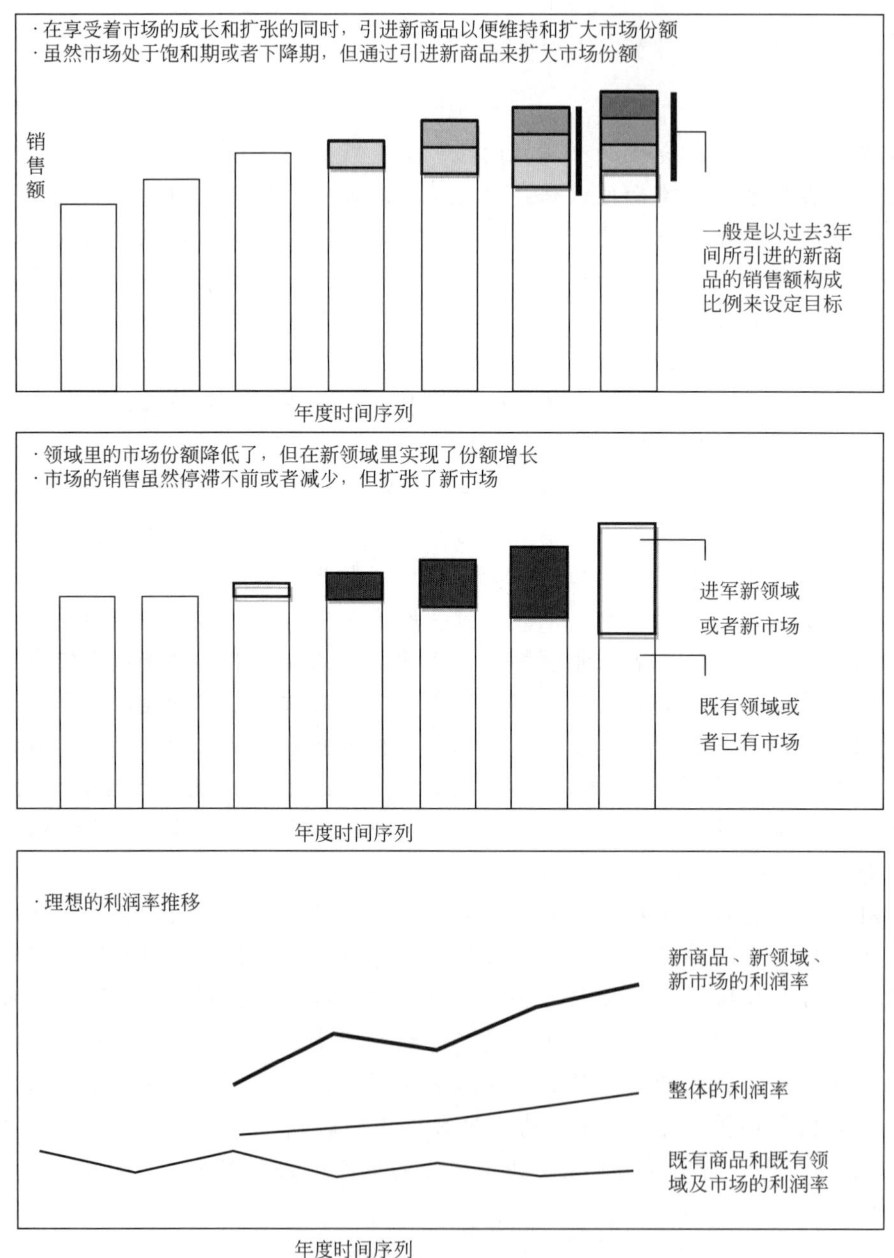

图1-1 新商品给企业带来的成长空间

“MD”就是“Merchandising”的缩写，美国市场协会（AMA）在1948年对商品企划做了如下定义：“为了在适当的时间、以适当的价格向市场提供适当数量的适当商品而进行的策划。”20世纪60年代，时尚产业发展变得更加迅速，全球化采购的发展汹涌澎湃，AMA对服装商品企划重新定义为：“企业为了实现营销目标，采用最为有利的场所、时间、价格、数量，将特定商品推向市场所进行的计划和管理。”

服装商品企划是以实现企业利益为出发点，以满足目标消费群体的需求为导向，从市场营销的角度，通过对商品明确定位、商品组合策略和商品生命周期管理，实现商品从规划、设计、开发、采购、生产、销售等一系列的规划和管理。其中涉及概念形象、陈列、品牌传播、促销、营销策略、商品品类规划、店铺管理等。商品企划是一个结合理性、感性交互形成的思维与管理流程。

商品企划是结合理性分析思考与感性启发设计创造力的方法。商品企划的理性部分包括流行信息的分析、解读、再结构与整合的能力，市场信息的分析、商品结构的计算预测、营销策略的配合；商品企划的感性部分包括感觉图片、撰写企划文案、分析季节色彩、布料搭配与组合、设计款式等需要感性的知觉与创造力的启发。服装商品企划就是把消费者的潜在消费需求与购买欲望用具体的服装商品形式表达出来，然后通过企业的销售行为使顾客购买从而实现企业经济效益的一种企业活动。

服装商品企划是系统介绍服装企业商品策划流程和服装设计企划、管理过程的基础性理论学科，其以企划学原理为基础，根据服装的经济实用属性、商品属性、社会属性、艺术属性、功能属性、科技属性等特点进行策划，并是一个具有符合时代潮流特征，以及社会思想系统和创意性整合计划的全面的策划过程。具体来说，就是基于对服装目标市场的调研和归纳，对服装产品的战略规划、设计整合、生产流程、销售服务、渠道管理等过程进行分析研究，并制定出切实可行的实施方案的系统过程。服装商品企划的核心是“如何实现提供给目标消费者更适合的服饰产品”。

其方法可从两方面入手：一是从宏观的角度来阐述服装企业的企划，即以市场环境、服装自身行业环境和自身品牌走向三个主要因素分析，制订企业的发展策略和品牌战略；二是从微观的角度来阐述服装设计流程的企划与管理，即以服装的商品性和时尚性为切入点，以服装商品的整体策划为核心，实施服装商品战略决策包括市场调研、品牌文化、广告推广、品牌管理等，贯穿于现代服装设计与营销的全部过程。

商品企划的任务是提出一套整体解决方案，以保证顺利实现企业的经营目标。它把企业实际运作中的各个环节串联起来，形成一系列相互关联的具体任务。在整个过程中，力争使各个环节和各项任务都能够达到最佳结果，并且使它们服务于企业最终目标。企业的运行就是对不同资源的组织利用。服装业是一个庞大的系统，包含纺织、印染、辅料与服饰的生产、分销渠道与零售市场，以及大众传媒、服务业等方面，与服装业是一个经济共同体，其各个环节形成一个相互依存又相互制约的生产与分配的链条。

二、服装商品的属性

服装商品属性可以分成两类。

1. 固定属性

固定属性是指服装商品相对不变的属性，可分成经营属性和管理属性。经营属性是指在日常商品流转过程中涉及的属性，商品编码、名称、生产厂家、条码、类别等。管理属性是指为满足在经营过程中的进一步要求而设置的属性，如商品保质期、保修期、某些商品的最高最低库存、商品的各种损耗率等。这些属性的作用需要一定的条件，比如企业的日常经营管理比较成熟、基础数据应全面和稳定、经营管理人员对计算机系统比较熟悉等。

2. 变化属性

变化属性是指在经营过程中会发生变化的属性，有经营和管理性质之分。经营属性有进货价格、销售价格、商品批次、进货数量、所属库房、经销代销性质、进货价格含税与否等等。管理属性有商品保本保利期、商品库存位置、商品陈列位置、商品建议进货量、商品供货周期、商品进货费用、商品建议零售价格、竞争对手商品售价等。

商品的经营属性是基础属性，管理属性是高级属性。管理属性依赖基础属性的正确性和系统性。商品固定属性是商品变化属性的基础，商品的固定属性是最基础的部分。另一方面，商品的各种属性在某些条件下可以互相转化，比如商品的隶属关系。

三、服装商品企划的流程和范畴

1. 服装商品企划的流程

服装商品企划的流程见图1-2。

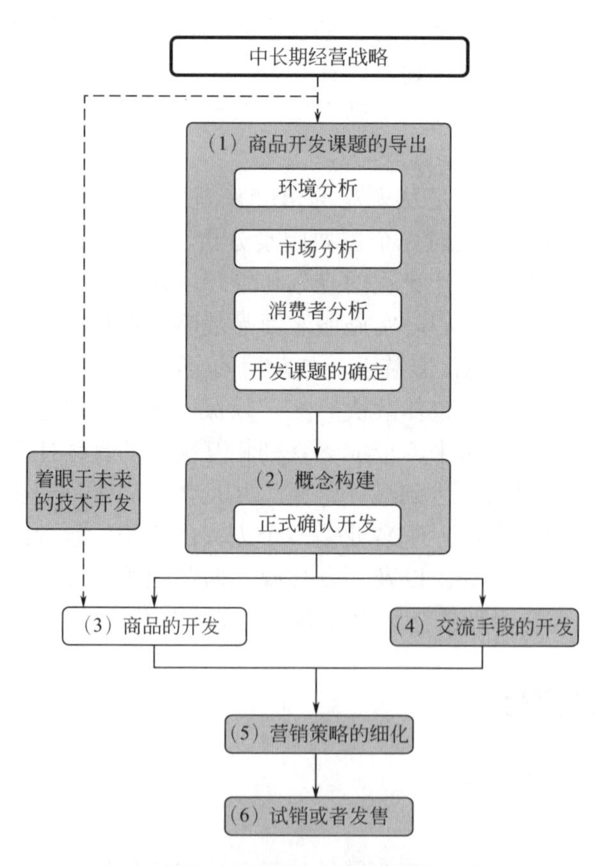

图1-2 服装商品企划流程

服装商品企划的流程首先是导出和确定商品开发课题的阶段。该阶段不是需要紧急处理的问题（例如投诉受理或者质量调整等），而是需要在环境分析、市场分析和消费者分析的基础上才能加以确定的“开发主题”。其次是为了进行商品化而必须进行的概念构建阶段。需要注意的是，本阶段不应该仅仅决定商品本身（特性）的方向性，还应该包含有实际销售场景及周边要素（预想目标、销售渠道、广告手段和广告方法）的概略分析。这个阶段应该说是商品开发过程中最为重要的阶段。

一旦概念构建起来后，接下来就是将概念“物化”和“商品化”的过程了，是对制造商品、商品命名、广告词创意、包装等能够提高商品存在感和知名度的各种手段的探讨，再接下来就是考虑价格设定、宣传以及促销等营销策略的阶段了。

2.服装商品企划的范畴

服装商品企划几乎涵盖了商品从创造概念开始直到商品上架的所有流程与沟通工作。

① 分析商品的零售结果。

② 阅读关于市场及服装流行趋势的出版物，随时掌握市场最新讯息。

③ 与零售或经销客户沟通，以获得销售信息。

④ 预估每一季的风格和色彩的单位数量，与设计师讨论决定每一系列所采用的布料与款式。

⑤ 每季在公司业务会议中，撰写并简报新商品开发内容。

⑥ 参观重要的布料展或成衣展，寻找商品开发的灵感与创意。

⑦ 与布料设计开发公司合作开发未来将使用的布料。

⑧ 与设计师共同确定流行主题开发系列计划，确定每一系列服装样式与数量。

⑨ 与生产部门制定生产波段计划，并进行款式与样本的制作。

⑩ 成本估算。

⑪ 与营销部门共同规划展示与促销活动。

综合以上内容，服装商品企划的范畴可概括为以下几个主要方面。

① 品牌企划—品牌命名、标识设计、目标消费群的确定、服装风格的确定。

② 设计企划—服装廓型、面料、色彩、款式、整体风格的设计。

③ 投放企划—建立怎样的销售渠道、销售组合、如何进行产品定价。

④ 生产企划—规划生产。

⑤ 营销企划—销售策略和促销手段的选择应用。

四、服装商品企划的五适原则

进行服装商品企划需要遵循如下五项原则。

① 适品（right merchandise）——适当的产品。

② 适所（right place）——适当的场所。

③ 适量（right quantity）——适当的数量。

④ 适价（right price）——适当的价格。

⑤ 适时（right time）——适当的时机。

第二节 服装商品企划的地位

一、全球价值链理论

1. 价值链理论的核心

20世纪80年代以来，众多学者相继提出价值链理论（Value Chain），1985年哈佛商学院教授迈克尔·波特指出："每一个企业都是在设计、生产、销售、发送和辅助其产品的过程中进行种种活动的集合体。所有这些活动可以用一个价值链来表示。"企业的价值创造过程是通过一系列活动构成的，这些活动可分为基本活动和辅助活动两类。基本活动包括内部后勤、生产作业、外部后勤、市场和销售、服务等；而辅助活动则包括采购、技术开发、人力资源管理和企业基础设施等。这些互不相同但又相互关联的生产经营活动，构成了一个创造价值的动态过程，即价值链。

价值链管理强调企业应该从总成本的角度考察企业的经营效果，而不是片面追求单项业务活动的优化，强调通过对价值链各个环节的协调来增强整个企业的业绩水平。

2. 价值链理论的组成

价值链包含以下几方面。① 上游价值，供应商具有创造和发送用于企业价值链之中外购投入的价值链。② 渠道价值，许多产品在到达顾客手里之前需要通过销售渠道的价值链。③ 顾客价值，企业的产品最终会成为其买方价值链的一部分。这样，从上游价值到买方价值形成一个完整的价值系统。

波特的"价值链"理论揭示了企业与企业的竞争不只是某个环节的竞争，而是整个价值链的竞争，因此整个价值链的综合竞争力决定了企业的竞争力。用波特的话来说："消费者心目中的价值由一连串企业内部物质与技术上的具体活动与利润构成，当一个企业与其他企业竞争时，其实是内部多项活动参与竞争，而不是某一项活动的竞争。"

英国Sussex大学的发展研究所是目前对全球价值链问题进行较广泛研究的机构，它将全球价值链定义为产品在全球范围内，从概念设计到使用直到报废的全生命周期中所有创造价值的活动范围，包括对产品的设计、生产、营销、分销以及对最终用户的支持与服务等（图1-3）。组成价值链的各种活动可以包括在一个企业之内，也可以分散于各个企业之间；可以集聚于某个特定的地理范围之内，也可以散布于全球各地。

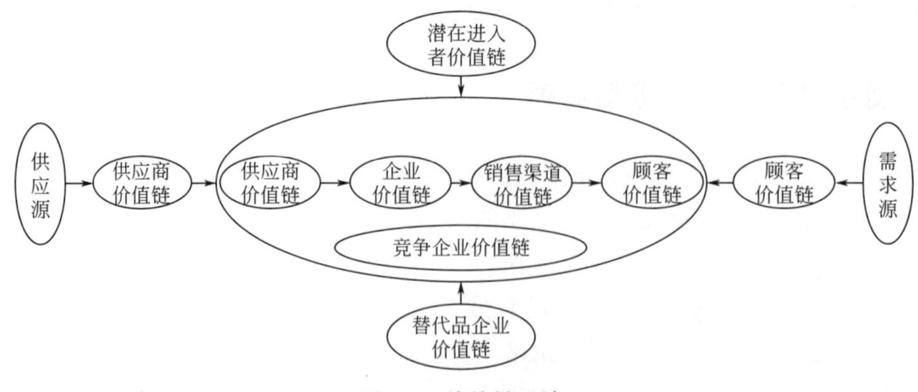

图1-3 价值链系统

3.价值链的“微笑曲线”

全球价值链可分为三大环节：其一是技术环节，包括研发、创意设计、提高生产加工技术、技术培训等环节；其二是生产环节，包括采购、系统生产、终端加工、测试、质量控制、包装和库存管理等分工环节；其三是营销环节，包括销售后勤、批发及零售、品牌推广及售后服务等分工环节。当国际分工深化为增值过程在各国间的分工后，传统产业结构的国际梯度转移也因此演变为增值环节的梯度转移。就增值能力而言，以上三个环节呈现由高向低再转向高的U形状，或“微笑曲线”状（图1-4）。微笑曲线两端朝上，在产业链中，附加值更多地体现在两端，即设计和销售，处于中间环节的制造附加值最低。

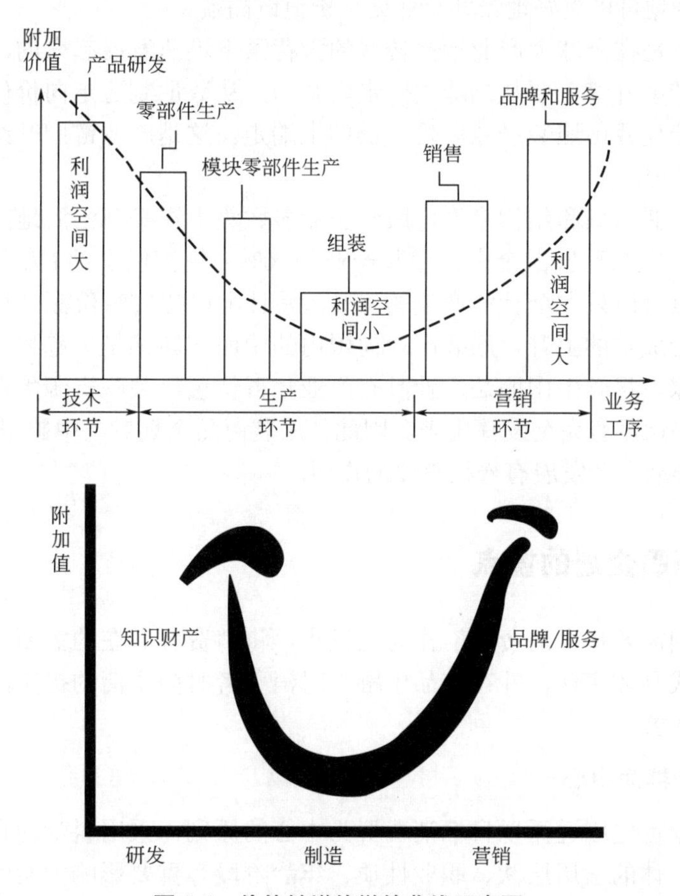

图1-4　价值链增值微笑曲线示意图

价值链的不同环节所创造的附加值是不同的，获得的附加值也是不一样的。靠近U形曲线中间的环节，如零部件、加工制造、装配等环节在价值链中创造出较低的附加值，因而获得较低的附加值。靠近U形曲线两端的环节，如研发、设计、市场营销、品牌等在价值链中创造出较高的附加值，因而获得更多的附加值。宏碁集团创办人施振荣先生，在1992年提出了有名的“微笑曲线”（Smiling Curve）理论以作为宏碁的策略方向。经历了十多年以迄今日，施振荣先生将“微笑曲线”加以修正，推出了所谓施氏“产业微笑曲线”，以作为中国台湾各种产业的中长期发展策略方向。在附加价值的观念指导下，企业只有不断往附加价值高的区块移动与定位，才能实现持续发展与永续经营。

例如，一个美国的服装公司可以在意大利完成设计，在印度采购面料，在韩国采购辅料，在我国台湾采购拉链和纽扣，在我国大陆地区缝制成衣，然后在我国香港检验、包装，再出口到美国销售。一件服装的生产被分解为诸多的生产加工环节，并放在不同的国家和地区完成，构成整个价值创造过程。

二、服装商品企划在服装产业中的地位

公认的服装价值链利润分配结构是：设计占40%，营销占50%，生产占10%。设计和营销处于价值链的高端，生产加工处于价值链的低端，居于价值链的高端者控制着整个价值链。服装商品企划可以更好地帮助企业处于价值链高端。

中国服装产业是在全球大产业承接转移的大背景下迅速发展起来的，已建立起产业体系。但现在面临转型升级，要从制造大国走向强国，从数量制造走向价值创造。通过产业链的价值创造才能使我国服装产业向价值链的上端走。这是产业链的升级过程，也是价值链提高和打造的过程。

从国内服装产业布局和结构来看，服装企业多数集中在东部沿海地区，其中山东、福建、浙江、江苏、广东五省占全中国服装产业的80%；规模以上的1万多家企业占了全行业产值的70%，但出口只占全行业产值的30%，并且出口的70%份额是靠90%的中小企业实现的。随着综合成本的上升，服装产业向国内的中西部转移是大趋势，部分可能会转移到其他发展中国家。尽管中国服装产业具有产业集群特色，关联资源集群也有利于效率最大化，但后发优势还没有完全发挥出来。因此，服装商品企划对于中国服装业提高产业值、优化企业结构、推动企业发展有着很重要的作用。

三、服装商品企划的重点

服装商品企划需要将“消费者”作为出发点，将消费者潜在的需要、欲求等抽象的要素，用产品的形式具体实现，并在产品中融入对消费者时尚生活的提案，满足消费者的时尚和自我实现的诉求。

1. 以目标消费群为中心

服装商品企划首先应遵循以目标消费群为中心的原则，采用科学的市场细分标准，准确地把握住消费群体的学历层次、职业性质、年龄阶段等重要影响因素。以目标消费群体的生活方式、审美趣味和价值标准为指向，通过提供服装产品和服务，营造品牌风格和氛围，创造品牌形象以及进行广告宣传，为消费群体创建一个使他们能够充分表现自我、享受生活和获得社会归属感的平台，并从中得到精神上的满足。品牌归属感的实现，就是把顾客作为企业行为的参与者和企业利益的共有者。

2. 以发展为主线

“以效益为核心、以协调为目标”的发展观贯穿于服装商品企划的整个过程。以发展为主线的企划原则必须把总体策略细化为具体措施，把宏观的理念阐释为条理清晰的思路。服装商品企划是一种创新发展，是预见能力、构思能力、创造能力、组织能力、情报能力、表现能力、说服能力、学习能力的一种融合，它作用于服装企划的各要素，如各类目标消费者的职业和年龄的设定、目标市场细分的设定、环境与流行的分析、文化意蕴的传达、

品牌风格的诠释、服装的设计与推出等多个方面。

3. 以互利和沟通贯彻服装商品企划

在商品经济活动中，利益最大化是企业不懈的追求目标。协作互利是企业和品牌良性竞争的标志，也是避免恶性竞争带来利润下降的保证。互利不是放弃利益，而是求得更大的共同利益，在服装品牌林立的市场竞争中，国内或地区范围内的企业错位、互利性经营具有十分重要的意义。服装企划中单纯地靠媒体广告和VI设计的时代已经过去，沟通将取代宣传，成为企划形象工程的关键概念和激励机制。沟通体现在服装设计、包装设计、店铺形象、卖场氛围、导购促销和宣传推广等各个环节；沟通是一种立场的概念，在全面展示自己的同时，它更多的是采取倾听、理解、释疑的交流方式，从而使企业或品牌完成消费过程。

思考题

1. 服装商品企划的核心和关键是什么？
2. 以案例说明品牌服装商品企划的意义。
3. 价值链理论对服装商品企划的影响。

实践训练

选择一位资深服装品牌策划师进行访谈，了解服装品牌策划师的工作内容和工作中可能存在的困难，以小组形式进行情景模拟，探讨寻求解决方案。

第二章 服装商品企划的战略

商品企划战略就是在正确的时间、正确的地点，以正确的价格、正确的数量、正确的商品来满足目标顾客的需求。简单来理解，商品企划战略是公司为达到经营目标而制定的商品营运计划。一个简单的定义包含了商品企划战略丰富的内涵，服装最终面对的是市场，是终端消费者，把握市场需要、了解消费者的实际购买需求、找准品牌市场定位、找准目标顾客群体、准确运用适合自己品牌定位的流行资讯，展开设计研发，在合适的投放时间内，为顾客提供性能合理、价格适中的货品来满足顾客的心声与期待，为顾客创造价值。

商品企划战略需要理性的分析与构架。商品企划战略是品牌经营的核心，是为实现企业的短期经营目标及长期发展战略，针对每一季商品运作所做出的系统性规划。商品企划战略是与市场密切联系的，并且是站在行销角度推出具有行销力商品的行销企划概念，而这些是跟数据分析分不开的。分析主要从以下五个方面进行：第一要找准自身的市场定位，是高价位还是低价位，是保守实用还是新颖流行，应根据自身情况进行渠道建设；第二要明确自身的商品风格属性，是休闲还是商务，是淑女风还是中性化；第三要对竞争对手进行分析，要了解竞争品牌的商品动向及新的行销方案等等，“知己知彼，百战不殆”；第四要对自身的销售数据进行分析，理清品牌的畅、滞销产品原因，找出产品的成长空间；第五要对消费者进行研究，因为产品最终面对的是消费者，所以产品的生存离不开对消费者的把握及对消费者需求的了解。

商品企划战略集系统性、时效性及发展性于一身。

商品企划战略的系统性表现在：商品企划是将企业各项职能全面调动起来，使企业内部各部门通力配合，将资源进行收集、整理、分析并加以充分运用，以推动企业经营的整体优化；同时，商品企划也要综合考虑市场动态和趋势变化。

商品企划战略的时效性表现在：设计展开前制定的商品企划提案一定要有准确的预见性，企划案的制定、测试和评估都要高效率地进行，因为在一季货品的运作过程中它要给采购、生产及销售的空档期。所以，商品企划要按照既定的时间表进行，其严格的时间管控能使商品运作有条不紊。

商品企划战略的发展性表现在：企业每季的商品企划其实都是根据企业的整体发展战略分解进行的，简单理解就是将长期战略目标根据实际情况分解成多个短期目标，要根据各阶段企业发展的实际需求使用企划战术，把总体策略细化为具体方案，用实际行动落实企业的发展规划，所以商品企划是推动企业不断发展的重要手段。

第一节 ● 服装市场营销的基础知识

一、市场营销与商品企划的关联

“市场营销”是指“为实现满足个体或组织目标的交换活动，对提案（想法）、商品或服务进行企划；标注价格；促销与流通方面的计划方案和为此而实施的所有活动”，将“4P”的要素即商品（Product）、卖场（Place）、促销（Promotion）、价格（Price）加以组合而实施的。

市场营销，是围绕目标顾客的创造与维持的有体系的活动，其特质有两点：

（1）分析市场机会并决定目标消费者。

（2）针对目标消费者将“4P”“4C”进行组合。“4C”即消费者的需求与欲望（Consumer needs and wants）、消费者愿意付出的成本（Cost）、购买商品的便利（Convenience）、沟通（Communication）。

简而言之，市场营销并非是单纯的销售、推销或促销活动。市场营销就是指渗透市场、创造并维持顾客的一系列活动。

二、市场营销活动的基本步骤

市场营销活动可分为分析、计划、管理三个阶段（图2-1）。

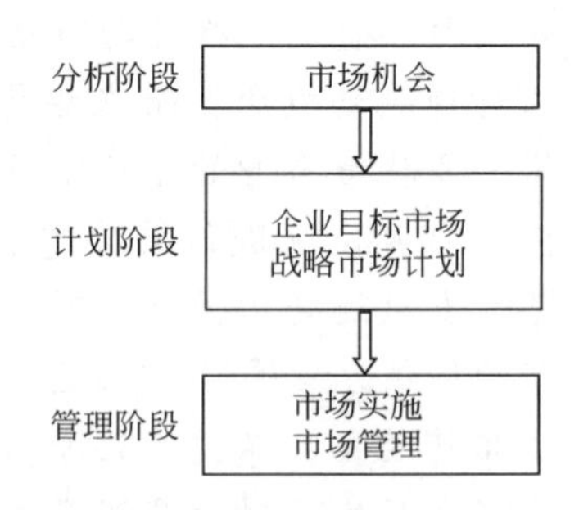

图2-1 市场营销活动的三个阶段

（一）市场机会

对某些消费者而言，他们还没有被满足的需求，其实就是一种重要的市场机会（图2-2）。

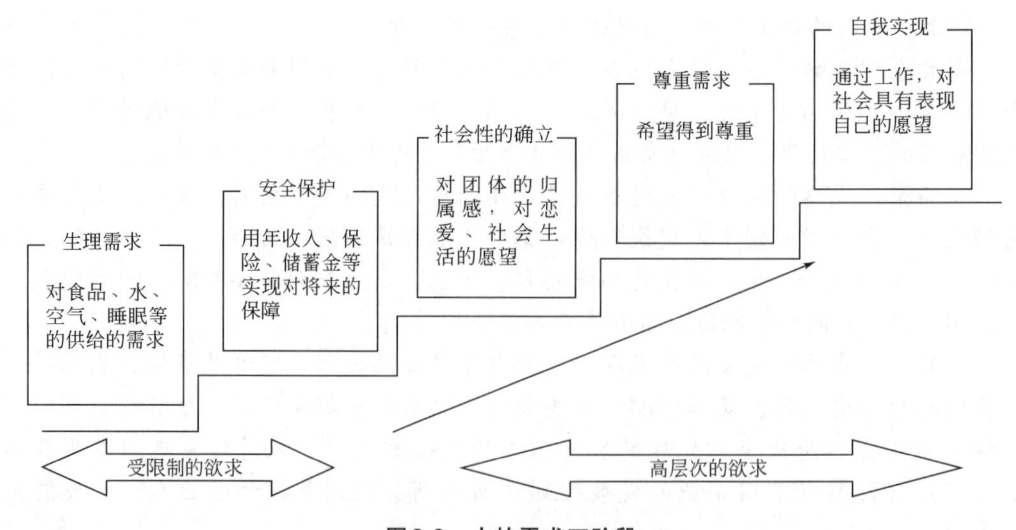

图2-2 人的需求五阶段

1. 市场细分化

（1）在不同的目标消费者类型中，确定哪一层具有最高的市场可开发行为。

（2）市场细分化标准，可以归纳为地域、人口、心理三大方面。

（3）消费者指向。

2. 市场机会评价的基本内容

（1）对于某一类消费者，销售额和利润的市场期望值是多少？

（2）本公司渗入某一消费者市场的难易程度如何？

（3）针对某一消费者市场，本公司可否建立起哪方面的竞争优势？

（4）对渗入消费者市场过程中的风险，本公司足以承受吗？

（5）从投资回报的角度来看，即将实施的市场渗透有意义吗？

（二）企业目标

1. 目标设定过程

（1）企业整体的使命与近期目标间的整合。

（2）为市场营销计划制定目标。

2. 评价并选择消费者市场

（1）哪一类消费者市场最容易实现本公司的销售目标以及销售利润目标？

（2）哪一类消费者市场最容易实现本公司的成长目标？

（3）哪一类消费者市场最容易实现本公司的市场占有率目标？

（4）从降低本公司的风险来看，哪一类消费者市场是最稳定的？

（三）营销战略

市场营销的基本战略有以下几种类型。

1. 强者战略

在特定的业界、特定的商品种类中，占据顶级地位的企业（龙头企业）为确保市场地位而确定的有效战略，即所谓的“强者战略”。具体形式如下。

（1）革新战略——利用现有的领导地位和影响力，经常推出一些在自身商品流通的特定市场范围内适用的新规范或新规则，用以阻止其他竞争者的渗入，从而确保现有市场地位的战略。

（2）强化战略——根据现有的价格状况，扩充商品种类，强化自身领导地位，以确保现有市场地位的战略。

（3）对抗战略——面对强有力的对手登场挑战时，采取降低商品价格的方法，冲击竞争对手，以确保现有市场地位的战略。

（4）搅局战略——对批发商、流通经销商施加压力，使其不再采购或经销竞争对手的商品；或者散播竞争对手的弱点，使其经营者们不再为竞争对手企业工作，从而确保自身现有市场地位的战略。

2.挑战战略

在特定的业界、特定的商品种类中，处于第二、第三、第四位的企业为向龙头企业挑战，从而拔高自己市场地位而制定的战略，即所谓的“挑战战略”。具体形式如下。

（1）廉价销售战略——营销与龙头企业相同的商品时，制定更低的价位，扩大本企业商品的市场占有率以使市场地位得以提升的战略。

（2）提供廉价商品战略——将一些与竞争对手相似、品质稍微劣势的商品，以非常便宜的价格提供给消费者，以使现在的市场地位得到提升的战略。

（3）高级品战略——销售比龙头企业品质更高、价格也更高的商品，以使现在的市场地位得以提升的战略。

（4）制品多样化战略——提供比龙头企业更多的商品种类，使整个商品线更具吸引力，以提升现有市场地位的战略。

（5）商品个性战略——革新或改进本企业的商品，同中求异，拥有本企业商品特色，动摇龙头企业的地位，以使现有的市场地位得到提升。

（6）改善服务战略——与龙头企业相比，提供更多更好地服务，树立顾客口碑，以使现有的市场地位得到提升的战略。

（7）流通革新战略——开发新的流通渠道，以期对龙头企业已有的流通状况构成威胁，以使现有市场地位得到提升的战略。

（8）降低成本战略——用比龙头企业更低的成本来制造商品，从而扩大利润剪刀差以使现有的市场地位得到提升的战略。

（9）广告集中化战略——投入比龙头企业更为集中有力的广告，以使现有市场地位得以提升的战略。

3.弱者战略

任何业界，都存在一些处于市场底层、时刻要考虑自身存活的中小型企业，这些企业不能照搬上述列举的战略，而应当探索更有效的战略形式，采取所谓的“弱者战略”。这种战略思想是合理限定本公司在特定领域开展经营活动，可以发挥独具的专门性和特长，以此作为与大企业竞争的依托和优势。在应用这一市场特定化战略时，一定要注意妥当性和合理性。具体形式列举如下。

（1）最终用途特定化战略——针对某一特定最终用途的商品进行专门营销的战略。

（2）特定阶段特定化战略——在材料阶段、中间制品阶段、最终制品阶段中选择某一个阶段作为特定切入点的战略。

（3）顾客规模特定化战略——只以某一规模的顾客群体作为特定对象来进行销售活动的战略。

（4）特定顾客专卖化战略——只针对极少数的特定顾客进行专门销售的战略。

（5）地域特定化战略——只在特定的地域开展市场活动的战略。

（6）商品线特定化战略——只在特定的商品线范围内开展生产和销售的战略。

（7）商品特征特定化战略——只针对特定特征的商品线进行生产和销售的战略。

（8）定制特定化战略——只对顾客的定制商品进行生产和销售的战略。

（9）最高级品、最低级品特定化战略——只针对商品中的最高级品或最低级品进行生产或销售的战略。

（10）服务特定化战略——以提供别处没有的独一无二的服务为特征的市场战略。

（四）市场营销计划

1.传统营销“4P”理论

确定了吻合市场目标的企业战略后，就应当随之制定具体的操作计划，这就是市场营销计划。通常市场营销计划是以年为单位制定的，然后再按季、月、周进行细分。在制定市场营销计划时必须考虑营销组合。“4P”市场营销计划示意如表2-1所示。

表2-1 “4P”市场营销计划示意表

商品	品质 特征 形状、尺寸 品牌名称 包装 退货条件 品质保证 服务水平	促销	广告 人员推广 销售推广 公共宣传
卖场	流通渠道 流通区域 零售分店 库存量、保管场所 运输手段	价格	价格水平 折扣率 支付条件

2.现代营销“4C”理论

（1）消费者的需求与欲望（Consumer needs and wants）：把产品先搁到一边，重点研究消费者的需求与欲望，不再只卖本企业能制造的产品，而要卖顾客确定想要买的产品。

（2）消费者愿意付出的成本（Cost）：暂时不考虑定价策略，迅速去了解消费者要满足其需要与欲求所必须付出的成本。

（3）购买商品的便利（Convenience）：应当思考如何给消费者提供方便以购得商品。

（4）沟通（Communication）：考虑如何有效地与消费者沟通。

“4C”理论是整合营销理论的核心（表2-2）。

表2-2 商品品质与价格的营销组合战略

品质 \ 价格		商品价格		
		高价位	中价位	低价位
商品品质	高端品质	溢价战略	渗透战略	大降价战略
	中端品质	价格战略	均质战略	议价战略
	低端品质	打包赠送战略	变价战略	廉价战略

（五）市场营销管理

市场营销管理涉及企业与市场的诸多方面，包括决策、管理和实施三个层次，其管理框架如图2-3所示。

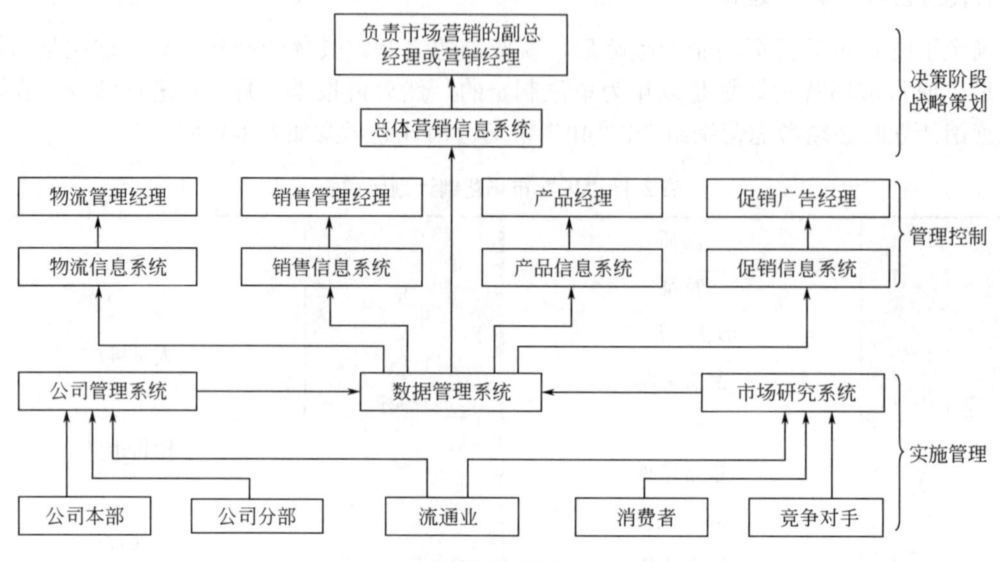

图2-3　市场营销管理框架

市场营销业绩测定因素包括与营销活动相关、与企业活动相关两个部分，构成如表2-3。

表2-3　市场营销业绩测定因素

	与营销活动相关的因素	与企业活动相关的因素
内容	销售额（不同商品品类，不同零售店，不同区域，与上年同月相比的增长率，与预算计划相比的增长率） 市场占有率（不同商品品类，不同零售业态类型，不同区域，与上年相比的变化率） 商品动销率	目标顾客的购物情况 顾客对商品的满意程度 顾客对卖场的满意度（卖场的数量，卖场中商品的保管状况，店员的服务态度，对缺货商品的最佳采购） 顾客对商品价格的满意程度 顾客对促销活动的满意程度（品牌知名度，品牌形象，针对消费者的促销活动） 同零售店之间的代理关系（代理条件，零售店的销售能力，零售店的销售愿望） 竞争状况与竞争力的变化

表2-4对比分析了我国服装企业中成长型企业与停滞型企业运营活动的差异。期间的差异在于对市场活动基本原理的重视和运用程度的不同。成长型企业，始终以消费者需求为企划指向。

表2-4　停滞型企业与成长型企业的行为差异对照表

序号	项目	停滞型企业	成长型企业
1	顾客志向	以零售店的志向为导向	以消费者的志向为导向
2	目标市场	未设定目标市场	已设定目标市场

续表

序号	项目	停滞型企业	成长型企业
3	商品企划	由设计师负责整个企划过程	企业领导与设计师分类负责的体制
4	商标	未设定商标，或未对商标的认知加以重视	重视商标选择，提高消费者对商标认知度
5	价格	对自身掌握价格决定权不热心	努力提高自身对价格的决定权
6	流通渠道	只满足于确立代理与流通的关系	致力于构筑能发挥自身影响力的零售体制
7	广告	以业界的认知，引起零售商的重视为目的	以唤起消费者的购买意识为目的
8	销售推广	满足于刺激零售店利润为动机	非常关心消费者的组织化
9	人员推销	主要针对零售店进行人员推销活动	主要针对消费者进行人员推销活动
10	零售店陈列	完全交由零售店负责	独立设计卖场，对零售店的陈列进行管理

第二节 高感度、个性化服装市场及商品企划战略

一、服装产业的信息媒体化趋向

（一）消费者的高感度动向

随着人们的生活水平不断稳步提升，消费者的消费理念日益成熟，已不再单纯讲究商品的功能和质量，进而开始追求商品的感性（感知刺激性）。感性化潮流随之形成，越来越多的商品开始向高感度化（高感知刺激度）方向发展。

“感性”相对理性而言，指对应于外界刺激通过感觉、知觉器官而产生的心理感受。在一些场所，可以将商品的感性理解为感知刺激性。服装的感性由其廓型、细部结构、色彩、材质元素综合形成。所谓感度，即对外界刺激感受的强弱程度。在一定的层面上感度可被理解为品位，指欣赏能力的高低程度；在服装方面则指人们对时尚流行的关心及接受程度，大致可分为前卫型、现代型、保守型。

例如，根据日本服装行业协会的调查结果，过去人们购买服装的动机中性能占据首位，服装的性能、穿脱的方便性、保暖性、透气性、舒适性决定着销售情况的好坏。后来调查却表明，服装的外观设计已取代这些性能成为服装消费者的首选因素。

类似的变化同时也发生在中国的服装界。对于服装制品，过去人们重视的是功能是否合理、是否耐穿耐洗、面料是否货真价实、缝制加工是否精良等品质性能，这些性能也在很大程度上决定了服装的销售状况。然而，现在人们对服装的品牌形象、设计特征、卖场的氛围情调等越来越关注，这表明人们在服饰方面开始接受和追求高感度消费。

这种感性化的动向，在服装产业也表现在多数企业都曾经投入巨资进行CI设计，以改善企业与商品形象，在一定程度上满足消费者的感知刺激性。企业利用标志、图案、象征

等来形成视觉冲击，体现鲜明的特征与个性。这种倾向的产生缘于人们价值观的巨大变化。过去消费者多将购买重点放在服装的性能和品质上，重视服装的价值，亦即服装的有用性支配着消费者行为。随着生活水平的提高和服装种类的逐渐丰富，这种对服装的有用性的重视程度明显下降，人们日益推崇感觉上的享受。在当前这种丰衣足食的年代，要想引起消费者的关注与兴趣，单纯诉求商品的物资价值已远远不够，更重要的是如何使商品具有反映时代特性的感知刺激性。

（二）消费感性情报

一般而言，谈到情报信息，人们脑海中马上会产生计算机、通讯等联想。但是目前服装业也具有了信息产业的一些特征，存在情报媒体化的倾向，因为时尚是最具感性的世界。为了使解释通俗明了，这里以信息产业早期形态——报纸产业为例来进行类比说明。报业在现代产业分类中可以被归为制造业的一种，然而报业并不是生产报纸这种物质本身，而是以纸张为物质媒体来传递信息，本质是生产登载于纸上的情报信息。因而，报业既不是重工业或轻工业，也不是出售物质的产业，而是出售信息的产业，信息的价值决定商品的价值。

传统的服装产业被当作纺织工业的一个分支来考虑，强调其作为生产物资的工业性质。这样一种考虑方式至今仍有很多认同者。比如，虽说是服装产品，有时却完全用物理量来度量，更有甚者用吨这样的重量单位来衡量，这种考虑的方法显然是不合理的。试想在卖汽车和计算机的时候，有谁会用吨这样的单位来购买呢？因此作为纺织工业，服装的生产一般也只考虑纤维、纱线、织物，很少考虑感性的设计。这样的视角就易使服装产业停留在以“如何将产品生产出来”为核心的经营理念上。以前在大量生产、大量消费的时代，时尚和风格也得不到人们的重视，被多数人认为只是一小部分富裕阶层的奢侈爱好。但如今单一的服饰产品或面料已很难销售出去，只有附加了一定的设计信息（如色彩、图案、手感、款式等）才能吸引消费者。织物成了传媒和负载这种信息的媒体，这与报纸的纸张是登载信息的材料性质完全一样。作为物质的织物和作为信息的设计之间的关系，随着服装产业的发展，其地位发生了逆转。纺织产品只是传达设计信息的媒体，设计才最终决定产品的价值，即先有了设计，才能进行生产加工。纺织服装业因此成为一种传播色彩、款式、装扮、风度等感觉信息的产业，不再是传统意义上单纯的纺织工业。

由上可见，时尚产业可以被认为是信息媒体产业的一种。实质上的情报信息，并非是计算机输出的数据。数字与文字，图形与颜色也具有传递情报信息的机能。我国的甲骨文就是由图案演变而来，而国旗则具有通过图案与颜色来代表所属国的情报信息的机能。当前服装消费的多样化，是由于服装中所传达的色彩、图案、款式及穿着舒适性的情报信息的多样化使然。

二、高感度、个性化服装市场与快速时尚的形成和发展

（一）高感度消费市场的孕育形成

我国服装产业的发展大致可以分为三个阶段（如图2-4）。

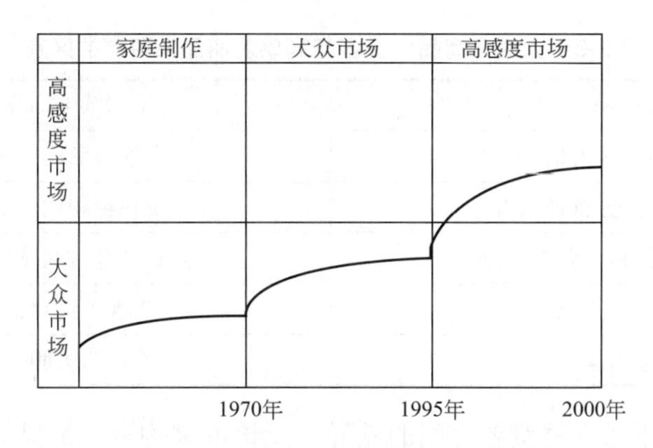

图2-4　我国服装市场的成长历程

以家庭制作为特征的阶段，人们的服饰“十人一色”“要什么没什么”，服装的主要用途是防寒遮体。在20世纪80年代大量生产、大量消费的阶段，衣着消费需求增长，“有什么穿什么”。服饰有了一定的选择性，形成“一人一色”的情况。进入20世纪90年代后半期，国内的服装市场大众化产品的消费者增长率在逐渐减小，市场出现了成熟化的特征。“一人十色”“要什么有什么”，服装消费者有很大的选择余地。

目前，国内大部分消费者已经超越了追求生活必需品的初级阶段，服装消费观念发展到希望得到社会认可的自我意识阶段。现在的消费者，对服装的需求不再是单纯地以外界流行为唯一依据，而是希望在生活中融入自己的思想。既要让自己看起来跟得上时代，甚至走在时代的前列，又要让自己不至于随波逐流在芸芸众生中被淹没。这样的心理使得那些流行的大众化和个人的个性化协调统一起来的服装受到了欢迎。这表明中国的服装市场存在向高感度方向发展的倾向。在沿海地区和一些大型城市，服装高感度市场开始孕育形成。

另一方面，消费者的审美情趣逐步成熟化，他们不再满足现有的、大批量的、标准化的大众商品；不只讲究单件衣服的美观，更讲究服装间的搭配所产生的效果。因此，消费者在选择服装时会考虑其是否与自己的生活环境、室内装饰、休闲活动等相协调；是否能与自己的个性、生活方式、交际圈相吻合。消费者关联的变化，迫使以消费者为对象的商品企划师和设计师在服装商品的企划、设计、生产过程中实施相应的对策。

当前国内市场上的许多成功企业，依靠的是大批量的生产和低成本，并未对消费者的这种观念变化加以足够的重视。将市场营销狭隘地理解为促销（特别是卖场促销），为此投入大量的人力与财力，以期提高销售额。这种观念与操作方法能在短期获得一定的销售利润，但难以赢得未来高感度消费者的长期支持。

越来越多的高感度消费者从大众化商品消费者中分离出来（表2-5），他们不再追求那些满足大众的普通消费品，而是着眼于自己独特的要求。这种趋势迫使服装产业结构也将随之发生重大转变。

毫无疑问，满足消费者不断变化的欲求，即以消费者需求为导向，才是服装企业经营的长久之策。设计师品牌正是伴随市场上消费趋势的上述变化应运而生，并日渐兴盛。以高感度消费者为目标顾客的服装品牌设计师，设计时常将自己设想成消费者，将自己审美取向通过服装设计表现出来。因而在一定程度上设计师品牌的服装策划、生产，更为顺应当前这种对个性化要求很高的时代，呼应了高感度消费者的服饰要求。

表2-5 大众化商品消费者与高感度商品消费者的区别

大众化商品消费者	高感度商品消费者
大部分的商品可作为选择对象	少部分商品作为选择对象
质和量相比，更重视前者	质和量相比，更重视后者
优先考虑工作和社会责任感	喜欢具有时尚感的物品、活动
注重传统美德	重视个性化的休闲生活
穿着思想保守	穿着打扮大胆、独特、新颖

大众化商品几乎不考虑消费者之间的差异，无论谁来购买，都提供相同或相似的商品。设计师品牌则将重点放在追求个性上，只在乎小部分顾客的喜好。通常设计师将生活中的某一女性形象特定化，以她们为模特来进行设计同时以那些与设计师感觉相同的消费者为目标顾客。虽然这会失去大量与设计师服装感性、品位不同的消费者，但正因为如此，设计师品牌的特色才会非常明确，品牌的高度感形象也因此得以维持。

大众化商品依靠大规模的生产来获取利润，通常不会考虑赋予商品个性化特色，只是尽可能地利用原有的设计、款式、材料等以降低成本。在这类商品中，“（高）附加价值”这个概念基本上不存在。设计师品牌的设计师们为了表现自己追求的理想形象，或者说为了提升服装的附加价值，对每一款服装都倾注了热情，无论是设计造型，还是从纤维到面料的每个细节都倍加雕琢。当然，设计师品牌不能进行大批量的生产，因为对消费者来说，个性在某种意义还含有“物以稀为贵”的意思。实际上，消费者购买这种商品，一方面是因为自己喜欢，另一方面还可能是因为能购买这种商品的人很少，因此，纵然设计师品牌服装价格很高，也能受到高感度消费者的欢迎。

目前中国服装企业的品牌大多数以大众化消费者为对象进行生产和销售，其中较为成功的品牌有“雅戈尔”“杉杉”等。这些基于大众消费者的大型服饰生产企业已开始探索针对高感度市场的应对之策，如“法涵诗”品牌，尽管尚未体系化，仍处于摸索阶段，但已有了明显的个性化特征。

相对于大众化服装领域来讲，对设计师品牌这样的高感度服装商品的需求量将逐渐增加。设计师品牌正在分割大众化品牌的市场。未来支撑服装产业增长的，也将是如设计师品牌这种强调差异化和个性化的高感度服饰产品。

（二）高感度市场的两极化倾向

在我国，与大众市场相比，设计师品牌的市场占有率仍然很低。人们对高感度市场的特征及营销策略还未深入了解，相应的市场战略体系还未形成。虽然许多服装生产商都明白建立高感度品牌的重要性，但究竟如何着手却是大家共同面临的一个问题。

我国高感度市场的孕育形成，最初是由于大量涌入国内市场的欧、美、日、韩服饰品牌的催化作用。在这些外来品牌的风格影响下，以休闲类为指向形成了一个相对较大的高感度细分市场。加上时装杂志及其他传媒的渲染，渐渐发育成长起来。起初这类服装的消费者只是一小部分，随后慢慢地受到一些外企白领的关注，后来艺术服装院校的学生也成为这类风格的忠实追随者，并参与了一些设计，这股休闲风迅速吹动服饰市场，成为高感度市场中较大的一个组成部分，形成了一典型分流。

在高感度市场中，另一个相对集中的细分市场是职业女装。这类服装将现代职业女性干练、时尚的形象融入到经典、优雅的风格中，同时吸收了一些休闲服装的要素，形成了独特的风格。这类服装的特点是通过简洁流畅的轮廓造型以及精细的裁剪，表现都市女性对生活的新的理解：自由自在、独立高雅、闲适温情。

目前国内市场出现的这两类高感度细分市场，使得原本就战火如荼的大众市场竞争更加激烈。随着国内的市场竞争走向多极化，服装企业的生产营销策略和市场竞争战略也呈多样化发展。

三、服装商品企划战略的多极化

进入20世纪90年代，随着消费者观念的逐渐成熟，服装企业商品企划的战略随之出现了多样化的趋势（图2-5），至少可以从以下三个角度对市场战略进行划分。

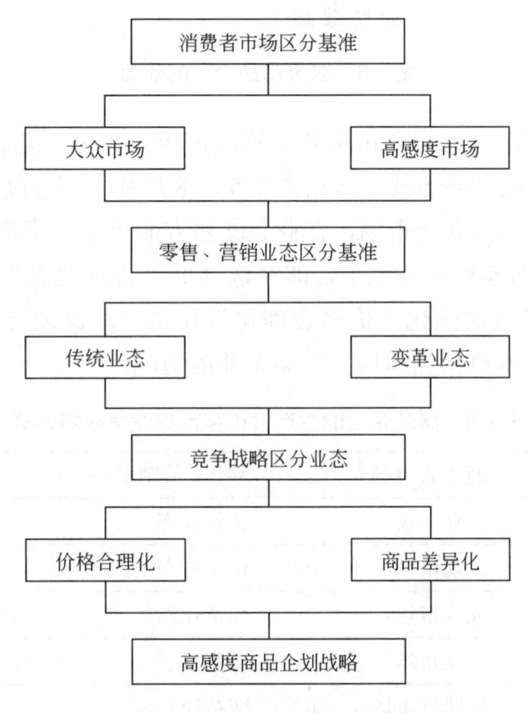

图2-5　高感度商品企划战略

第一是基于“消费者市场”，可分为大众化消费者市场和高感度消费者市场。第二是从“零售业态”来看，服装企业已从原来的以展销会为主的营销方式向零售领域纵深发展。以展销会为主要手段将商品卖给批发商的销售方式，称为传统业态；与零售业直接挂钩，甚至渗入到零售领域的销售方式，称为变革业态。第三个是“竞争战略”，分为将重点放在降低成本，通过大批量生产方式，追求成本合理化的类型；把重点放在树立品牌形象，追求产品差异化的类型。

以市场战略的三个角度分别作为坐标轴，建立一个三维的立体结构，作为在服装商品企划中描述不同战略的方法（图2-6），这种三维的服装商品企划的战略空间可分为8个子区间。每个子区间的规律、特征见表2-6。

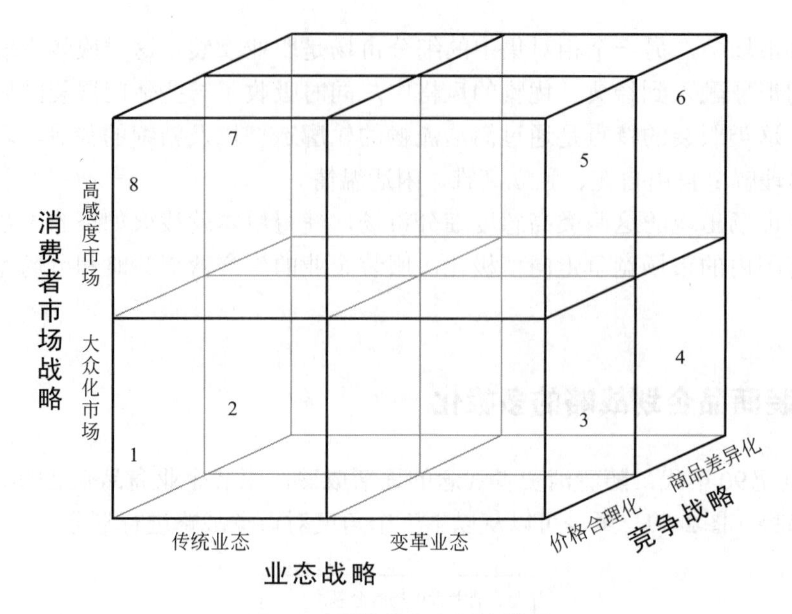

图2-6　服装商品企划的战略

在图2-6中，垂直方向分为大众市场和高感度市场两大类，则相应表2-6中的战略类型1～4是基于大众化市场的战略方式；战略类型5～8是基于高感度市场的战略方式。

对于图2-6下半部分的大众化市场，在业态战略方面可进一步决定是沿用以展销会为主的营销方式，还是渗透到零售业领域中，即在选择好“传统业态”或“变革业态”后，在“竞争战略”方面，还必须对强化“价格合理化”还是“产品差异化”加以抉择。如此细分，这8种战略类型可基本概括当前国内服装企业的情况。

表2-6　服装企业的生产营销和市场竞争战略模式

战略模式	消费者市场		零售·营销形态		竞争战略
1	大众市场	∧	传统业态	∧	价格合理化
2	大众市场	∧	传统业态	∧	商品差异化
3	大众市场	∧	变革业态	∧	价格合理化
4	大众市场	∧	变革业态	∧	商品差异化
5	高感度市场	∧	变革业态	∧	商品差异化
6	高感度市场	∧	变革业态	∧	价格合理化
7	高感度市场	∧	传统业态	∧	商品差异化
8	高感度市场	∧	传统业态	∧	价格合理化

（注：∧表示相互结合）

每个服装企业都可以从自身的实际情况出发，选择能增加本企业竞争优势、避免弱势的战略类型，从而找准目标市场、建立营销渠道、改善竞争策略。值得一提的是：随着市场的变化，竞争环境的日益激烈，前几年有效的战略类型，现在有可能已经失去竞争优势。这样的事例在国内的服装企业中并不少见，值得重视。图2-7归纳了日本服装界商品营销战略组合。从中可以看出日本服装市场的成长过程。

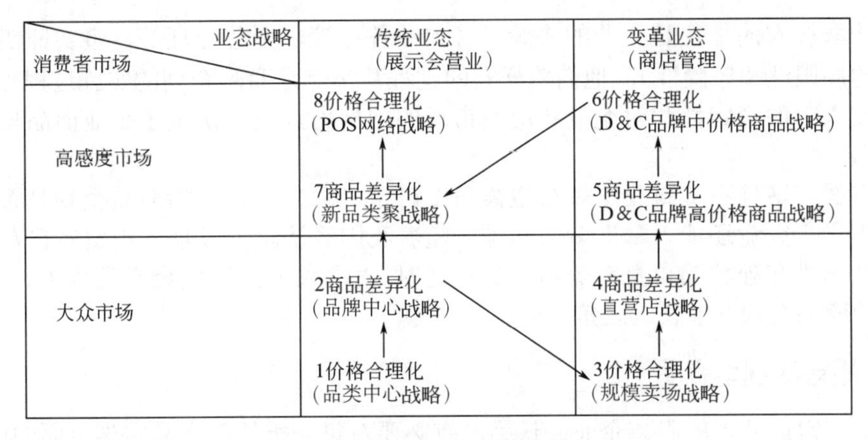

图2-7　日本服装界商品营销战略组合

第三节 服装商品企划的品牌战略

一、国内服装商品企划的实施形式

（一）设计师型商品企划

在国外，伊夫·圣·洛朗等高级女装品牌采用的就是设计师型商品企划。他们独自发布最新的时尚信息，引导流行。设计师的风格引领着品牌的风格。类似这种依靠设计师的才能或感悟进行前瞻性企划的国内服装企业并不稳定。在国内，这样的企业往往会变形走样：如由于设计师的更替而使原来苦心营造的商品形象瓦解崩溃、难以继续；一些服装品牌的主设计师数度易人，品牌几经转型，通常不是夭折，就是淡出。这样既难以使品牌孕育出高附加值，又难以培养目标顾客对品牌持续的忠诚度。服装商品企划若单纯依靠设计师的流行趋势整合，则企业的运营稳定性较差。

（二）与国外名牌联姻合作的商品企划

一些企业的商品企划实施形式是与国外名牌联姻、合作，这样既可以避免原创型商品企划实施的高风险，又可以借助国外品牌的影响力，迅速渗透进入市场。但这种坐享其成的商品企划体系往往要付出高昂的品牌租赁或特许费用，并且难以形成自己独立鲜明的品牌或商品形象，结果往往是替他人做嫁衣。

（三）“拿来主义”商品企划

依靠“拿来主义”进行服装商品企划。从世界范围来看，巴黎、伦敦、米兰、纽约、东京处于上海、北京的上游；从国内范围来看，香港、上海、北京又处于其他城市的上游。具有商品价值的流行时尚往往是从上游地区流至下游地区。因此，一些服装企业在企划下一季商品时，直接奔向时尚的上游地区，根据企业所处环境和企业理念购取样衣，再进行剥样生产。这种形式避免了商品企划原创设计的高成本，又降低了风险，可谓省钱省力；同时客观上也使流行信息、新型的生活价值观得到了传播与采用。

其中购取样衣的往往是企业的决策者（如业务主管、副总经理等，事实证明这种方式也有很大的局限性和风险性），他们购样衣的过程其实就是商品企划的实施过程。可见，这样的“购衣人”的稳定性和对企业状况及市场的把握力，直接决定了企业商品形象倾向与投资回报率。

另一方面，姑且不从商业法规与道德角度讨论“拿来主义”的商品企划是否妥当，单就“拿来主义”究竟还能“拿”多久而论，随着我国经济迅速发展，消费者日益成熟，当购衣择装从感性和独特的自身审美角度进行之时，“拿来主义”便会走到尽头。可见，“拿来主义”的商品企划并非长久之策。

（四）墨守成规型商品企划

一些生产常规品类的服装企业，认为没有必要对每一季的新产品实施全面的商品企划，因而他们使用的商品企划是多年的继承和总结，生产经营具有稳定性、低风险。国内一些西服、衬衫、西裤等男装生产企业多属此类。企业运营的重点在于扩大再生产，实施规模经营、提高质量，以提高市场占有率，但这种商品企划体系不适于附加值更大、时尚流行成分含量更高的女装等品类的运营，并且也面临着竞争激烈、市场渐趋饱和、商品附加值提升空间有限的问题。

二、服装商品企划的品牌战略选择

结合我国市场的特性，针对商品企划战略类型的特征、适用场合，共有8种战略模式可供选择。

（一）品类中心战略

品类中心战略方式是以大众化市场为指向，以展销会为中心，以成本合理化为竞争优势。主要运用在以服装品类进行划分的大众化市场时代。由于成衣生产厂家少，消费需求批量大，为加快速度，减少成本，降低价格，服装企业采用按照上衣、裤子、裙子等品类的不同，大批量生产单一款式的产品。这类战略类型在那些大众化市场仍未充分成长的地区十分有效。

目前，这种类型的企业通常是以批发商或大型超市为营销渠道，商品企划只限于常规品类，如睡衣、拖鞋等。企业重视的是生产成本的合理化和缝制车间的高效化，对企业自身的营销、设计等能力基本不予重点考虑。因此，此类企业除了以低价格的竞争优势来求得生存外，别无他法。

（二）品牌中心战略

当消费者开始关心时尚，逐渐对以前那些便宜、实用、单一的服装失去兴趣时，一些具有设计开发功能的服装生产商出现了，他们的产品拥有自己的商标，把与其他产品的差异作为取得市场占有率的关键。这种以品牌为中心的商品差异化战略，推动了我国服装业的发展。然而，由于这类企业在营销上还缺乏自己的零售店和销售体系，特别是商品企划体系的不完善，会出现与市场需求相脱节的现象，因而品牌中心战略是一个有待完备和成熟的战略模式。

（三）规模卖场战略

随着竞争同行纷纷实施品牌战略，市场上的各种品牌数不胜数，要在这样的环境中脱颖而出，就必须找到新的竞争策略和方法。否则，要继续确保原有的利润都会变得越来越难，更不用说提高利润及市场占有率。因此，有些服装企业在守住成本合理化这一优势之后，积极扩展销售渠道，建立以百货店为中心的卖场零售体系。特别是一些大型的服装生产企业，他们在各种百货店中占有较大的销售份额，利用所拥有的品牌效应，积极在全国范围内开设众多专卖店（柜），连锁经营，获取利润。大型服装生产企业要依靠规模卖场取得成功，通常就必须与零售商之间建立良好的、密切的联系，并重视销售活动。在这一战略中，生产与营销是两个同等重要的部分。

（四）直营店战略

直营店战略同样是以大众消费者为目标对象，相当于对上述规模卖场战略在营销业态上进行进一步革新。以直销专卖店为销售模式，完全专营本企业的品牌。其中较具代表性的企业如“雅莹”。这种直营店战略有助于企业和市场的结合，使得服装企业不单是一个制造商，而且拥有自己的商店，直接面对消费者，具有零售商的机能。这种战略所建立的是一套从上（生产）而下（零售）的生产营销体系，增强了服装企业的竞争力。

（五）设计师品牌高档价格商品战略

随着人们越来越追求个性化和差别化，针对高感度消费者的设计师品牌、个性品牌应运而生。这种品牌在设计上独树一帜，并且注重自己的营销零售机能，建立起自己的自营店、店中店，与直营店战略相似的是同样重视营销业态的变革。

设计师品牌与大众品牌的差异性不单指商品本身的差异性，而且还包括商店的背景形象、陈列布置、橱窗展示等。所以其产品的价格要比普通商品高一个价格带，但同样受到那些有个性的、关注时尚的目标消费者群体的青睐。设计师品牌的另一战略是利用时尚发布会的形式，通过媒体传播向消费者传递本品牌的理念和形象。

（六）设计师品牌中档价格商品战略

采取与设计师品牌相似的高感度商品企划战略，但在价格方面属于中档价格带。这是既追求成本合理化又追求产品差异化的服装品牌所采取的战略方式。为了达到成本合理化，通常这种品牌会在全国大规模地开设分店，渗透到各个市场。这种以高感度市场为导向、具有中档价格带的服装生产商正在威胁着大众化服装市场。

（七）新品类聚战略

采用这类战略的服装生产商在感性方面（服装设计、品牌形象）具备与D&C品牌相同水平的企划力，但企业本身没有实力形成一定规模的专卖店、直营店。对于高感度的商品来说，在一定的区域内（特别是在一些非大都市的地方性二、三级市场），某一品牌的消费群终究是有限的，一些品牌本身的实力又决定了零售网络不可能铺设的很广。这样的状况就造就了少店铺、多品牌这一战略形式的形成：将一些受到消费者喜欢的同类品牌置于有较完善零售体系的某品牌的直营店、专卖店中进行销售。

新品类聚战略对双方都有利，原品牌可弥补自身商品种类不全的弊端，拓宽目标消费群；进店品牌可利用原品牌的名品效应及零售场地。这种形式类似百货店采用的备齐货色的营销模式，只不过百货店是面向大众化市场而新品类聚战略是面向高感度市场。

（八）POS网络战略

POS（销售实时情报管理系统）网络战略是指与商品生产经营活动相关的各部门，如零售店、生产工厂、营销部门等都配有计算机，相互之间通过网络进行信息沟通、数据传递的营销模式。这是高感度品牌为了进一步增强竞争优势，尽可能地减少在采购、库存管理、实体分配方面的损失而建立的生产营销系统，它正逐渐成为一种重要的竞争战略受到各商家的重视。通过建立POS网络系统，能使信息得到及时反馈，易于管理，可以在大范围内建立大量的零售店。这使得针对高感度市场的品牌在建立生产零售垂直型营销体系的同时，也能进行针对市场变化的快速反应，降低成本，提高利润。

第四节 ● 服装品牌的分类及构成模式

一、服装品牌的内涵与构架

（一）服装品牌的内涵

服装品牌是指具有一定认知度和完整形象并有一定商业信誉的服装产品系统或服务系统。它是由名称、符号、设计、产品、文化、服务等综合构成的系统，其目的是要使自己的服装产品或服务有别于竞争者。因此，服装品牌不是简单的商标，它是一个完整的由商品形态和服务形态组成的商业形象。它可以包括产品品牌（有形品牌）和服务品牌（无形品牌），从总体上看，服装品牌的价值是以依附在产品或服务上的附加值的形式体现的。

对于从事服装品牌策划、设计和管理咨询的人，尽管熟知很多有关服装品牌的理论，也有不少服装品牌创建的实践，了解众多的服装品牌案例，对服装品牌有较深的理解，然而面对很多不同的人群，解释什么是服装品牌时往往说法不一（所举案例也不同），这虽然大多与听众的职业类型和文化层次有关，但有时也因为服装品牌的确具有多样性和复杂性。因此，需要不断地探寻服装品牌的共性和个性，时常补充和更新相应的知识，不断积累相关的案例。

服装品牌实质上代表着卖者对交付给买者的产品特征、利益和服务的一贯性承诺。最佳服装品牌对消费者而言就是质量的保证。服装品牌的特征表现在六个方面。

（1）属性。服装品牌首先使人想到某种属性。例如“LV”意味着昂贵、做工精湛、高贵、价值高等等。公司可以采用一种或几种属性为产品做广告。

（2）利益。服装品牌不止意味着一整套的属性，因为顾客买的不是属性，而是利益，属性需要转化成功能性或情感性的利益。

（3）价值。服装品牌也说明了一些生产者价值。如“夏奈尔”代表着高贵、声望、财富、品位等。营销人员必须分辨出对这些价值感兴趣的消费群体。

（4）文化。服装品牌也代表着一种文化。如“D&G”代表着意大利文化，即前卫、时尚。

（5）个性。服装品牌也反应一定的个性。可以想象一些生活中的例子，当服装品牌是一个人、动物或事物的名字，会使人们联想到一些别的事物。如“GUCCI”可能会让人想到一位时尚的达人、一条美丽的金鱼或一座华丽的建筑。

（6）用户。服装品牌暗示了购买或使用产品的消费者类型。如果看到一位十几岁的女孩挎着一个“LV”包时会感到吃惊，大家更愿意看到挎包的是一位30岁左右的高级白领。

（二）服装品牌的构架

服装品牌架构就是执行多品牌战略的企业品牌之间的构成情况以及品牌关系、品牌定位。Prada集团拥有Prada、MIU MIU、Jil Sander、Fendi以及Helmut Lang等多个品牌，如果没有一个清晰的品牌架构，品牌之间的互动与资源的整合就不容易实现。建立合理的品牌架构有利于资源整合以及利益最大化，Prada的品牌架构保证了其多品牌策略的成功。

1. 高端定位

将产品定位高端可以提升品牌价值，也可以获得高额利润，但由于高溢价品牌给予消费者的主要价值是个性与身份的象征，高溢价品牌的目标市场往往比较狭窄，一个品牌往往能占据一个规模较小的细分市场，因此，也面临着目标市场狭小，消费需求较弱的风险。要获得高溢价，将品牌塑造成高档品牌，就要满足消费者的情感需求与自我表达方面的利益，品牌一定程度上的高价位是传达个性品位、内心情感、财富、成功所必备的前提。只要品牌能塑造出相应的情感与自我表达型利益，有一部分消费者（哪怕很小的比例）能支付什么价，品牌就能卖出什么价。而创造这种利益效应，企业就要付出高的成本。要塑造成情感型、自我表达型利益为主要价值的品牌，品质、技术是基础，应主要通过广告塑造品牌豪华、成功、时尚等内涵，同时在款式设计与做工上精益求精，并在豪华高档场所设零售终端。

Prada定位高端，价格比一般品牌要贵10倍乃至上百倍。Prada集团一向着力于制作的专业性和产品的高质量，这是Prada一直遵循的传统，也是维持Prada作为高端品牌的保证。Prada能成为精品王国，就是其重视品质、精益求精的结果。为了体现其高贵的品牌价值，维护高档品牌形象，最近Prada出售了其业务支柱Fendi（芬迪）工作室，芬迪停止了品牌系列——Fendissime Collection的生产。芬迪中低档品牌产品的生产始于1987年，主要是希望能够受到青少年的青睐。显然，中低档的Fendissime Collection品牌对Prada高档形象带来了不利的影响，为了整合企业资源，继续发展集团的核心业务，以占领更多的国内外成衣市场，于是停止了Fendissime Collection品牌产品的生产。

2. 品牌协同

多品牌下，品牌间的关系是很复杂的，多品牌策略整体优势的发挥在于理顺品牌间的关系。这样可以避免自有品牌的直接竞争、浪费资源、损害品牌形象等，并有利于形成整体优势。

Prada很好地处理了众品牌的关系，达到了品牌之间的协同补充。在Prada的品牌架构中，Prada品牌是主品牌、核心品牌、一线品牌；而MIUMIU、Marc Jacobs是副品牌、二线品牌；Jil Sander、Fendi以及Helmut Lang等是三线品牌。每个品牌有不同的细分市场与品牌形象，可以满足不同的消费需求，达到品牌整体的协同。MIU MIU是Miuccia Prada在1992年以自己小名命名的品牌，它是Prada唯一的年轻副线品牌，风格像小女孩一样可爱，色彩浓重，充分表现了缪西娅本身的着装风貌。这个品牌也因为如此年轻，才可让Miuccia Prada得以尽情发挥其童心未泯的真个性，作品也因而变得有趣。橡筋扣设计、拉链外套、气垫长靴齐上场；另外亦有女性化的蝴蝶tubetop与花边裙及绲边长裙校园风格，造型比主线Prada更多元化、更明目张胆，从而满足了可爱女孩的消费心理。而Miuccia Prada的丈夫Marc Jacobs也以自己的名字命名了一个品牌，满足了年轻知识男性消费者的需求，该品牌具有非常明显的文艺青年个性，某一季的广告，场景干脆就选择了书店。不同的品牌满足不同的消费需求，每个品牌都有自己的个性与形象，彼此之间依靠企业品牌来联系，存在着配合与协调，这就是多品牌策略成功的秘诀。

3. 共鸣的品牌个性

品牌如人，品牌的“个性”不是相对于其他品牌的独有的特性，而是指品牌如人的性格、风格，或者说品牌“就是一个人”，品牌个性就是当消费者把品牌想象成是一个人时，这个“人”的个性：是青春亮丽或是成熟性感，是前卫或典雅，是内向或外向，是富有激情或沉着稳重……品牌个性是品牌展现出的一种性格，是品牌与消费者之间的感情冲击。品牌个性特征必须反映品牌，必须受到消费者的欢迎，必须满足消费者自我表达的需要，必须加强消费者对于公司产品及服务的体验。

Prada是一个个性十足的品牌，能够引起共鸣的品牌个性展现了Prada品牌价值与文化，展现了其为人的简洁单纯、孜孜追求、精益求精的一面。作为以女人为服务对象的Prada，无论是服装还是鞋子都特别让人喜欢，看不出年龄上的差别，款式很多时候都是被狂抄的对象。Prada的尼龙手袋及其他皮质手袋，深得时装界业内人士追捧，其中原因就在于其低调实用又不失摩登感的品牌个性。1978年以后Prada的个性得到充分的展现，这得归功于Miuccia Prada，她的设计通常是在古典主义中注入前卫的元素，融合了传统与时髦，表达了优雅的精致感和浓浓的书卷气。20世纪90年代，打着“Less is More”口号的极简主义应运而生，而Prada简约、带有一股制服美学般的设计正好与潮流不谋而合。1993年，Prada推出秋冬男装与男鞋系列，一时之间旗下男女装、配件成为追求流行简约与现代摩登的最佳风范；20世纪90年代末期，休闲运动风潮发烧，Prada推出Prada Sport系列，兼具机能与流行的设计，形成一股旋风。Prada的品牌个性完全是Miuccia个人的性格体现。Miuccia念念不忘的是回到自己的记忆中找灵感。她总在一些人们，尤其是她自己记忆中曾经流行的基本服饰上，恰到好处地玩着加法和减法的游戏。Miuccia的设计呈现出感性可爱的外表，但这种不断在你脑海里加深的印象，显然来自清晰明确的理性创作规划。她的设计理念总是带着反潮流的前卫性，这是她的设计总能在无数时装发布的大背景下脱颖而出的原因。比如2000年的春夏系列，就被她冠以“时装ABC”之名。她仿佛又回家翻了翻自己衣橱，将里头的那些常青基本款——毛衣、恤衫、简洁的打褶裙、直筒裙和丝巾等，挑出重新演绎一番。结果，那种散发着浓厚的20世纪70年代学生和空姐味道的设计，因为表现出一种已失落了的真诚之美，而流露出打动人的魅力。

成功的品牌联想就是让消费者在看到相关名字或商标，看到相关图像，听到相关曲调，看到相关色彩时所联想到的品牌的意义。品牌联想是一个心理捷径，是实现品牌承诺的捷径，揭示消费者对品牌的价值取向。品牌联想必须与品牌价值与品牌个性密切联系，必须与公司或产品密切联系。对于精品品牌来说，品牌联想显得更为重要，消费者购买精品，要的就是心灵的满足感与价值感，鲜明的品牌联想可以加深消费者的这种感受。

提到Prada，人们首先想到的就是其PRADA标志及倒三角形状的铁皮标志，这构成了Prada主要的品牌联想。倒三角形状的铁皮标志，只在Prada皮件系列的产品上会出现，几乎是大家对Prada的第一印象，上面除了Prada之外，在其下方会有一行标明其“品牌出生地”的MILANO小字，及创立品牌的年份（1913年），少了一个元素就不是PRADA。Prada的服装，布标上的PRADA大写标志很是显眼，偶尔会以烫压的方式，小小地烙印在皮件的表面上。Prada严格控管从设计、制造到零售，每一个环节都不能疏忽。Prada认为，顾客愿意付1万多买一双鞋，除了好看、时髦之外，纸质良好的白色扎缎带购物袋、配件内附保证卡片、浅蓝色收据、舒缓的浅绿空间色调等，更是为了以点滴细节累积洗练贵气，是为了高贵的品牌联想。Prada运用机械化方式统一关于品牌联想的每一件事，即使是顾客看不到的办公室，全球主要分公司都用一样的纸张、铅笔、家具和墙壁颜色。所有这些都构成了Prada鲜明的品牌联想。差异化的品牌塑造就是要塑造强势品牌，强势品牌就是指具有准确而强有力的品牌定位、高品牌知名度、鲜明的品牌个性、极强的品牌联想并且赋有情感特性。Prada被称为精品王国，其强势品牌地位的获得要得益于差异化的品牌塑造策略。

4.引领潮流

高明的企业创造需求，成功的企业满足需求，落后的企业追赶需求。

Prada每一季都会推出Must HaveItem（必买品），在新品上市前送给国际各大媒体时装编辑，他们参加时装秀时人手一个，出现在各大媒体上，做足了上市前的热身运动。产品上市时配合密集的广告宣传，很快这些“必买品”都会成为当季不可或缺的流行单品。

5.创造体验

在商品日趋同质化的年代，消费者对产品功能已经不那么看重，而对品牌的感受和服务的体验更为关心，目前的时代已经是体验经济的时代。体验就是消费者在购买活动中的经历，贴心的服务、精美的包装、心动的店面装饰等等都构成了消费者体验的一部分。因此，未来的消费就是对体验的消费，企业提供的不再是产品，而是消费者心灵的感受。

早在1999年，Prada就开始进行一项研究计划，准备创造零售的新方式，向消费者提供购物体验，该研究计划预计发展四大店面—“Epicenter”。为此，Prada邀请获得过普立兹建筑奖的荷兰建筑大师Rem Koolhaas操刀，设计分别位于洛杉矶、旧金山与纽约SOHO区的三家新分店。Epicenter提供了聚集创意的所在，以往Prada舒缓的浅绿色调店面已广为人知，而Epicenter的规模与策略定位则更能广纳产品与店面特色。2001年12月，Prada选在纽约SOHO区开设新旗舰店，作为Epicenter的第一步，这家巨型豪华商场，充满了科技与人性化的崭新风格，当然也带来全新视野，买不起Prada，起码可以到Prada来旅游，这间有23000平方英尺空间的旗舰店提供了为比买皮包更高尚的理由而存在的空间，例如SOHO区分店的鞋子展场，夜晚可以变成戏院的座位，甚至可以在普拉达的店铺中举办演讲。2003年，Prada选在东京青山，开设号称Prada全球最大旗舰店。全店斥资8300万美元打造，由建筑师Jacques Herzog操刀完成。整体灵感来自水晶的形状，颇具象征性的地标，无疑对东京的都市景观形成极大影响。

6.演绎精品奇迹

Prada的品牌故事完全是丑小鸭与白天鹅故事的翻版，是一个家族与一个女人的故事，是能够带给人们向往、崇敬感情的故事。而这些就是品牌故事的魅力，通过描述品牌发展和创业奋斗中有意义的、代表性的故事，带给人们心灵震撼，赢得人们的情感，加深品牌形象，形成强有力的品牌联想，从而树立起与人们共鸣的品牌文化，打造情感品牌。1913年Mario Prada兄弟在意大利米兰开设了一间Prada精品店。因当时美洲与欧洲的商业贸易与交通商旅频繁，Prada就开始专营皮具和进口商品，Mario Prada遍访欧洲，选购精美的箱包、饰品以及服装等供上层社会享用。Prada后来开始制造一些针对旅行的手工皮具产品。但Prada并没有多大的名气，甚至在20世纪70年代，时尚环境变迁，几近濒临破产边缘。在之后的十几年，Prada仍然不过是欧洲一个普通的家传三代、专做手工时装饰物的小牌子。一切的改变都来自于一个女人，是一个女人将Prada打造成今天著名的精品品牌。她就是Miuccia Prada，Prada家族的第三代掌门人，1978年以来，凭借自己独特的设计风格与卓越的经营理念，把手提包和鞋子等这些传统意义上的搭配次要品作为公司的主角，并成功地结合了经验丰富的专业大型制造程序和注重品质的专业化小型作坊的优点，使Prada得到迅速发展壮大。

7.情感化的品牌价值

品牌价值就是企业产品或服务为消费者所感知的价值。衡量品牌的标准就是品牌价值，当品牌具有了一定的价值以后，就成为了消费者心中可感知的资产，就成为品牌的一种竞争优势。一种服务和产品为人所感知的资产越多，其品牌价值就越大，企业也就可以从产品或服务中获利更多。品牌价值是品牌的精髓，是企业品牌与消费者的双向沟通，是真正可以打动消费者情感的价值。使消费者对品牌产生一种特有的情感，使品牌成为情感品牌，是品牌长久不衰的关键。Prada的成功就是其情感化的品牌价值作用的结果，是发展为情感品牌的结果。

Prada的品牌价值体现在Prada的设计与现代人生活形态水乳相融，体现在对消费者心理的把握，不仅在布料、颜色与款式上下工夫，其设计背后的生活哲学正巧契合现代人追求切身实用与流行美观的双重心态，在机能与美学之间取得完美平衡，不但是时尚潮流的展现，更是现代美学的极致。Prada一向是非常重视品质的，因为他们知道品质是赢得消费者的关键，是从消费者的利益出发的。Prada产品是在意大利水准最高的工厂制作的，这也就是为什么穿上其产品会感到舒适无比的原因。即使是创业初期，在运输工具尚不算便捷的当时，为了要求最好的品质，Mario还是坚持从英国进口纯银，从中国进口最好的鱼皮，从波希米亚运来水晶，甚至将亲自设计的皮具，交给一向以严控品质著称的德国生产，可见其追求完美的态度。

二、服装品牌的分类与构成模式

（一）服装品牌的分类

1. 以品种分类

① 衬衣品牌。
② 西装品牌。
③ 风衣品牌。
④ 毛衫品牌。
⑤ 大衣品牌。
⑥ 皮装品牌。
⑦ 裤装品牌。

2. 以风格分类

① 休闲品牌。
② 职业品牌。
③ 运动品牌。

3. 以价格分类

① 高档品牌。
② 中档品牌。
③ 低档品牌。

4. 以性别分类

① 男装品牌。
② 女装品牌。

5.以推介方式分类

① 设计师品牌。
② 名人品牌。
③ 制造商品牌。
④ 供应商品牌。

6.以销售方式分类

① 零售品牌。
② 批发品牌。
③ 代理品牌。

（二）服装品牌的构成模式

服装品牌构成模式主要有以下5种。

1.清晰的目标市场定位

品牌的市场定位是指通过市场细分，找到品牌与目标消费群体的对应关系。市场定位是品牌策划成败的关键。品牌的策划、制作、销售、形象推广、产品延伸及市场拓展等都是围绕着市场定位展开的。市场定位首先是定位市场空缺，以此确定目标消费群体；调查消费群体的特征，如职业、收入、工作环境、嗜好、消费观、生活模式、生活环境、教育状况、宗教信仰和审美倾向等；其次，根据调查结果来进行品牌形象的定位与设计，即服装的类别、品质、价位、销售策略及渠道等。

2.完美的品牌形象塑造

一个成功的品牌，不仅提供给消费者产品，而且是向大众传达着它的文化以及观念。夏奈尔品牌象征着高雅、简洁、易于搭配，迪奥品牌象征着优雅、华丽、高贵、至上。消费者对品牌的印象是整体的，不是单个产品的特征。服装品牌的形象塑造，是由多方面因素形成的，如市场定位（目标消费群体）、服装风格、产品价位、广告形式、销售策略、产品包装和企业形象（CIS）等都对品牌的形象有很大影响。

CI（企业策划）=VI（视觉形象设计）+MI（企业经营理念设计）+BI（员工行动准则设计）

CI是信息化社会中的一种经营战略行为。在企业策划具体实施中，MI（企业经营理念设计）是第一位的，VI（视觉形象设计）只是将企业内部的诉求转变为对外诉求，向大众传达，产生一系列的信息反馈效果。反馈信息到企业内部后，企业将如何作出回应，如何解答外界对企业MI的质疑则是依靠BI（员工行为准则设计）了。一个品牌不只是单纯的语言、标志和形象，它是企业理念的凝缩。创造好的品牌，就要在VI注入更多的思想和信息的价值，这是创造品牌即得价值的关键。品牌一经建立，就具有无限的生命周期，可以产生更大的累计价值。

3.独特的设计风格

独特的设计风格和品位是服装品牌重要的核心要素之一，成功的服装品牌都有其独特的设计风格和不同的品位。这种风格决定着服装品牌在消费者面前的最终形象，设计师往往根据对目标消费群体的了解，然后迎合他们的某一特质进行策划和设计品牌风格。如美国爱斯普瑞特（Esprit）品牌的休闲装，营造的是“健康、自信、活力和自在”的着装形象，并迎合当前大众关心环境的心态推出了环保服装。

服装品牌的风格表现分为两大类：一类是突出品牌自身风格和品位；另一类是突出设计师风格。品牌自身风格在运作时，不一定要聘请著名设计师，像埃斯卡达（Escada）、爱斯普瑞特（Esprit）、贝纳通（Benetton）等服装公司只需要宣传品牌产品的本身，很少表现设计师的个人风格，自然设计师的姓名也显得不那么重要了。设计师风格是在品牌产品上突出设计师个人风格，如克里斯汀·迪奥品牌就是以突出设计师风格为表现作品的，它历经了伊夫·圣·洛朗、纪梵希、马可·伯海姆、詹弗兰科·费雷和约翰·加利亚诺五代设计师，每一代设计师都有鲜明的个人特色，但总的来说，也在遵循着迪奥品牌的优美华丽的风格主线进行。

4.高品质的制作工艺和材料

高级女装和高级成衣品牌产品，必须具备高品质的制作工艺和材料。织锦缎、天鹅绒、花缎、丝绸、抽纱、蕾丝、塔夫绸及高档羊毛、棉、麻织物配以立体裁剪和大量的手工制作，使得高级女装和高级成衣处处体现出做工的精湛细致以及高品位档次。成衣品牌产品中，价格低廉、有一定外观风格的纺织品在品牌产品的实际运作中大显身手。定染、定织面料可以使品牌面料风格独特，防止被仿制。对面料种类的选择是根据品牌风格决定的，例如二线品牌D&G，面对的是活泼好动的年轻人，它的面料多采用针织面料、平绒、斜纹布等，其柔和、朴素、方便的风格恰是对青春的诠释。卡尔·拉格菲尔德品牌则用柔美的丝绸来体现自然脱俗。在工艺制作上，成衣品牌在面料和辅料的搭配、局部件的工艺设计上精益求精，以区别于其他产品。细节设计处理是否得当决定着该品牌能否优于其他产品，同时也是分辨真伪品牌的方法，如拉链、纽扣、针距等的细部设计既可以体现整体风格，又可以标新立异。

5.品牌属性的延伸

服装流行的周期与其他产品的流行周期相比是较短的，一个服装品牌的成功是有时间限定的，它不可能永远地生存。服装品牌要想延长生命，就必须采取恰当的措施，而延伸品牌的属性就是解决办法之一。品牌产品的属性要随市场环境的变动而改变，古琦就是一个延伸品牌属性的典型案例，早期的古琦品牌产品是皮制品，随着皮制品的衰落，古琦的决策者及时将品牌产品延伸到服装上，获得了极大的成功。另一个成功的案例是皮尔·卡丹品牌，高级女装在世界范围内的衰落使得欧洲各高级女装品牌举步艰难，皮尔·卡丹看到了成衣市场的潜力，在高级女装品牌中最早将其有较高威望的皮尔·卡丹品牌应用于成衣中，获得了极大的成功并且成为服装界巨富。

第五节 服装品牌商品企划开发模式

在零售行业中，对于经营自主品牌的服装企业来说，如何选择商品企划的开发模式，如何提升商品在市场中的表现，是关系到企业生存与发展的重要课题。但许多民营零售企业，由于企业创建初期，对于商品企划可能并不很清晰，只是按当时资源的现状和对商品企划与管理的理解，组织货源、投入生产。有外贸加工生产厂转型或自创品牌，利用现有商品样板形成自主品牌；有组织买手采购市场畅销商品，改版或原样投产；有设计师自创品牌亲自进行原创设计等。

一、买手型——灵活多变、轻装运营

买手型即自行设立自主设计研发团队，从各地、各知名品牌采买样衣，然后进行适当的调整与修改，成为自己的产品，投入生产与销售，也有一些店铺量少、销量低的服装品牌直接更换吊牌进行销售。买手型商品企划模式的优势比较明显，对于品牌创立的初期来说，自主设计研发需要投入大量人力与物力，买手型则投入小，商品风格灵活多变，能快速适应市场需求，可以说市场上什么款式销售好，就买什么样的商品进行修改、参考或直接销售，这也是许多企业采纳买手型模式的原因。

但买手型商品企划的模式有着明显的缺陷。样衣的采买是需要具有相当敏感性与能力的专业人员进行，不是买来什么商品修改一下都能成功销售；同时由于样衣从多个品牌采买，那么商品风格很难统一、协调；由于已经上市的商品再经过一段时间调整和生产，销售期有滞后，只适用于针对年轻女性、定价相对较低、主体市场在二三线城市的品牌所运用，不是所有品牌都适合的。同时只依靠这种单一模式的商品企划，很难支持品牌规模的扩张。因此，如果品牌定位不属于低端品牌、并希望能快速扩大经营规模的服装企业，不适宜只用买手型高品企划。如果仍采用单一的买手型，那么就应考虑引入自主设计与研发的相应的商品企划机制，以防止这种受外界牵制、随意性较大、缺少稳定商品风格与系列完整性的商品企划模式，制约品牌的发展，影响企业的生存。这种类型的商品企划模式也有弊端，因为商品的款式不是自主设计，而是“追着”其他品牌走，从现有的市场资源中选择相对适合自身店铺或品牌的商品，因此缺少品牌自身的定位与风格。消费者购买的原驱动力更突显“商品”自身的特点，对“品牌”的感受是弱化的。因此，买手型不利于创立“品牌”的形象、价值。换言之，如果目前采用“买手型”模式进行商品企划的企业，希望打造自身品牌价值，希望“创品牌”而不是只单一地“卖商品”，那么就要考虑适当时机进行转型。

二、原创型——价值突显、持续发展

原创型企业自行设立完整的商品设计、研发团队，所有商品均自主设计，自行创意，自主生产。

自主商品设计与研发的商品企划模式，对于企业来说除了投入大、见效慢的弊端，在实际实施中，最主要的是需要有一支强大和稳定的设计团队。而且，商品的设计不是天马行空，是要基于品牌的定位、商品风格的塑造、对消费者需求的理解、流行趋势的把握。在实际的咨询中，经常遇到一些企业的设计师团队不稳定，品牌没有共识的商品风格，造成因主设计师人员的变动，带来商品风格的不稳定，而使品牌的定位不清晰，最后表现在终端当然业绩欠佳。另外一种企业类型是老板可能就是主设计师，但太过封闭，坚持个人在商品设计中的风格与喜好，缺少对市场的了解与适应，成为老板只为自己设计而不是为消费者设计。如果这位老板所偏好的风格恰恰符合当时的流行趋势并满足消费者需求，那么品牌就能得以良好的发展，如果不符合就将困境重重。

“原创型”商品模式，也包括一些企业因商品设计研发的时间紧迫与工作量压力过大等原因，将部分商品设计外包，只要外包设计的商品风格是从属于公司整体品牌的定位与风格，而且外包设计也是原创，那么这种形式仍归于“原创型”商品企划的模式，只不过一些设计师是外聘而已。采用原创型商品企划的企业，应随时注重品牌定位的优化，时时关注市场与消费者变化，在品牌定位清晰的情况下，很好地引导设计师团队，达成明确、统一、突显的商品风格，这样企业才能不断地占据市场，得以长期发展。总结下来，原创型商品企划的模式，是品牌发展与价值体现最重要的手段之一，这种模式利于消费者在体验“商品”特点的同时，通过整盘商品的共同演绎，来表达“品牌”层面的文化、价值观等内涵，是利于品牌长期发展的。

三、混合型——转型过渡、优势互补

混合型是指企业有自己的设计与研发团队，但只负责主要商品的设计研发，其他品类的商品则采用“买手制”，直接买样改板或贴牌销售。自主设计研发与采买样衣共同组合，是一种特有的商品企划模式，是目前一大批服装服饰零售企业所采用的模式。这种商品企划模式一方面承担着买手型向原创型转型的过渡，同时也是一种比较具有中国特色的商品企划模式。

一些服装服饰企业是利用买手采买样品，来弥补本企业在商品企划中某个品类的不足，例如以经营服装为主的企业，饰品、鞋等作为补充的品类采用买手型；另外一些企业，可能通过采买一些较为流行与时尚的样品，来作为整体商品中一些款式的补充。这种混合型的商品企划对企业与品牌的发展是有利的。但也有一些少数企业，在宣传推广与招商时，打着自主设计研发的旗号，但设计师基本的工作就是采买样衣，调整细节或直接交付生产。这样的混合型商品企划就失去了应有的优势。采用“混合型”商品企划模式的企业，要非常慎重的一点是，从市场采买的商品风格要与自主原创设计的商品风格完整与统一，这样才能充分发挥这种模式的优势。

品牌在创建初期可能由于某种原因，借用当时有利资源，而非刻意的进行规划与选择商品管理模式，但随着企业的成长与扩大、消费者消费观念的改变、零售业行业细分等诸多因素，原有的商品企划模式已不能满足现有市场需求，但企业往往出于经营惯性、认知不足等多种原因，短期内无法改变现状，造成经营的困境。

思考题

1. 服装市场营销的基本战略有几种类型?
2. 结合案例分析说明商品企划开发的3种主要模式。
3. 结合案例分析说明服装商品企划品牌战略的8种模式。

实践训练

选择一家资深服装品牌公司进行访谈，了解一个具体服装品牌分类与构成模式以及企业品牌开发模式，分析其成功的原因，针对目前存在的不足寻求解决方案。

第三章 服装品牌企划

服装是一种文化、思想、理念的展示方式。服装在经历了几千年的发展过程中，不能统筹的称之为服装，而是有着时装与服装之分。与服装相比，时装是服装的精髓表现形式，它更深层次阐述着一种独特的文化并且有潮流性。每一年的服装流行趋势也是由世界知名大牌来决定与带动的。这些品牌做的是生活、是文化、是艺术。它们的品牌价值不是能用价格来衡量的，而是一种无法替代的时装文化，同时对于其后的品牌发展具有非常大的推动作用。

21世纪产品最大的价值不是其使用价值，而是其品牌价值，因此品牌策划对于一个企业的发展有着深远的影响。从事品牌服装运营，就一定要给自己的产品定位，市场空间在哪里、产品定位是什么、运作模式是什么、优势在哪里，这些问题都是必须去考虑去解决的。要想在国内外服装行业生存与发展，就必须要有长远的战略规划，整合资源，制定一条切实可行的发展目标。因为服装市场中有着很多很强大的竞争对手，如果只是盲目的生产、销售，总有一天会被逼的无路可走。

我国是一个服装生产大国，对于服装的品牌策划和产品研发正如火如荼。品牌策划是一个企业发展的重要组成部分，只有当一个企业拥有让人瞩目的产品品牌时，方可证明一个企业在社会中的地位与存在价值。同时品牌策划可以帮助企业获得更大的成功，在与竞争对手的争夺中，品牌策划也是最容易突显出竞争优势的。品牌策划是一个庞大的系统工程，是需要各方面的条件积累的，本章就服装品牌策划的工作和内容进行探讨。

第一节 服装品牌命名

一、品牌的命名

品牌的命名讲究形式美，所谓形式美，是指自然和生活中各种形式因素的有机组合，是意蕴的外在表现形式。品牌、商标的丰富内涵，只有通过高度艺术化的文字、符号和图形表现出来，能够通过视觉刺激，让人们理解接受才有意义。因此，设计一个简洁、清晰、个性鲜明和富有美感的品牌名称、商标标志，对于准确传达产品信息，塑造良好企业形象，达到促销的目的具有十分重要的意义。与起名直接相关的，自然是品牌、商标的语言美。

有的品牌、商标的主题蕴涵在标志的深刻意境中，需要欣赏者和消费者自己去感悟，而有的则直接用文字加以说明。好的名称可以起到画龙点睛的作用，首先要求品牌名称与具体的商品内容、特点相结合，与所反映的主题有内在的密切联系。这样，才能体现一定的思想内容和时代精神，具有独创性的艺术特征。其次，品牌名称要顺口、动听、易记，为消费者所喜闻乐见，又不乏新颖的特点，于平淡、平易中见精神。

二、品牌命名的策略

品牌命名、商标设计是一项策略性的工作，具体可以从以下四个方面考虑。

（一）准确地向人们传达商品的信息

品牌的名字能够示意商品的性质，反映企业的理念与文化。如香港时装“派”商标，意蕴丰富，因为这个“派”字蕴含了“气派”“风度”之意，迎合了人们追求美的心理。

（二）体现一种民族精神

如“长城”保温瓶是上海名牌产品，漫画家沈凡为它设计的图案是一幅山峦起伏、雄伟壮观的“长城”商标，并冠以“完全国货、实业救国”八字，反映了中华民族抵御外侮、自强不息的民族精神。又如“羝羊”商标，它设计的图案是两只相互抵撞的大绵羊，绵羊图案表明了产品的成分，同时“羝羊”与“抵洋”谐音，表达了“抵制洋货”，发展民族工业之意，同样又是一种民族精神的体现。

（三）富有时代感

人们的审美与其所处的时代背景是密切相关的，不同的时代有着不同的审美观点和审美准则。从“王麻子”“同仁堂”“工农”到“健力宝”“代劳力”等无不打上时代的烙印。文字和图案从视角上给人以美感，同时包含着“生产”“流通”与“生活”的意蕴。又如美能达的新标志，它用摄影镜头的镜片形状来设计MINONLTA中O的造型，光感很强，体现出现代高科技的严密性和精确性，完整准确地传达了产品的性能和特点。

（四）准确反映不同国家、不同民族的风土人情

各个国家、各个民族由于受不同文化环境的影响，因此对美的理解也就不尽相同。所以，反映在品牌、商标上也就是不同的民族风格。德国人严谨，往往将视觉图形用高度概括的图形语言来传达信息。如“奔驰”商标，外形似一个汽车的方向盘，肃穆苍劲，在规律中表现工整、匀称，具有冷静、严肃的感觉，使人能联想到奔驰汽车漂亮、舒适、快捷、精良的特征。法国人热情，往往使标志设计与美术融为一体，强调优雅与自由的表现。美国人追求活跃的自由空间，如“罗伯兹酒”商标，新颖活跃，跳动而热烈，富有表现力，犹如爵士乐般的旋律。而我国的标志设计，大多沿用中国传统的文化习俗，以汉字的篆、隶、楷、草等字体以及龙、凤等作为图案。如“金凤凰”牌纺织品的商标，以凤凰为图案，并辅之以文字，很鲜明地带有中国人传统的审美习惯，利用凤凰在中国人传统心理中是吉祥如意的象征，表达了中华民族向往美好生活的意念。

三、品牌命名案例分析

（一）七匹狼

“七匹狼”品牌来自周少雄等七位年轻人的创意。他们研究了市场后最后选定了狼形象，因为狼是非常有团队精神的动物，具有机灵敏捷、勇往直前的个性，而这些都是企业创业成功不可缺少的素质。当时他们是七个人一起创业的，“七”代表“众多”，而“狼”与闽南话中的“人”是谐音，最后就以“七匹狼”为企业名称，寓意为他们从事的是一个团结奋进的行业，同时他们非常欣赏它的团队意识，因为它的团队精神是获取成功最关键的一个因素。

（二）报喜鸟

“报喜鸟”取名民族化，体现昂首欲鸣、展翅高飞的形象，以象征企业腾飞的美好愿望。报喜鸟坚持走“打造以知识为基础的国际性品牌”，将以30～50岁的中产阶层为目标客户。这部分人群锐意进取、活力非凡、享受生活，事业已经较为成功，有一定的消费能力，而且消费心理成熟，不盲目崇尚洋品牌，符合报喜鸟高端时尚品牌的再定位。报喜鸟将以品质、服务、创新作为品牌的理性特质来满足目标客户的理性需求，以进取、活力、喜悦作为品牌的感性特质来满足目标客户的感性需求，为目标客户提供高品质、优质服务、时尚设计、喜气吉祥的品牌体验，为其创造更高的价值。

（三）杉杉

杉杉来源于“彬彬有礼”，与彬彬字形相近，起名方式为类似型。20年来，杉杉作为中国服装领域的龙头企业，引领着中国服装业的产业方向。杉杉自创立之日起，就立志“创中国西服第一名牌”，以高瞻远瞩的眼光在中国服装界第一次系统地提出了品牌发展战略，开始着力打造杉杉品牌。杉杉率先于中国服装业中推出“名牌战略”“设计师品牌”“无形资产运作”“多品牌、国际化”等先进的产业理念和实践，同时也是第一个实行集团化运作、股份制改造、上市和成为国家扶植的520家重点企业以及“中国500强”企业。

（四）NIKE（耐克）

NIKE这个名字，在西方人的眼里很吉利，易读易记，能叫得很响。耐克公司的耐克商标，图案是个小钩子，造型简洁有力，急如闪电，一看就让人想到使用耐克体育用品后所产生的速度和爆发力。耐克商标象征着希腊胜利女神翅膀的羽毛，代表着速度，同时也代表着动感和轻柔。

（五）ADIDAS

1972年ADIDAS首次采用三叶草这个商标。三叶草分别代表奥运精神——更高，更快，更强。很多人都认为ADIDAS（阿迪达斯）商标上的三个叶状的设计代表一朵盛开的花，其实原本它代表的是世界地图，也喻意着阿迪达斯创办人艾迪·特斯尔在运动鞋上所缝的三条带子。经历一番变化以后，从20世纪70年代开始三条带子状的商标已被标志世界地图的三块叶子所覆盖。随着时代的改变，由三条带子到三块叶子到三瓣花的相继出现，始终围绕一个三字。因为它代表了ADIDAS的精神“平等、经典美与最高。”“三叶草”只会出现在经典系列产品上，其他产品全部改用新的“三道杠”商标，代表品牌的优质内涵和未来前景。

第二节 目标市场的设定

一、市场细分

（一）市场细分的定义与目的

市场细分是企业通过调研，根据消费者的需求特点、购买心理、购买行为等方面的明显差异性，把某一产品（或服务）的整体市场划分为（在需求上大体相似的）若干个消费者群，形成不同的细分市场（即子市场）的过程。

市场细分的目的是通过更深入地研究消费需求，为企业选择目标市场服务，使企业更好地适应消费需求。

（二）市场细分的必要

要解决市场消费需求的“多样性”与企业营销资源的“有限性”之间的矛盾。同时，企业营销要确定自己的目标市场，重点并且集中的应对市场需求必须进行市场细分。

（三）市场细分的依据

市场细分的依据是整体市场存在的消费需求差异性。市场细分不是以商品为分析依据，而是以消费者需求差异性作为划分依据的。消费需求差异性是客观的，由于消费者所处的地理环境、社会环境及自身的教育、心理因素都是不同的，必然存在消费需求的差异性。所以市场细分的核心就是区分消费者需求的差异性。

（四）市场细分的特征

细分市场具有消费需求类似性特征。在同一个细分市场上，这一消费群体具有相同或相似的需求、欲望、消费习惯和购买特点。这种类似性只是求大同存小异，不可能达到纯粹的相同。所以市场细分的关键就是正确运用一定的标准，将消费者的需求进行有效细分。市场细分是把整体市场划分为若干个具有不同需求的顾客群体；细分市场是市场细分以后所形成的具有相同需求的顾客群体，即小市场。

（五）服装市场细分的作用

① 有利于发现市场机会，发现消费者未被满足的需求。

② 能有效地制定最优营销策略，市场细分是市场营销组合策略运用的前提，离开了目标市场制定营销组合策略就是无的放矢。

③ 能有效提高市场占有率，通过细分市场，结合自身特点，取得竞争优势。

④ 有利于企业小投入大收益，通过细分市场，确定目标市场和营销策略，集中优势在目标市场，调整服装产品结构，增强市场应变能力，合理定价，制定分销渠道和促销方案。

（六）服装市场细分的原则

① 可衡量性：要求细分市场的规模和购买力要可以估算衡量。
② 可进入性：细分出的市场是企业有足够能力进入的。
③ 可盈利性：细分出的市场容量能够保证企业获得足够的利润。
④ 相对稳定性：细分出的市场必须具有相对的稳定性。

（七）服装市场细分的标准

1. 地理因素

依据不同地理区域进行细分市场的具体标准：南方、北方；东部、西部；城市、农村。地理标准是常用的市场细分标准，最为稳定、明显，容易操作。

2. 人文因素

人口标准：年龄、性别、职业、收入。依据消费者的年龄、性别、收入、职业、教育、宗教信仰、家庭情况对市场进行划分。人口统计变量比较容易衡量，有关数据相对容易获取，由此构成了企业经常以它作为市场细分依据的重要原因。

（1）年龄

不同年龄段消费者的消费需求和购买力具有明显差异。如服装市场划分为婴幼儿市场、少儿市场、青年市场、中老年市场。

不同年龄段消费者的需求特点：儿童以生理需求为主，形成刚性化的饮食习惯和生活习惯；青少年以社会需求为主，形成刚性化的价值观，追求时尚和潮流；中年人理性，强调功能和技术优势，可接受适当的高价；老年人对价格敏感度高，注重方便性及售后服务。

（2）性别

不同性别具有不同的消费需求和购买行为，这是自然生理差别引起的差异，根据消费者性别标准可以划分为男性市场和女性市场。

男性逻辑思维能力强，对机械的动手能力强；容易做出购买决策；对价格不甚敏感；考虑问题较单一（功能性）；不喜欢逛街（男性逛商场的心理极限为72分钟）。

女性对服装审美体验的深度和广度优于男性；购买决策速度较慢；对价格较敏感；考虑问题全面、细致、周到（方便性、维修、外观、功能等全盘考虑）；喜欢逛街。

（3）收入

消费者的收入直接影响到他们的购买力，对消费需求的数量、结构和趋向具有决定性的影响。服装、化妆品、家具、家电、饮食、住宅等行业均考虑此细分依据，把市场分为高档市场、中档市场和低档市场。

（4）职业

消费者的职业不同会引起消费需求的不同。如公司的职业女性、教师和演员对服装、鞋帽和化妆品等产品的需求会有自己独特的购买要求，根据职业变数可以划分白领市场、工薪市场。

3. 心理因素（Psychographic）

心理标准是依据消费者心理特征细分市场的标准，包括生活方式、消费个性、购买动机、购买态度。

（1）生活方式

根据消费者对自己的工作、休闲和娱乐的态度来划分市场。消费者生活可分为紧跟潮流者、享乐主义者、主动进取者、因循保守者等生活方式。一些服装企业，分别为“简朴的女性”“时髦的女性”和“有男子气的女性”设计不同风格的服装。

（2）消费个性

个性是指一个人比较稳定的心理倾向与心理特征，每个人的个性都会有所不同。如女性对化妆品选择上各有所好，可分为随意型、科学型、时髦型、本色型、唯美型、生态型等。根据个性类型把市场划分为不同的细分市场，企业可以给细分市场的产品赋予个性特征，获得营销成功。

（3）购买动机

消费者购买动机可分为求实动机、求名动机、求廉动机、求新动机、求美动机等。企业可把不同的购买动机作为市场细分的依据，把整体市场划分为若干个细分市场，如廉价市场、便利市场、时尚市场、炫耀市场等。

（4）购买态度

消费者对产品的态度可分为热爱、肯定、冷淡、拒绝和敌意五类。通过购买态度的市场细分，企业对持不同态度的消费者群，应当酌情分别采取不同的市场营销组合策略。对那些不感兴趣的消费者，企业要通过适当的广告媒体，大力宣传介绍企业的产品，使他们转变为有兴趣的消费者。

4.行为因素

行为标准是指依据消费者的购买行为进行细分市场的标准。具体有购买时机、购买场合、寻求利益、使用情况、使用频率、品牌忠诚度等。

（1）购买时机

根据顾客的有规律购买或无规律购买、平时购买或节假日购买等购买时机进行市场细分。企业应注重“节日市场”营销，不仅重视国庆节、劳动节、春节、中秋节等这些我国的节日市场，对圣诞节、情人节、母亲节、父亲节等西方节日也应抓住时机开展营销活动。

（2）购买场合

消费者购买商品的场地如百货店、超市、购物中心等。不同购买场合为消费者提供的购物环境不同，商品陈列和服务不同，对消费购买行为也会产生影响。

（3）寻求利益

消费者购买某种产品总是为了满足某种需要。根据顾客从产品中追求的不同利益来细分市场。如牙膏购买者有的是为了经济实惠，有的是为了防治牙病，有的为了洁齿美容，有的是为了口味清爽等等。企业可根据消费者追求的不同利益对市场进行细分，从而推出体现一定利益的产品，实施有针对性的营销策略。

（4）使用情况

消费者对产品使用，可分为非使用者、曾使用者、潜在使用者、初次使用者、经常使用者五类，可据此分为五种细分市场。实力雄厚的大企业对潜在使用者市场比较感兴趣，而一些中小企业则特别注意吸引经常使用者。企业可以依据使用状况划分不同的细分市场，制定不同的营销策略。

（5）使用频率

根据消费者使用频率可把市场细分为大量使用、一般使用和少量使用市场。企业往往把大量使用市场作为自己的目标市场。例如，啤酒的大量使用者为中青年人；化妆品的大量使用者为成年女性；保健品的大量使用者为中老年人；时装的大量使用者为年轻女性；玩具的大量使用者为儿童。

（6）品牌忠诚度

根据对品牌忠诚度把消费者分为坚定忠诚、一般忠诚、喜新厌旧、无固定偏好四类，依此可分为不同的细分市场。在坚定忠诚者占多数的市场里，企业可以不用担心竞争者的轻易进入；但消费者忠诚度不高或不忠诚的市场，企业则要设法改进营销和广告促销方式来吸引他们，培养自己的忠诚顾客。

（八）服装市场细分的方法

服装市场细分的方法通常有单一细分法（也称平行细分）、双因素细分法（也称交叉细分）、多因素细分法三种。其中，多因素细分法又可分为以下两种。

1. 立体细分

立体细分是指运用两个以上因素，同时从多个角度进行市场细分。根据消费者年龄、性别和收入，将服装市场分割成8个子市场（图3-1）。

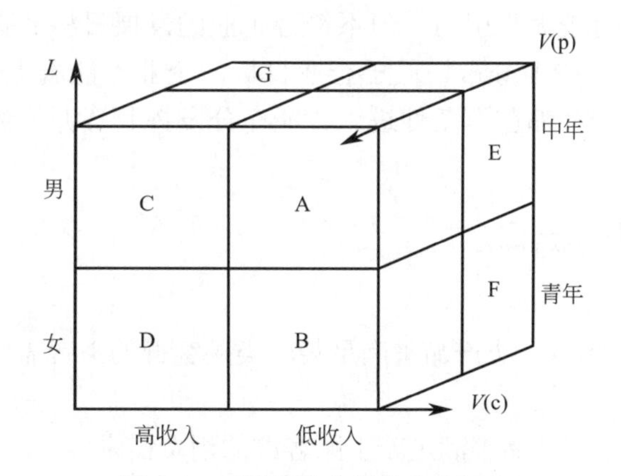

图3-1　以某服装为例的立体细分

2. 系列因素细分

运用两个或两个以上因素细分市场，与立体细分不同的是，依据一定顺序，由粗到细，逐层展开，每下一步的细分，均在上一步选定的子市场中进行，细分的过程，其实也就是比较、选择目标市场的过程（图3-2）。图中服装市场的下一级子市场是老年服装市场，根据老年人居住地的不同而平均收入不同，从而根据收入的不同进一步将市场细分。

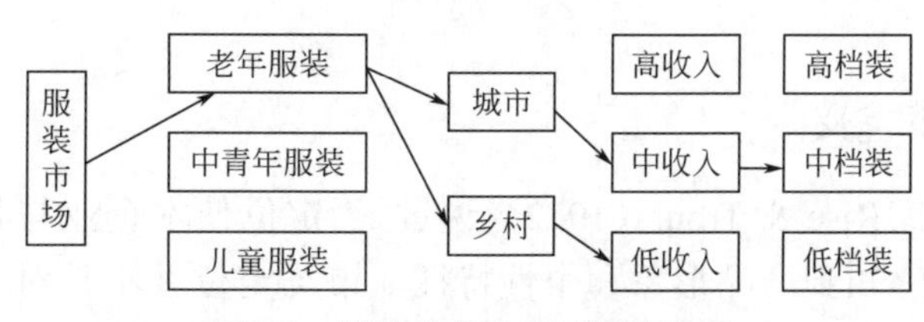

图3-2　服装市场的系列因素细分

二、目标市场的选择

市场细分与目标市场选择有着密切的联系，市场细分是服装企业选定目标市场的基础；选择目标市场是服装市场细分的归宿。

（一）服装细分市场的价值评估

1.评估“市场规模”和“增长潜力”

适合的规模和增长潜力是相对于企业的经营目标和营销实力而言的。评估需要通过对消费者的数量、购买力、消费习惯及对价格变动的敏感程度等情况的调查，来分析产品的销售量、销售金额和具体计算未来消费增长幅度。

2.评估细分市场的“市场吸引力”

所谓市场吸引力主要是指长期获利率的大小。一个具有适当规模和增长潜力的细分市场，从获利观点来看有可能缺乏盈利潜力，不一定具有吸引力。影响细分市场“长期盈利潜力”的因素有现实竞争者、潜在竞争者、替代产品、购买者、供应商。市场吸引力评估关键是“经营损益”评估。

3.评估要结合“企业目标和资源”

有些细分市场虽然有较大吸引力，但不符合企业的发展目标；有些细分市场超过企业目标，实施难度过大；有些细分市场低于企业目标，企业不能胸无大志，缺乏前进动力。考虑企业的资源条件，选择那些有条件进入、能充分发挥其资源优势的细分市场作为目标市场。

（二）服装目标市场的选择方式

（1）产品/市场集中化

产品/市场集中化是指以一类产品来满足某一类顾客群的消费需要。

（2）选择专业化

选择专业化是指以不同产品来满足若干顾客群的消费需求。

（3）产品专业化

产品专业化是指以一种产品来满足各类顾客群的消费需求。

（4）市场专业化

市场专业化是指以各种产品来满足某一类顾客群的消费需求。

全市场覆盖是以不同种产品来满足各类顾客群的消费需求（图3-3、图3-4）。

三、市场定位

（一）市场定位的含义

美国著名广告专家Rise & Trout（1972）说过：“定位使本企业与其他竞争者严格区分开来，使消费者明显感知到产品形象和个性特征；市场定位并不是对一件产品本身做些什么，而是在潜在消费者的心目中做些什么”。

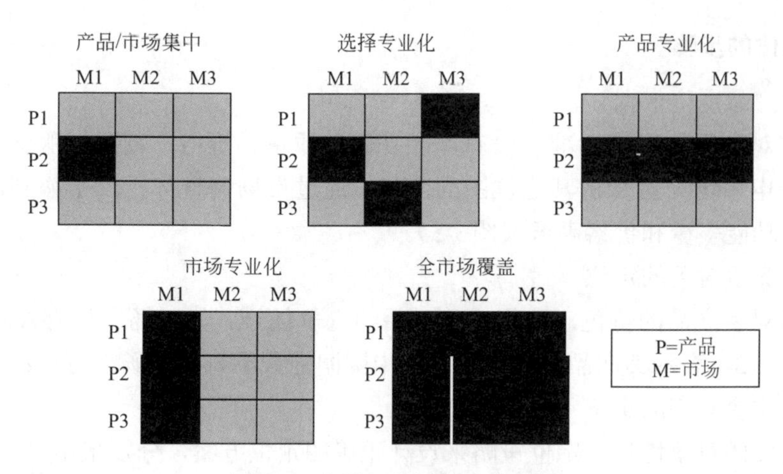

图3-3 产品与市场关系示意图

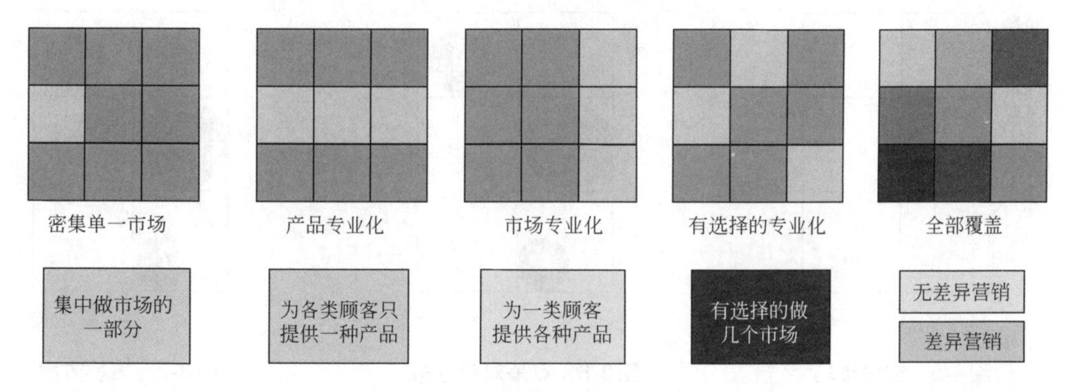

图3-4 目标市场的涵盖模式

企业根据竞争者的产品在细分市场所处的地位和顾客对产品某些属性的重视程度，塑造出本企业产品与众不同的鲜明特色或个性，并传递给目标顾客，使该产品在目标顾客心中占有一个独特的位置。市场定位的实质就是勾画企业产品在目标顾客心目中的形象，使企业所提供的产品具有一定特色，适应特定顾客的需要和偏好，与竞争者的产品有所区别。

（二）市场定位的内容

1.影响市场定位的因素

（1）目标顾客对产品的评价标准

了解购买者最大的偏好和愿望，以及对产品优劣的评价标准。主要有功能、质量、价格、款式、服务、舒适度等。

（2）竞争者的定位状况

了解竞争对手的产品在消费者心中的形象如何，营销策略和效果如何，估量产品的成本和经营情况。

（3）本企业潜在竞争优势

产品价格上具有竞争优势，降低成本；产品特色上具有竞争优势，发展特色产品。

2.市场定位的步骤

（1）确定产品定位依据

目标顾客对产品的评价标准一般有产品功能、质量、价格、款式、服务等。以某H企业准备进入彩电市场为例分析其定位图的变化。通过市场调查分析，了解到消费者对产品最为关注的是功能多少和价格高低（图3-5）。

（2）确定竞争对手的定位

了解竞争对手产品的特色，分析竞争对手的竞争优势。如市场上已有A、B、C三个主要生产厂家，图3-6表示其产品市场定位，图中圆圈的大小表示市场占有份额的大小。

（3）确定本企业产品定位

分析本企业的竞争优势；定位策略来设计正确的定位方案，分别采用“对抗”H1方案、“填补”H2方案、“并列”H3方案及组合方案（图3-7～图3-10）。

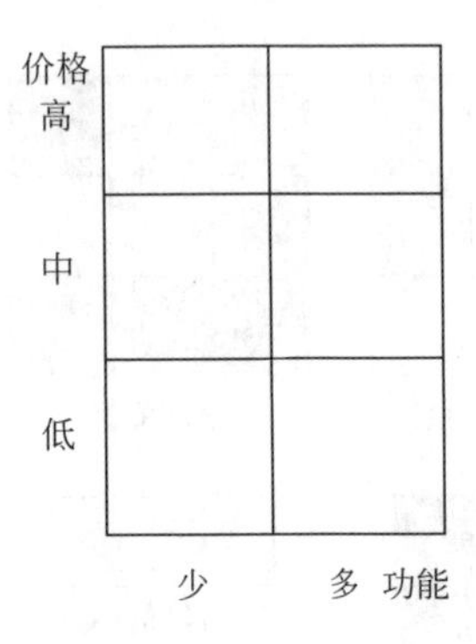

图3-5 空白市场

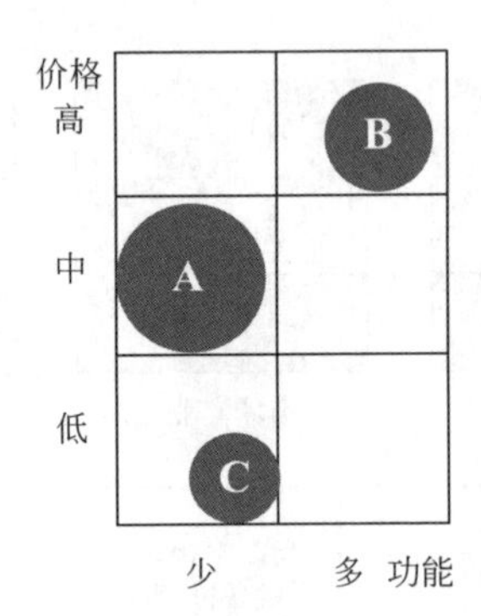

图3-6 竞争对手分布

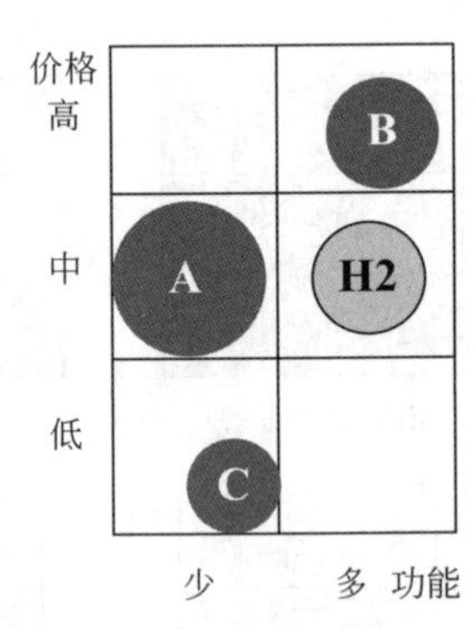

图3-7 填补方案

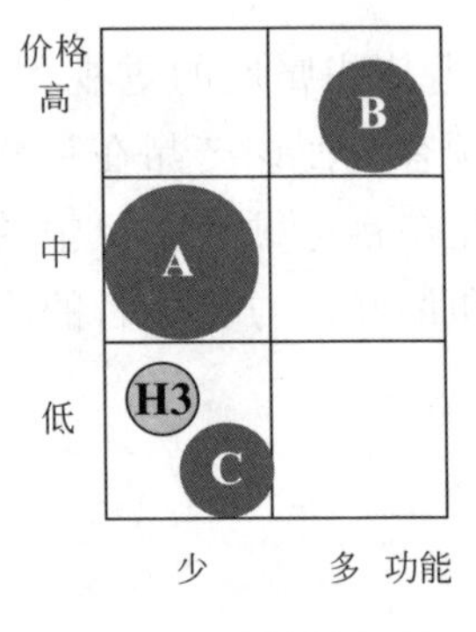

图3-8 并列方案

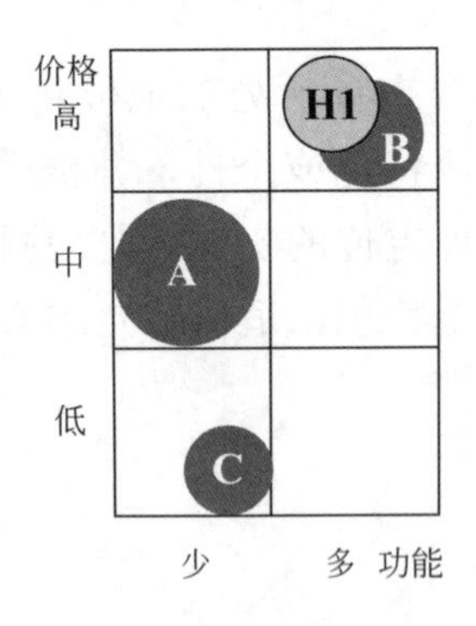

图3-9 对抗方案

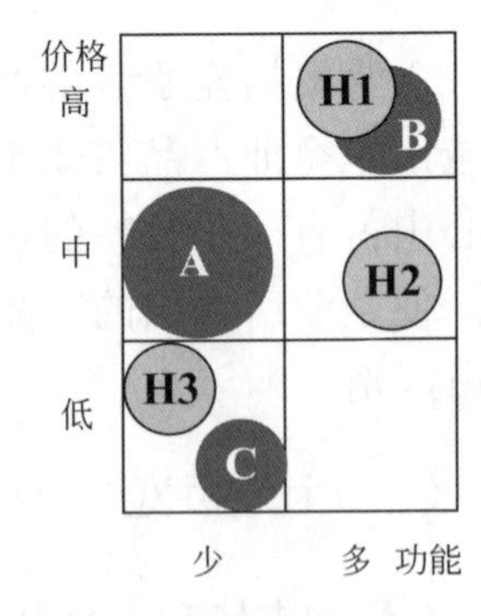

图3-10 组合方案

（三）市场定位的策略

1.对抗定位策略（H1）

企业要从市场上强大的竞争对手手中抢夺市场份额，改变消费者原有的认识，挤占对手原有的位置，取而代之。目的是企业准备扩大自己的市场份额，决心并且有能力击败竞争者。对抗定位策略的优点：竞争过程中往往相当惹人注目，甚至产生所谓轰动效应，企业及其产品可以较快地为消费者或用户所了解，易于达到树立市场形象的目的。这种策略的缺点是具有较大的风险性。

企业在以下情况可以采用对抗定位：能比竞争者生产出更好的产品；该市场容量足以吸纳两个以上竞争者的产品；比竞争者更多的资源和更强的实力，如麦当劳与肯德基的对抗定位。

2. 填补定位策略（H2）

企业为避开强有力的竞争对手，将产品定位在目标市场的空白部分或是“空隙”部分。优点：可以避开竞争，迅速在市场上站稳脚跟，并能在消费者或用户心目中迅速树立一种形象。这种定位方式风险较小，成功率较高，常常为多数企业所采用。其缺点是有时候企业必须放弃某个最佳的市场位置，很可能使企业处于最差的市场位置。

研究市场的空白处要明白是没有潜在的需求，还是竞争对手无暇顾及；考虑这一市场部分是否有足够的需求规模？是否足以使企业有利可图？考虑企业的营销能力是否能胜任市场部分的开发，自身是否有足够的技术开发能力去提供足够的产品。

3. 并列定位策略（H3）

企业将产品定位在现有竞争者的产品附近，服务于相近的顾客群，但产品有所区别，显示自己与竞争者不同的特色。当企业意识到自己无力与同行的强大竞争者相抗衡时，应根据自己的条件取得优势，即突出宣传自己与众不同的特色。

必须知己知彼，尤其应清醒估算自己的实力，不一定试图压垮对方，只要能够平分秋色就已是巨大的成功。如图3-11所示的七喜的定位。

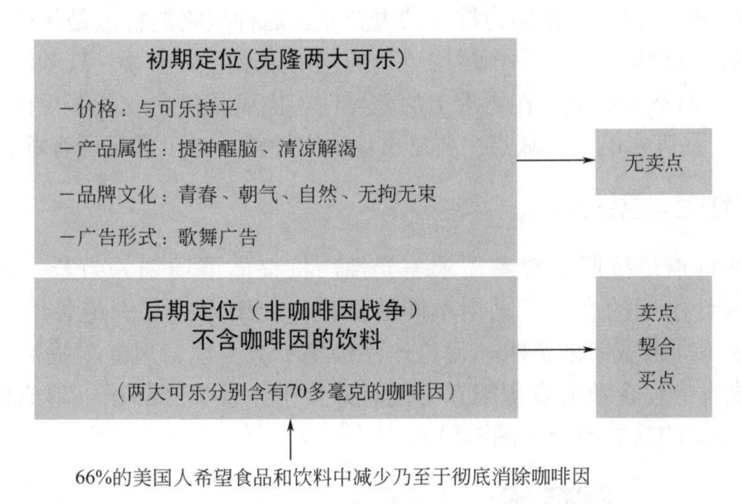

图3-11　七喜定位调整

4. 重新定位策略

企业对过去的定位作修正。采用这种策略的企业必须改变目标消费者对其原有的印象，使目标消费者对其建立新的认识。一般情况下，这种定位目的在于摆脱困境，重新获得增长与活力。

企业的经营战略和营销目标发生了变化；企业面临激烈的市场竞争；目标顾客的消费需求是发展变化的。

四、目标市场的营销策略

市场营销策略示意图见图3-12。

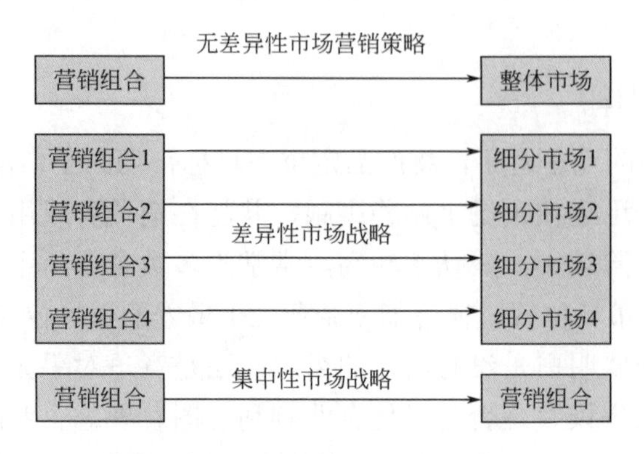

图3-12 市场营销策略示意图

（一）无差异性市场营销策略

无差异市场营销策略是企业把一种产品的整体市场看作一个大的目标市场，只考虑消费者在需求方面的共同点，而不管他们之间是否存在差别，企业采取以一种产品去满足市场上所有消费者需求的营销策略。

一般来说，这种策略主要适用于市场有广泛需求的、企业能大量生产并大量销售的产品。采用这种策略的企业一般是实力雄厚的大企业。这种战略的特点是将产品的整个市场视为一个目标市场，只提供一个产品，运用单一的营销策略开拓市场。只考虑消费者或用户在需求上的共同点，而不关心他们在需求上的差异性。优点是使企业能够规模经营；成本的经济性，节省费用，品牌影响大；缺点主要是市场适应性差，难于满足所有顾客，风险较大。

（二）差异性市场营销策略

这种战略的特点是按照消费者需求差异性，将整体市场划分为若干细分市场。针对每一细分市场设计不同的产品，采用不同的价格，促销方式，满足各细分市场的不同需要。优点是适应不同消费者的需求，促进产品销售；减少经营风险；提高市场竞争力。缺点是增加营销成本；使企业的资源配置不能有效集中，拳头产品难以形成优势。例如宝洁（P&G）洗发水市场的功能细分（图3-13）。

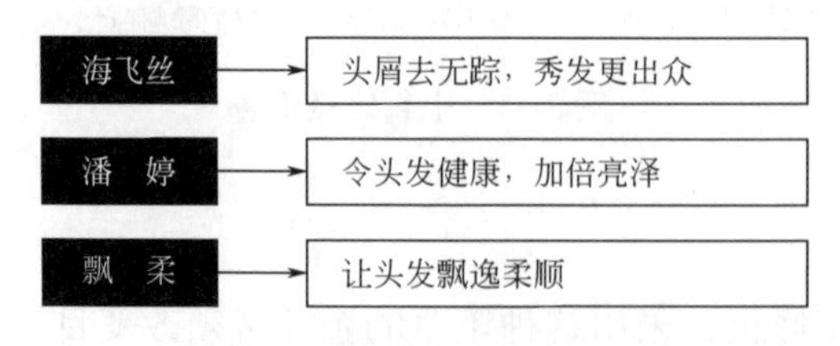

图3-13 宝洁公司洗发水功能细分

（三）集中性营销策略

集中性营销策略可通过图3-14来展示。

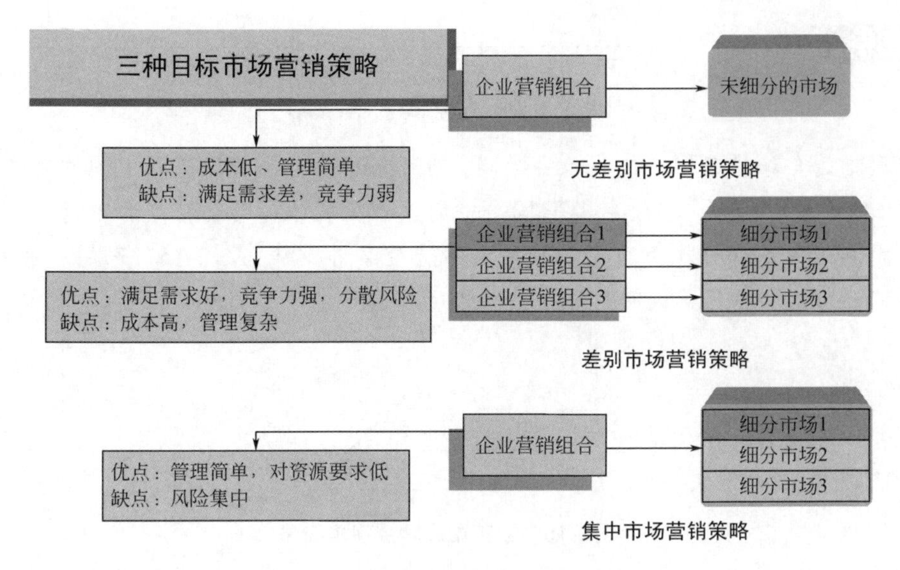

图3-14　三种目标市场营销策略示意图

（四）目标市场营销策略的影响因素

1. 企业实力

如果企业在各方面都很有实力比如在生产、销售、资源、研发、管理等方面均有很强的优势，则可考虑采用无差异性或差异性市场营销策略，否则，采用集中性市场营销策略较为妥当。

2. 市场性质

如果企业所面临的为同质市场，即顾客的需求、消费习惯和购买行为等大体相同时，企业可采用无差异性市场营销策略，反之则可采用差异性或集中性市场营销策略。

3. 产品性质

对于产品性质差异性很小的产品，可以实行无差异性市场营销策略，而差异性较大的产品，则应实行差异性或集中性市场营销策略。

4. 产品的生命周期

若产品处于投入期时，品种单一，竞争者少，可采用无差异性策略。而当产品进入成长期后，则适宜选用差异性市场营销策略，以利于开拓新市场，扩大销售；或者实行集中性营销策略，以设法保持原有市场，延长产品的生命周期。

5. 竞争者情况

如果对手是强有力的竞争者，并且其采用的是无差异性营销，那么本企业就可实行差异性营销；如对手已实行差异性营销，那么本企业就应对市场做进一步的细分，实行更为有效的差异性营销或集中性营销。如果竞争对手力量较弱，也可采用无差异市场营销。

案例

欧莱雅的品牌金字塔战略

欧莱雅是全球排名第一的化妆品公司，拥有600多个品牌，进入中国的有“巴黎欧莱雅”“美宝莲”“兰蔻”“薇姿”等10个品牌。中国化妆品市场特点为市场大，消费梯度多，尤其是塔基部分比例较大。欧莱雅品牌金字塔战略如图3-15，采用多品牌战略，对多个细分市场进行覆盖，并且每一细分市场都有多个品牌同时切入。

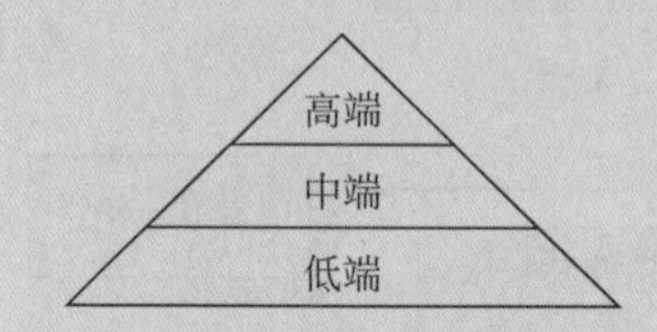

图3-15 欧莱雅品牌金字塔战略

塔尖部分：高端产品一般在高档百货商场销售。第一品牌赫莲娜，消费群体年龄偏高、消费能力极强。第二品牌兰蔻，消费群体为年龄比赫莲娜年轻一些，具有相当的消费能力的人群。第三品牌碧欧泉，消费群体年轻时尚并具有一定消费能力。

塔中部分：中端产品。美发产品如卡诗/欧莱雅专业美发，通过发廊及专业美发店销售。活性健康化妆品如薇姿/理肤泉，通过药房经销。

塔基部分：低端产品即大众类产品，像巴黎欧莱雅、羽西、美宝莲、卡尼尔、小护士等品牌。大众类产品第一品牌巴黎欧莱雅，有护肤、彩妆、染发等产品，在全国500多个百货商场设有专柜，还在家乐福、沃尔玛等高档超市销售。大众类产品第二品牌羽西，秉承“专为亚洲人的皮肤设计”的理念，在全国240多个城市的800家百货商场销售。大众类产品第三品牌美宝莲，在很多国家的彩妆领域排名第一。目前已进入中国600多个城市，设有1.2万个柜台，在普通商场及超市即可买到。美宝莲的定位是“国际化的品牌，平民化的价格，让普通消费者买得起，且便于购买”。大众类产品第四品牌卡尼尔和第五品牌小护士，面对追求自然美的年轻消费者，在全国有28万个销售点，遍布于国内二、三级城市县乡。

五、目标市场策略案例分析——雅戈尔

雅戈尔集团创建于1979年，经过30年的发展，逐步确立了以品牌服装、地产开发、金融投资三大产业为主体，多元并进、专业化发展的经营格局，旗下的雅戈尔集团股份有限公司为上市公司。

1.雅戈尔集团的目标市场策略分析

企业根据某一类产品所满足的不同需求，将顾客细分为若干群体，结合特定的市场环境和自身的资源条件，选择某些特定群体作为目标市场，并根据此产品的市场地位和顾客对产品属性的重视程度，对其进行市场定位，制定有针对性的市场营销战略。

2.雅戈尔集团品牌服装的目标市场战略分析

目标市场：成熟、追求个性和时尚的都市成功男性

目标市场战略：集中性营销战略

市场定位战略：产品差异化战略

品牌服装是雅戈尔集团的基础产业，经过30年的发展，已形成了以品牌服装为龙头的纺织服装垂直产业链。随着2008年雅戈尔集团并购美国KELLWOOD公司旗下核心男装公司——新马集团，雅戈尔获得更强大的设计开发能力、国际化运营能力以及遍布美国的分销网络，成为全球最大的男装企业之一。目前雅戈尔在全国拥有100余家分公司，400多家自营专卖店，共2000余家商业网点。拥有衬衫、西服、西裤、夹克、领带和T恤六个产品品类。

雅戈尔把目标市场定位于成熟、追求个性和时尚的都市成功男性，实行的是集中性营销战略和产品差异化战略。雅戈尔衬衫汲取现代科技精髓与国际化先进理念，追求卓越品质，继HP免熨产品被评为“国家级新产品”后，雅戈尔又先后开发了代表当今最先进免熨技术的“VP免熨衬衫”“VP吸湿快干衬衫”“DP纯棉免熨衬衫”等炙手可热的衬衫新品；西服不断进军高端领域，先后开发了半毛衬西服和全毛衬西服；休闲服以金属配件等呈现理性、冷静的时尚概念，配以毛、皮等则彰显高贵、自然；雅戈尔皮具产品与雅戈尔品牌服饰定位一脉相承，皮鞋、皮包、皮带、票夹等皮具产品取材高档，款式风格经典利落，深受公务、商务及都市成熟男性的青睐。

雅戈尔服装致力于高品质衬衫、西服等服装产品，可以看出其将产品市场定位于职业男性，且是生活在都市的收入水平较高、追求生活品质的成功男性。集中化经营该领域消费者所需的各种产品，如领带、皮具等，实行集中性营销战略。而且，在市场定位时，雅戈尔运用先进技术，在产品质量、款式、风格上下了很多功夫，即在产品质量、款式上实现差别化，实行产品差别化战略。

第三节 环境分析和流行预测

一、环境分析的意义及流程

环境分析是指通过各种方法，对企业自身所处的内外环境进行充分认识和评价，以便发现市场机会和威胁，确定企业自身的优势和劣势，从而为营销决策和流行预测提供清晰准确的依据，为企业的战略管理过程提供指导参照。品牌在确定了产品定位和目标市场之后就要进行相应的市场环境分析。随着市场竞争越来越激烈，企业要在竞争中求得生存与发展，需要进行科学的管理，制定出有效合理的经营策略和战略。企业营销策略措施的制订一方面要考虑企业的内部因素，包括人、财、物、信息等有限资源，另一方面还要考虑企业的外部环境因素影响，如政治、经济、社会文化、消费者等多种外部条件，如果忽视、排斥或消极被动地接受外界条件变化的影响，将导致企业营销活动失败，同时给企业经营

造成严重危害，因此企业必须重视市场营销环境的评价分析，以规避风险，寻找市场机会，为营销决策和战略的制定提供科学依据。

（一）环境分析有助于企业把握市场机会，化解环境威胁

所谓市场机会，是指品牌通过努力能够获得赢利的条件，而环境威胁则是指影响品牌正常经营的不利因素。营销环境在品牌发展过程中，处在一直不断地给品牌创造机会又同时带来威胁的变化中。

服装企业研究市场营销环境，其目的是为了适应不同的环境，从而求得生存和发展。由于企业市场营销环境不等同于企业的整个内外界事物，因此，企业所要适应的只是对企业营销活动有影响的环境因素。对于这些因素，企业不但要积极主动地去适应，而且还要不断创造和开拓对自己营销有利的环境。

（二）环境分析使企业的市场营销活动与营销环境相适应

营销环境由影响企业营销活动的各种因素构成。这些因素可以分为企业可控因素和企业不可控因素。前者指企业通过自身努力能够予以变动、调整、支配的营销环境，一般指企业内部范围的营销因素；后者则指企业无法予以变动、调整、支配的营销因素，它们主要属于企业外部的营销因素。比如，企业可以自主决定其内部的机构设置和人事安排，决定生产某一产品，选择某一销售渠道，制定某一产品价格，决定在何种媒体上做广告等，这些是企业可以自己做主的可控制的因素。而对于消费者的购买动机和购买能力，国家的经济状况和政策法规，竞争者的营销策略和营销活动等，企业则无法支配，它们是企业不可控制的营销因素。

（三）环境分析有利于企业发现市场机会

市场营销环境对于企业的营销决策活动有着双重作用：一方面，为企业提供了市场营销机会；另一方面，也给企业市场营销活动带来威胁。企业通过对市场营销环境的分析，可以发现新的经营机会，采取有效的市场营销策略，充分把握机遇，使企业在竞争中求得生存和可持续发展。

1. 明确地位

环境分析有助于企业认识行业前景，明晰自己的地位。行业是企业面临的直接环境，行业前景在很大程度上决定企业前景，而企业不同的行业地位也是企业战略决策的重要影响因素之一。

2. 环境分析让企业掌握竞争者信息

市场经济是竞争经济，竞争规则是优胜劣汰。按照博弈论的观点，掌握竞争者信息以采取针对性对策比静态意义下的对策赢的机会更大。市场分析就是掌握竞争者信息的有效方法。

环境分析是企业了解消费者的重要手段。消费者的需要被称为企业活动的起点和原动力，也是企业具体进行商品企划时的必要依据。同时，在对市场现状、市场细分、目标市场的定位以及市场机会风险的深化、细化、量化的研究分析中洞悉消费者真正的需要。

3. 预测未来

进行未来预测时，环境分析可以宏观的把握政治、经济和文化发展总趋向，使企业可以科学预测品牌市场的未来前景，寻找最有利的投资机会。

总之，采用科学的环境分析方法研究市场规律是十分重要的。在国内外市场竞争日趋激烈的背景下，企业应不断加强市场环境分析的力度，通过定量和定性的分析，提高市场环境分析的准确性，进而采取有效的措施避免走入分析误区，使企业在激烈的市场竞争中立于不败之地。

环境分析的工作流程大致可分为：广泛收集资料→对资料信息进行分析总结→提出品牌发展目标和未来趋势预测意向→针对意象进行工作方案设计。

二、环境分析的范畴

企业的生产经营和决策活动不可能孤立进行，它要与周围的环境发生各种错综复杂的交流和沟通，这些影响和制约企业生产经营活动的诸种因素集合为各种环境。总体说来，企业的组织结构、经营战略、内部管理方式就是环境选择的结果，也是主动适应环境的必然。可以说，环境是企业生存发展的土壤和条件。一般来讲，服装商品企划中环境分析的范畴包括以下几个层面（图3-16）。

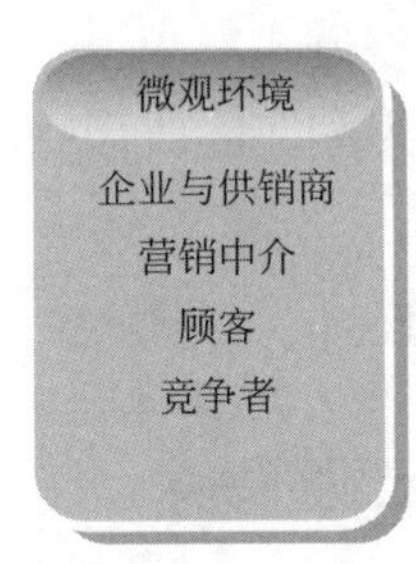

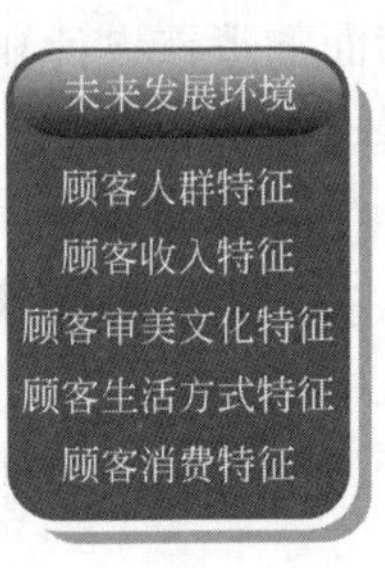

图3-16 环境分析范畴表

（一）服装商品企划的宏观环境

商品企划的宏观环境是指对企业的生存和市场发展创造机会和产生威胁的各种社会力量。即企业的政治法律环境、经济环境、技术环境、社会文化环境以及其他环境。大量研究表明，尽管宏观环境对企业的影响可能是间接的，需要较长时期才得以显现，但是，它对企业发展的影响在多数情况下，要比行业变量和企业内部管理更为广泛和深刻。

（二）服装商品企划的中观环境

企业经营的中观环境是指联系企业宏观环境和微观环境的媒介，主要涉及企业所在行业的环境分析。行业一般指由产品类似而相互竞争、满足同类购买需求的一组企业构成。服装行业分析的主要任务是：探究品牌企业长期利润的来源及其状况，发现影响该行业吸引力的相关因素，分析服装市场动态，以确定企业进行行业选择时的范围和风险。

（三）服装商品企划的微观环境

微观环境即企业环境，是指与企业产、供、销、人、财、物、信息、时间等发生直接联系的客观环境，这是决定企业生存和发展的基本环境。包括企业内部、企业与供应商、营销中介、顾客、竞争者的关系。

1. 企业内部环境和条件

所谓企业的内部环境或条件是指企业自身能够加以控制的内部因素。企业内部环境或条件是企业经营的基础，是制定战略的出发点、依据和条件，是竞争取胜的根本。通过对于企业业绩的分析，掌握企业和市场目前的状况，明确企业自身所具有的优势和劣势，以便使确定的战略目标能够实现，并使选定的战略能发挥优势，有效地利用资源；同时对企业的劣势，能够加以避免或采取积极改进的态度。

2. 企业的客户需求

服装商品企划的客户需求分析是指在商品企划过程中对目标消费者的分析。与服装品牌相关的消费者特性，包括人群特征、收入特征、审美文化特征、生活方式特征、消费特征等。这是服装流通过程中最后的环节，也是商品实现的关节点，了解他们的需求既是商品企划的出发点，也是利润实现的重要依据。

当然，在以上每一个环境中都应该考虑到：

① 商品定位的角度。

② 市场运转的各个环节所需。

③ 店面的形象设计和销售方式。

④ 目标消费者的消费行为和实际所需。

三、环境分析的内容

（一）服装商品企划的宏观环境

1. 社会环境分析

社会环境分析就是对企业所处的社会政治环境、经济环境、法制环境、科技环境、语言环境、卫生环境等宏观因素的分析。它是市场营销和品牌商品企划的基点。通过对社会大环境包括国际、国内与所在区域三个层次的分析，来了解和认清其政治、经济、科技、文化、法制建设、政策要求及发展方向，以更好地为企业和品牌发展寻求发展机会及道路。

2. 文化环境分析

社会文化环境是指企业所处的社会结构、社会风俗和习惯、信仰和价值观念、行为规范、生活方式、文化传统、人口规模与地理分布等因素，是某一特定人类社会在其长期发展历史过程中形成的，它主要由特定的价值观念、行为方式、伦理道德规范、审美观念、宗教信仰及风俗习惯等内容构成，它影响和制约着人们的消费观念、需求欲望及特点、购买行为和生活方式，对企业营销行为产生直接的影响，是影响企业营销诸多变量中最复杂、最深刻、最重要的变量。今天服装已不单单是单纯的物质载体，其本身就被称为文化。服装产品的变动和流行也必然受到社会文化、人文思潮和艺术思潮等方面的影响，它有利于企业发展方向的确立、品牌理念的设定、品牌产品的定位等等。因此，企业应了解和分析社会文化环境，针对不同的文化环境制定不同的营销策略，组织不同的营销活动。

3. 经济环境分析

所谓经济环境是指构成企业生存和发展的社会经济状况和国家经济政策。社会经济状况包括经济要素的性质、水平、结构、变动趋势等多方面的内容，涉及国家、社会、市场及自然等多个领域，企业的经济环境主要由社会经济结构、经济发展水平、经济体制和宏观经济政策四个要素构成，经济环境的发展对服装企业的发展影响更为直接。服装可以说是国家经济状况的最表象、最明晰的表征，服装制造业、织造业、产品的物质质量、数量和丰富度都与经济有紧密的联系。

4. 国际环境分析

世界的全球化使各国发展的相互依存度增加，任何一个地区的波动都将对其他地区产生影响。国际环境分析一般从以下四个方面进行：市场的类似性、规模经济、国家管制、国家比较优势（或企业竞争优势）等。在国家和行业的层面上研究一个“企业”竞争的地域范围，从而判断竞争的潜力和压力。国际潜力越大，其竞争范围也越广，压力就越大。

5. 技术环境分析

企业的技术环境指的是企业所处的社会环境中的科技要素及与该要素直接相关的各种社会现象的集合。服装企业的技术环境是服装企业所密切关注的部分，包括与服装企业有关的科学技术现有水平，发展趋势及发展速度，对于新的硬技术，如新材料、新工艺、新设备，企业必须随时跟踪掌握，对于新的软技术，如现代管理思想、管理方法、管理技术等，也是需要企业特别重视的。

（二）服装商品企划的中观环境分析

企业营销的中观环境是指联系企业宏观环境和微观环境的媒介，主要涉及企业所在行业的环境分析。服装企业的中观环境分析包含对相应品牌的了解、对市场动态的把握、对行业未来发展可能性的预知等。

1. 行业生命周期的分析

行业生命周期理论展示的是一幅行业演进的动态图景，藉此，管理者和品牌企划者可以判断本企业所在行业处在生命周期的哪个阶段，目前的行业特性怎样，今后将会如何变化等。

2. 服装行业的现状分析

服装行业的现状分析包括服装生产、营销的现状分析和同类品牌市场发展分析。该分析有助于明晰本企业在市场上的发展阶段、地位和水准档次，知道自己运营的优势和风险，从而能在商品企划时创立区别于竞争对手的独特切入点，为品牌发展设立一个比较长远、切合实际的目标和发展方向。

3. 国际、国内服装流行信息分析

这是服装产品企划重要的专业信息参照。通常有国际、国内的流行趋势预测发布，春夏、秋冬两次权威性时装展演会，以巴黎、米兰、纽约、伦敦、法兰克福、香港为具有权威性。同时国际、国内一些大型的博览会、展演会、文化节、品牌展示会等都是重要的信息来源。大师、权威性媒体和刊物、网站等资讯也是流行信息的重要来源。对此类信息的

分析，有助于企业更好地把握产品设计的专业风向标，结合自己品牌和地域特色进行更好的整体企划。

（三）服装商品企划的微观环境分析

企业经营的微观环境是指与企业有直接联系的客观环境，主要指企业与供应商、营销中介、消费者、竞争者的关系。企业内部环境包括企业的物质环境和文化环境。它反映了企业所拥有的客观物质条件和工作状况以及企业的综合能力，是企业系统运转的内部基础。服装商品企划微观环境分析的目的在于掌握企业实力现状，找出影响企业生产经营的关键因素，寻找发展机会，确定商品企划战略。

1.企业资源分析

企业的任何活动都需要借助一定的资源来进行，企业资源的拥有和利用情况决定其活动的效率和规模。企业资源包括人、财、物、技术、信息等，可分为有形资源和无形资源两大类。通过分析企业现有实力及资源，确定商品企划的基调。

2.企业文化分析

企业文化分析主要是分析企业和品牌文化的现状、特点以及它对企业活动的影响。企业文化是企业战略成功制订与实施的重要条件和手段，它与企业内部物质条件共同组成了企业的内部约束力量，是企业和品牌日后长远发展的坚实精神土壤，也是品牌商品设计理念和风格的最重要参照。

3.企业能力分析

企业能力是指企业有效地利用资源的能力。拥有资源不一定能有效运用，因而企业有效地利用资源的能力就成为企业内部条件分析的重要因素。主要包括企业的生产能力、专业企划能力、产品设计能力、卖场营销能力、对消费者深入了解把握的能力和企业未来发展能力等。

（四）服装商品企划的消费者需求分析

在进行服装商品企划的消费者需求分析时，首先要明确目标消费者的个人信息，包括形体特征、职业特点、受教育状况、消费水准趋向、对价格的要求、对具体产品的需求、个人生活方式等，然后进行相应分析。

① 对消费者需求进行调研。

② 收集消费者需求信息。

③ 对消费者需求进行分析。

④ 对需求服装的风格、款式、色彩、面料、配饰等进行分析。

⑤ 需求具体说明。

环境分析是一个开放系统，对环境的信息分析是企业发展和商品企划的必然环节，它是一个立体的多维动力系统，呈互相联系、互相影响和互相促动作用，是商品企划和未来流行预测的前提和基础，并在以后的企业发展中随时提供参照和反馈。

四、收集情报信息

信息是最重要的资源之一，信息学已被联合国正式定名为信息科学，信息收集、信息管理、信息运用越来越受到人们的重视。信息收集是指通过各种方式获取所需信息，是信息的接收和汇集。信息收集是信息得以利用的关键一步，是信息处理过程的起点，并贯穿信息处理过程的始终。信息收集的四个步骤如下。

① 制定收集计划。

② 设计收集提纲和表格。

③ 明确信息收集的方式和方法。

④ 提供信息收集的成果。

（一）信息收集的两个层次

狭义的信息收集是指无需通过感觉器官和物理手段来完成信息的直接收集。主要通过调查、情报检索和网络搜索等手段来获得已有信息。

广义信息收集一般分为两个阶段：第一个阶段是信息的感知、传感收集；第二个阶段是信息的识别。智能化信息搜集流程基本为：观察环境及对象→感知传感收集→原始信息→加工信息→信息的识别→有用的信息或知识。

信息收集的范围包括内容范围、时间范围和地域范围。

（二）信息分类的方式

1. 根据信息的来源

一般分为实物型信息、文献型信息、电子型信息和网络信息。

2. 根据信息的性质

可以分为原始信息和加工信息两大类。原始信息指人们在经济和社会活动中直接产生或获取的数据、概念、知识、经验及总结，是未经加工的信息，包括观察、问卷和对市场的调查等。加工信息则是对原始信息经过加工、分析、改编和重组而形成的具有新形式、新内容的信息，一般是指对企业内部和外部信息的收集、归纳、分析和整理。两类信息都在企业经营和商品企划活动中发挥着不可替代的作用。

当然为了信息的准确性，所有信息都要进行定性和定量分析，这样在服装商品企划中得到的数据才是有针对性的、可靠且科学的。

3. 制订信息收集计划

制订信息收集计划，就是依据一定的目的确定信息的收集内容，通过服装营销各环节的信息渠道，采用适宜的方法有计划地获取信息。只有制定出周密、切实可行的信息收集计划，才能指导整个信息收集工作正常地开展。有了信息收集计划，就要尽快地组织实施，安排具体的时间、地点，加强收集过程的信息沟通，保证收集信息的质量。

4. 选择合适的信息收集方法

（1）调查法

调查法一般分为普查和抽样调查两大类。普查是调查有限总体中每个个体的有关指标值。抽样调查是按照一定的科学原理和方法，对从事物的总体中抽取部分称为样本（Sample）的个体进行调查，用得到的调查数据推断总体。抽样调查是比较常用的调查方法，也是统计学研究的主要内容。抽样调查的关键是样本抽样方法、样本量大小的确定等。

样本抽样方法，决定样本集合的选择方式，直接影响信息收集的质量。抽样方法一般分为非随机抽样、随机抽样和综合抽样。对于样本的调查，若是涉及人，则主要采用两种调查方式：访问调查法和问卷调查法。

① 访问调查法。又叫采访法，是通过收集访问对象信息，与之直接交谈而获得有关信息的方法。采访需作好充分准备，认真选择调查对象，了解调查对象，收集有关业务资料和相关背景资料。采用访问调查时，受访问者要具有代表性。

② 问卷调查法。这是一种包含统计调查和定量分析的信息收集方法。这种方法需要考虑的问题是：所收集信息的内容范围和数量，所选定的调查对象的代表性和数量，问卷的设计，问卷的回收率控制等。问卷调查法具有调查面广、费用低的特点，但对调查对象无法控制，问卷有效回收率难以保证，受访者的态度对该调查方法的实际效果具有决定性影响。

（2）观察法

观察法是通过深入企业、卖场和消费者，参加生产、经营、销售和购买，实地采样，进行现场观察并准确记录调研情况等收集信息的方法。观察内容主要包括两个方面：一是对人的行为的观察；二是对企业、卖场内外客观事物的观察。观察法应用很广泛，常和询问法、收集实物结合使用，以提高所收集信息的可靠性。

（3）实验法

实验者通过主动控制实验条件（包括对参与者类型的恰当限定，对信息产生条件的恰当限定和对信息产生过程的合理设计），可以获得在真实状况下用调查法或观察法无法获得的某些重要的、能客观反映事物运动特征的有效信息，还可以在一定程度上直接观察研究某些参量之间的相互关系，有利于对事物本质的研究。实质上就是通过实验获取与企业、市场和消费者相关的信息。

（4）文献检索法

文献检索就是从浩繁的文献中检索出所需的信息的过程。

（5）网络信息收集

网络信息是指通过计算机网络发布、传递和存储的各种信息。收集网络信息的最终目的是给广大用户提供网络信息资源服务。

（三）信息收集的市场调研

服装市场调研是有目的、有计划地收集整理并且分析与商品企划和营销活动相关的一些情报、资料，为企业决策以后的发展提供相应的依据。企业对服装市场的各类相关信息进行分析、整理，为下一步的服装流行预测和产品发展方向提供第一手实证性的数据和参照。

调研一般包含两个方面：收集市场信息和分析调研结果。

1.收集市场信息

信息收集是在深入市场的基础上得到真实有效的数据，它直接关系到调研结果的分析。在深入市场的过程中调研人员的专业能力和沟通技巧是极为讲究和重要的，它会影响到调研信息来源的准确性、真实性和可靠性。

在信息收集过程中要选择代表性的专业渠道，如行业趋向、相关卖场特色、销售渠道、销售方式、经销网络及覆盖等。行业的杂志报纸、网络、电话薄等是重要的信息来源。同时调研人员的从业经验、对市场的把握能力和对未来预测的准确度等也是重要的因素。如此对调研结果进行分析时信息才更充分完备、才相对准确、才能对所得信息进行准确和透彻的分析，为下一步的工作奠定基础。

2.调研结果分析

对调研信息的分析是为了在以后制定商品企划策略时做出相对有把握的决策。根据分析的具体情况撰写相应的调研报告是调研信息真正价值的体现，它决定了产品日后的趋向、适合度和是否真正赢得消费者的青睐。

五、流行预测

（一）流行预测的定义

服装流行是指在一定时期内被大多数人接受和穿着的新的服装式样，它是那段时间政治、经济、公众审美观和社会文化思潮的典型反映。

服装流行预测就是对将来一两年中服装发展总体趋势进行大胆向上的推测和推导。它对品牌企划和品牌产品具有指导和重要的参照意义。使得下一步在产品生产中有针对、有目标、有条理地根据实际情况进行产品制作，预测的目的是指导生产，预测的方向是引导并赢得消费者。

（二）服装流行的特点

1.流行的周期性

服装流行是在一定阶段、一定时期内被接受和传播的。由于市场的定律（变化）和消费者求新求异的心理，使每一次流行总是在一定的时段内发生，通常是一到两年。流行的初期是少数人关注，经过一定的时间慢慢扩展，逐渐被社会各阶层广泛接受的层面，这时也意味着新的一轮流行又将被推出来了。流行的周期基本上是以这样的规律进行流转，周而复始。

2.流行的循环性

服装的流行是以两三年、五年、十年、十五年或更久的时间进行螺旋式循环变化的，即多年前流行的东西历经时日后又重新回归，只是眼下的流行不会是当时样貌原封不动地照搬，而是依着当下社会的经济、思想、情感、审美、生活节奏等进行诠释。只是其主要特征和核心性元素是受原来灵感的启发。例如20世纪90年代曾流行过哥特风的尖顶帽和尖头鞋，而最近一次的流行不仅加入了当代时尚元素，而且还有日韩风格的特点融入其中。因此，流行的循环就呈现为很强的当代性。

3.流行的新异性

流行带来新奇感和新异性是在潮流中最突出的特点。流行的最初原动力也是把握了人们“喜新厌旧”的心理，而流行中那些由权威人士推出和引导的体现时代的新思潮、新观念、新视角、新科技和新审美观，又是人们乐意追随和参照的标尺。人们在追随潮流中感受到与时代同步的归属，也在归属中更加寻求着独立与个性，而此种新异在当今社会则显得尤为突出。在流行中体现个性化时尚已成为人们展现自己自尊和独特的重要趋向。

4.流行的广延性

如果说时尚是指更为前沿、少数、未被普及的话，流行则是被大多数人接受、欣赏、穿着的比较普遍的状态。这种流行不仅存在于各种类别的服装和配饰上，其波及人群之广泛、年龄跨度之大，都成为滚滚潮流甚至会延展到相关行业与其他领域。如流行廓型、色彩、材料，不仅仅用于服装，一些相关的设计，包括室内的色彩及装饰面料，也都与服装的流行有关。流行的广延性不仅体现了人们的时尚意识，而且也展现了流行风潮本身的影响力。

（三）如何预测流行

进行流行预测必须熟悉以下几个方面。

1.把握时代的特征

进行流行预测首先要对所处时代的特点、动向、社会价值观和审美观、经济状况、文化需求以及当时有重要影响力的社会事件进行了解。这直接影响服装造型的长短、宽窄，色彩的鲜亮程度、材料的档次、构成与质地。社会思潮、文化思潮和艺术思潮会反应为服装的保守或开化、优雅或低俗、品位和教养，只有把握、认识、了解时代的整个特征，才会对未来的预测胸有成竹。服装的发展是循序渐进的，服装的变迁具有规律性。20世纪服装的流行大约以20年为变化周期呈现螺旋上升，从服装轮廓造型来看，可以发现女装肩部、腰部、裙摆的变化呈现明显的规律性，如腰节线的高低变化，袖型、领型的变化也都存在着明显的规律性演变。根据这些历史资料的比较与分析，就能对服装流行的趋势作出总体性的推断与预测。

2.了解服装流行的历史

流行发展的概略图上明显地标明着服装的廓型变化和衣摆、裙摆的波浪式起伏，不同样式的服装具有不同的变化规律。从流行曲线上就可以观察到那些新异的服装流行时间相对短，而一些变化略小的服装反倒会延续相对长的时间，并且在色彩、材质和花形上也有类似的状况。掌握这样的规律流行也就变得可以把握。

3.谙熟市场的动向

市场即是与消费者直接打交道的地方。预测人员要广泛了解和掌握目标消费者的状况和整体审美角度以及人群主流价值观。流行是在多数人中会逐渐蔓延展开的，掌握和引导人群朝着他们接受的文化角度和艺术审美方向发展，是更容易引起他们关注和共鸣的。因此，在大众流行过程中无论是有影响力的知名人士还是在目标消费群中有威望的名流，他们的反应可能更具有代表性，由他们所引起的潮流更容易被普通人所接受和模仿。对这些进行掌握之后的预测会相对更准确。

（四）流行预测的表达

在收集了各类信息和分析了各种来自于市场和消费者的状况之后，就要进行对流行的预测。流行预测是一个从外到内，从广到狭的一个过程。即首先要确立流行的风格，然后确定主题，然后就是对款式、色彩、材质、装饰以及设计重点的诠释，今天完整的流行预测还包含装饰、板型、辅料等。这些详细的设定为企业和品牌在针对市场进行商品企划时，提供权威性的参照和指导。

1. 流行风格

风格是服装的灵魂，是服装独特气质的部分。不同风格呈现给消费者的是今后将要流行的总体趋势，如浪漫主义风格、哥特风格、波西米亚风等。它是具体品牌产品在具体设计时的总体参照。把握大的风格后，不同产品就可以根据自己面对的受众和视点进行不离流行大潮的创作。风格既带来了总方向的把握，又给各类产品以独特的表达空间。

2. 流行主题

流行主题是在大的风格确立之后更具体的、更有针对性的设计。一般在总体风格之下都设定几个主题，体现当时的文化追求，或复古返源，或科技求索，或未来憧憬，它使下一年或下一季的服装设计有更加具体的方向确定。

3. 总体廓型

这是具体涉及到服装的部分。虽然服装是由各个细节部分组成的，但消费者接触服装时的第一感觉是廓型。这也就是为什么流行预测在推出时把廓型放在具体服装的第一位。无论是A型、H型、X型，还是O型，向人们告知的是未来将要流行的是女性感很强或中性职业的特征。这对于产品企划者、服装设计人员以及消费者来说都是更加直观的对服装框架的总体把握。

4. 服装款式

这是更具体的对流行服装的形式结构预测。如直线型、曲线型，宽松型还是紧窄型，是以斜线、曲线为主，还是刚健型加上了浪漫的处理等。款式的设定是服装风格以更加具体化的形式呈现。例如，同是军服风，就可以有军服职业风、军服休闲风、军服民族风、军服户外风，决定这些细微差别的就是具体款式的处理。

5. 服装色彩

流行色是流行预测中非常醒目的部分，而且今天的流行色也常常成为其他设计行业的参照。流行色彩并不是只有一种，它根据主题方向的角度往往设几组色彩。这些流行色往往是根据专家对于流行的了解和常年经验，根据直觉进行设定的。而那些国际的流行色代表，就往往成为世界流行色的发布者。同时，在每一个色彩组里又常常有8个左右颜色，它们与相应主题对应，融入到服装系列的具体设计中。

6. 服装面料

面料是表现主题和风格的。沉郁厚重的面料、轻薄悬垂的面料、硬挺粗犷的面料、飘逸剔透的面料，都是特定情感和性格的表达。同时织物的组织、花型的处理、机织梭织的不同、提花镂空的搭配，这些也会造成丰富的肌理，在恰当的组织搭配后与流行总趋向吻合。

7. 服装细节

细节是每次流行和每个流行季中被设计者和穿着者作为依据，可自由、个性化发挥和强调的标记，是在确定大廓型和总体款式结构之后，对流行核心词汇的最直接注解。这些细节包括领、袖、纽扣、口袋、省道、衣摆、开衩、工艺等应有尽有，只是由于流行变化中的侧重不同，每次对于主题诠释的各种细节表现也就各异。它们是对这一季中流行最突出特点的强调。

总之，虽然流行千变万化，其规律性还是很强的，做好深入调研，找准服装流行基点，对行业实力、地位、社会经济状况、消费者的需求和变化等进行深入了解与分析，就能够找准未来流行的方向。

第四节 品牌理念风格的设定

品牌理念是品牌精神和品牌价值的核心，是在品牌整个发展过程中吸引消费者，并由此建立品牌忠诚度，提高产品附加值，从而创造品牌在市场上优势地位的观念。企业通过品牌理念向消费者传达它的经营动机、存在意义和理由。品牌理念如同一个人的哲学观念和价值信条，是得到社会普遍认同的、体现企业自身个性特征的、促使并保持企业正常运作及长足发展而构建的价值体系，并且可以反映整个企业明确的经营意识。

理念的形式化表达形成了品牌风格，是从品牌定位、VI设计、产品设计、品牌形象设计、品牌陈列设计、品牌营销方式等一系列形式环节中，体现出对品牌理念统一和完整地诠释。在产品企划中它呈现为针对消费者的生活方式和穿着场合，并依此给他们提供适合的产品。理念作为一种指导思想，贯穿于商品企划的整个过程。

一、品牌理念认识的现状

如果没有品牌理念，消费者则很难明晰的辨别标志，也不知道品牌要呈现怎样的品位和价值感，缺失品牌理念会导致服装缺乏风格体现，相应的形式语言也就无从而来。

知名品牌服装与非知名品牌服装的差异，归根结底在于两者给予消费者心理感受的不同，其核心就在于品牌的文化理念不同。品牌的依托就是文化理念。人类对衣着的追求早已经从遮身蔽体上升为体现个性、展示形象，传达生活方式、呈现价值追求的高度。国际知名服装品牌经过几代人的苦心经营，有着鲜明的品牌特色甚至传奇色彩，始终与消费者的文化情结相呼应，无论是夏奈尔还是瓦伦迪诺的设计都与现代人生活形态相交融，其设计背后的生活哲学正好契合现代人追求切身实用与流行审美观的双重心态。相比之下，我国服装品牌有自己的设计风格和品牌文化理念的企业尚且不多，多数服装企业还在学习和摸索的状态，成长的空间巨大，并以迅猛的速度发展建立自己的企业文化，构建品牌理念。

理念就是企业或品牌的思想，是企业或品牌的灵魂。这个理念并非一成不变的，它是在总主旨不变的情况下，随着时代背景和市场有一定的变化和调整，由此所呈现的品牌风格也是在基调相对稳定的情况下，细节元素的灵活运用和丰富变化，如此才能在长久的时间里赢得消费者忠诚，同时在稳定里带来常变常新的新鲜感。

二、理念设定的意义

（一）理念是服装品牌的灵魂

理念成为服装品牌企业必须建立的思维识别系统，是企业各个环节所应遵循的主旨，包括管理理念、设计理念、形象理念和营销理念等等，其中设计理念是直接与产品企划相关的。设计理念是品牌理念的具体实施，是设计思维的根本所在，是产品企划的主导。没有清晰的产品设计，后面的视觉企划、形象企划、营销企划都会受到影响，更严重的是在发展中会影响品牌的竞争力和生命力。品牌的理念是形成顾客品牌忠诚度的前提，也是提高品牌附加值的基石。品牌理念是品牌的“灵魂”，通过品牌定位活动，借助服装产品、品牌LOGO、广告宣传、卖场展示等方面，将品牌核心的价值观传递给消费者，进而再通过与市场的碰撞后得到检验、认同，并保持其稳定。

（二）品牌理念有利于设计师对产品企划进行准确把握

设计理念确定了产品表达的方向。设计师在进行产品企划过程中设计主题、设计形式、设计细节等都是在理念的主导下完成的。设计师的个人设计思维，要尽可能与企业整体理念相协调。设计师需要充分了解品牌特点和价值导向，在设计理念的指导下，进行准确的品牌产品企划和产品设计。

（三）品牌理念有利于设计风格的明晰和准确

理念的设定确立了企业的风格和服装品牌的定位。各类风格都有自己的设计视角和表达方式，怎样在同类品牌中更突出、更具个性，品牌理念就指明了总体方向。设计风格从大类上有十种之多，两两风格之间又形成特色，而每一种风格又由于定位的不同，出现档次或细类的差别。如休闲装目前就有日常休闲、商务休闲、运动休闲、旅游休闲、民俗休闲等等。这些不同服装产品细分的表现，主要就源于对理念的不同把握，如此形成的产品风格也直接关联着品牌的形象，在同一理念引导下，企业所生产的服装产品系列包括其他一些延展系列，都通过设计风格贯穿起来。

（四）品牌理念有利于消费者识别和追随

在众多品牌中消费者选择某品牌或产品，是因为其表达的理念与他们的直观感受一致，如审美情趣要求、价值追求、生活方式表达、文化品位诉求等相似，如此便会让他们感到有吸引力和满足感。在品牌追随理论中，谈到风格的稳定对形成消费忠诚的重要性，指出只有鲜明的风格，并能长久地在品牌发展中保有、变化和不断创新，才会得到消费者信赖。好的品牌忠诚如同消费者纹身，他们愿意选择和持有，而那些世界顶级品牌的一些追随者们，甚至真的把品牌标志纹在自己身上，作为纪念和骄傲。

品牌设计理念的作用如下。

① 有助于明确企业、品牌和产品的形象，形成鲜明的辨识性和标示性。

② 如同一个人的精神指导一样，有助于企业和品牌在长久发展中有一致的目标。

③ 减少品牌发展中的盲目和混乱，避免不必要的损失和浪费。

三、品牌理念的层次

品牌理念可分为下面三个层次。

（一）产品理念

产品理念是指品牌着重传达产品作为物的价值。这一层次的品牌理念主要向消费者传达产品的物质功能利益，以产品的质量、功能等要素承载。对于服装品牌产品理念突出了服装制作的专业性、科技性、精湛性和高品质性等产品基础性要素。

（二）形象理念

形象理念是指品牌理念着重传达服装设计中象征性符号等形象要素，以此表达出消费者审美需求、形象特征和生活方式等。形象理念主要源于目标消费群生活方式的描绘和艺术化概括的提升，在表现上通过塑造鲜明的品牌形象，来演绎目标消费者的生活方式和生活追求。

（三）情感理念

情感理念是指品牌理念着眼于顾客在购买和使用过程中产生的某种感觉和体验。这种感觉为消费者拥有和使用品牌赋予了更深层的意味，并建立了密切互动的关系。世界著名品牌的理念往往包含某种情感性价值，宣扬目标消费群的情感诉求，营造美好的个人愿景，传达群体的价值观，塑造着一种新的生活方式。如NIKE的品牌理念是“JUST DO IT”，美特斯邦威的品牌理念是“不走寻常路，每个人都有自己的舞台”。这些理念超越了服装本身和品牌形象的影响，站在目标消费群的情感层面与之进行交流，表达了目标消费群的内心愿望，传达了品牌对消费者的价值承诺。

四、品牌理念细分的评价体系

（一）理念、风格、形象的语言描述

根据传播学的理论：“人类传播的材料是信息，它的流通必须经过物质的外壳即符号化才能得以进行，符号是人类传播的要素。人们总是通过各种各样的具体有形的符号——语言、图案、物体、人物、色彩等来推想特定的价值。”因此，在形成视觉元素进行图形表述之前，要先对品牌理念、风格和形象等进行语言描述，对品牌精神、核心价值、审美倾向进行文字诠释，既便于设计者理解品牌的内涵，在设计各环节中更好地把握品牌风格，也便于消费者在接触品牌时更好地了解和知晓品牌的内涵。

（二）品牌风格形象的分类

风格是指设计者在设计中所表现出来的设计特色和创作个性。设计风格是指在品牌理念的主导下，作品所表现出来的艺术趣味、独特个性和表达方式。品牌服装的风格有两个方面，一是服装产品风格，一是设计师个人风格。一个品牌风格的形象，是存在于人们心中的图像和概念的总和，它是人们关于品牌知识的了解和对品牌的主要态度，同时，它又是消费者对某个品牌的综合感受、联想和评价。消费者在对一个服装品牌认知的过程中常常会被一种具体化的思维所影响，会影响消费者认知的除了服装外在的着装效果外，还有存在于消费者思想中的品牌印象，也可以称为人们对品牌的一种期望值。服装的风格有很多类型，不同的类型有不同的特点，（图3-17）。

1. 经典风格

经典风格具有传统服装的特点，相对比较成熟，比较保守，不太受流行左右，追求严谨高雅、端庄大方和文静含蓄，具有长期安定的正统服装倾向，是以高度和谐为主要特征的服饰风格。能被大多数女性接受的，讲究穿着品质的服装风格。正统的西式套装是经典的典型代表。廓形、结构、材质、色彩、装饰、工艺等设计和制作近乎完美，服装轮廓多为X型、Y型和A型，O型和H型则相对较少。色彩多用藏蓝、酒红、墨绿、宝石蓝、紫色等沉静高雅的色彩。面料多选用传统的精纺面料，花色以彩色单色和传统的条纹和格子面料居多。

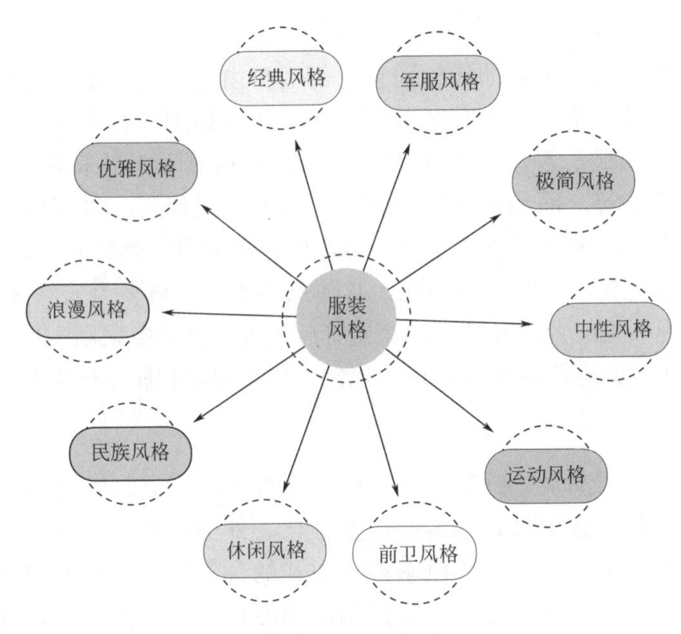

图3-17　服装风格类型

2. 前卫风格

前卫和经典是两个相对立的风格派别。前卫风格源于20世纪初期，以否定传统、标新立异、创作前所未有的艺术形式为主要特征。前卫风格受非主流文化思想影响，如波普艺术、朋克、抽象派艺术、现代派艺术等的影响形成有异于世俗而追求新奇的风格，它表现出对传统观念的叛逆和变革精神，是对经典美学标准做突破性探索而寻求新方向的设计。前卫的服饰风格多用夸张风格、怪异和卡通手法，诙谐幽默。前卫风格的特点是离经叛道、变化无端、无从捉摸、不拘一格。它超出通常的审美标准，任性不羁，以荒谬怪诞的形式产生惊世骇俗的效果。造型特征以怪异为主线。灵感来源从宏观到微观、从自然到社会、从乡村到都市、从神秘文化到科技创新……人类丰富的想象力都可以尽情运用，创造出超现实的抽象造型，突出表现诙谐幽默，悬念恐怖或怪异奇特的效果。在造型元素的排列上不太规整，可交错重叠造型，可大面积使用点造型而排列方式变化多样，也可使用多种形式的线造型，形成凌乱和无序；而色彩则在看似不遵循色彩规律的涂抹混乱中出其不意、变化万千；在面料选择上，也以寻求不完美的美感为主导思想，将毛皮与金属、皮革与薄纱、镂空与实纹、透明与重叠、闪光与亚光各种材质组合在一起，给人前所未有的刺激感。

3. 运动风格

借鉴运动装设计元素，充满活力，穿着舒适、功能性比较强，适应面较广的具有都市气息的服装风格。常较多运用块面与条状分割及拉链、商标等装饰。在造型上，运动风格多使用面造型和线造型，且多对称；线造型以圆润的弧线和平挺的直线居多，面造型多采用拼接形式并相对规整，点造型则作为装饰元素被采用如图案、商标等。轮廓以H形、O形居多，自然宽松，便于活动。面料常用棉、针织或棉与针织的组合搭配等突出运动服装的机能性。色彩比较鲜艳明亮，白色以及各种不同明度的红色、黄色、蓝色、绿色等在运动风格的服装中经常出现。

4. 休闲风格

休闲风格是以穿着与视觉上的轻松随意、舒适自由为主的，年龄层跨度较大，适应多个阶层日常穿着的服装风格。一般分为前卫休闲、浪漫休闲、古典休闲、民族休闲、商务休闲、乡村休闲等。服装廓型多以O型为主，点元素和线元素的表现形式很多，如图案、刺绣、花边、缝纫线迹等，面造型多采用重叠交错的方式使用，以表现层次感，体造型多以零部件的形式表现。休闲风格整体造型自然，外轮廓简单，弧线较多，零部件可多可少，装饰运用随风格稍加变化，讲究层次搭配，且随意多变。面料多为天然面料，如棉、麻等，比较注重面料的肌理效果或者经过涂层，亚光等后处理。色彩多采用中性色或含灰度的明朗色彩，具有流行特征。贝纳通BENETTON、以纯、佐丹奴等都属于休闲装的代表性品牌。

5. 优雅风格

优雅风格是指端庄、高贵、纤细、具有明显女性特征，兼具时尚典雅、高品质感的服装风格。讲究细部设计、强调精致感、装饰女性化、外形体现女性自然曲线，表现成熟女性脱俗考究、优雅稳重的气质风范。色彩多为柔和的含灰色调，配色常以同色系的色彩以及过渡色为主，较少采用对比配色。一般采用高档面料、披挂式款型来表现女性优美的线条；利用面料的柔性、悬垂性自然地塑造出女性的高贵、优美与文雅气质。夏奈尔服装是优雅风格的典型代表。成名于一战后的夏奈尔（CHANEL）借妇女解放运动之机，成功地将原本复杂烦琐的女装推向简洁高雅的时代。夏奈尔品牌塑造了女性高贵优雅的形象，简练中现华丽、朴素但却高雅。同时乔治·阿玛尼、伊芙·圣·洛朗也是此类品牌代表。

6. 浪漫风格

柔美浪漫风格是近年服装流行趋势的主流，源于19世纪的欧洲，展示了甜美、柔和、富于梦幻的纯情浪漫、女人味等形象。反映在服装上多采用柔和圆顺的线条，丰富的浅色调，轻柔飘逸的薄型面料，循环较小的印花图案，使服装在穿着的过程中产生轻快飘逸之美感。在造型上趋于自然柔和多用曲线，讲究装饰意趣。在面料选择上多用柔软、平滑、悬垂性强的织物，如乔其纱、雪纺、丝绸、丝绒、柔性薄织物、蕾丝、经过特殊处理的天然和仿天然肌理织物等。配荷叶边、刺绣、羽毛、花结、木耳边等细节处理，展现女性柔美与浪漫特征。

7. 民族风格

民族风格是指从民族、民间、民俗服装服饰及文化中得到的灵感，与现代流行元素结合而进行的创造型设计，同时乡村、田园、淳朴风格也包含在其中。民族风格的服饰在其面料、色彩、图案及配饰中都流露出浓郁的民族气息，或者在造型上具有明显的民族服装特征。常见的民族风格包括日本风格、印度风格、美国西部风格、波西米亚风格、苏格兰风格等等。

田园乡村风格也是民族风格中重要的部分。反对喧嚣华丽、繁琐装饰和过度雕琢，追求不要任何的虚饰，具有原初的、淳朴的、自然的美。田园风格的服装以明快清新、具有乡土风情为主要特征，穿着形式为多层次的，自然随意、宽大疏松的款式，面料多为纯天然材质，色彩丰富以大自然为基调，但还是含灰为主降低明度和纯度，呈现轻松恬淡、超凡脱俗的意趣和健康、随性与安然的特质。

8. 极简风格

极简风格也被称为都市风格、极简主义风格，是一种几乎不要任何装饰、擅长做减法的设计，具有都市洗练感和现代感的格调。廓型成为此类风格的第一要素，通过精确地版型和精炼的工艺来完成。此风格的基调简洁、明快，以反映品位和内涵为特征，但又不失高雅格调，将女性的柔美、风韵与智慧、个性紧密结合。简约主义的简洁不是简单，它凝聚着背后耗料费时的精雕细琢，体现着低调的奢华。极简风格常采用无彩色或冷色调系，廓形、结构以直线为主，面料多为高档纯天然材质。其代表品牌为吉尔·桑德尔、卡尔·文克莱恩、唐娜·卡伦等。

9. 中性风格

中性服装风格是20世纪30年代类似“假小子”的服装穿着风格，以夏奈尔品牌为代表。如今性别不再是设计师考虑的全部因素，介于两性之间的中性服装也将成为独特的风景线。此风格通过主张男性化倾向反衬出原本未曾被发现的女性魅力。在款式上以直线条为主，品类以正装、夹克、裤子、大衣居多。通常采用高档或具英伦风格的厚重面料。色彩多选用沉稳、庄重的颜色或不同明度的灰色。在设计细节上常采用缉明线、贴袋等手法，体现出干练、严谨和高雅的品位。

10. 军服风格

军服风格也是近些年备受喜爱的风格类型，早在15世纪就出现了带有军旅元素的时装，今天军服风格已经成为流行服装不可或缺的部分。军服风格是借鉴各类军服中的元素或意象与现代时尚紧密结合的一种设计表现。廓型多H型、T型、Y型和梯形，结构比较简洁，版型风格硬朗，讲究实用，重功能性，并在此基础上趋向多元化，如色彩、格子和图案都更加丰富。军服风格在色彩上常采用军绿、土黄色、咖啡色、迷彩等颜色；面料上多采用质地硬挺的织物，如水洗的牛仔布、水洗棉、卡其、灯芯绒、薄呢面料、皮革等；在整体处理上带有明显的军装细节处理，如肩章、口袋、数字编号、迷彩印花、腰带、背带及制作精致的纽扣装饰，同时配合金属扣、拉链、排扣、口袋及粗腰带等饰物。

（三）品牌理念细分的评价体系

所谓评价体系就是对品牌定位、产品风格、品牌形象及时尚流行度进行定性、定量的分析。可以根据以上10种风格建立坐标轴，分成五组，每组两两对应，如此建立评价体系（图3-18）。

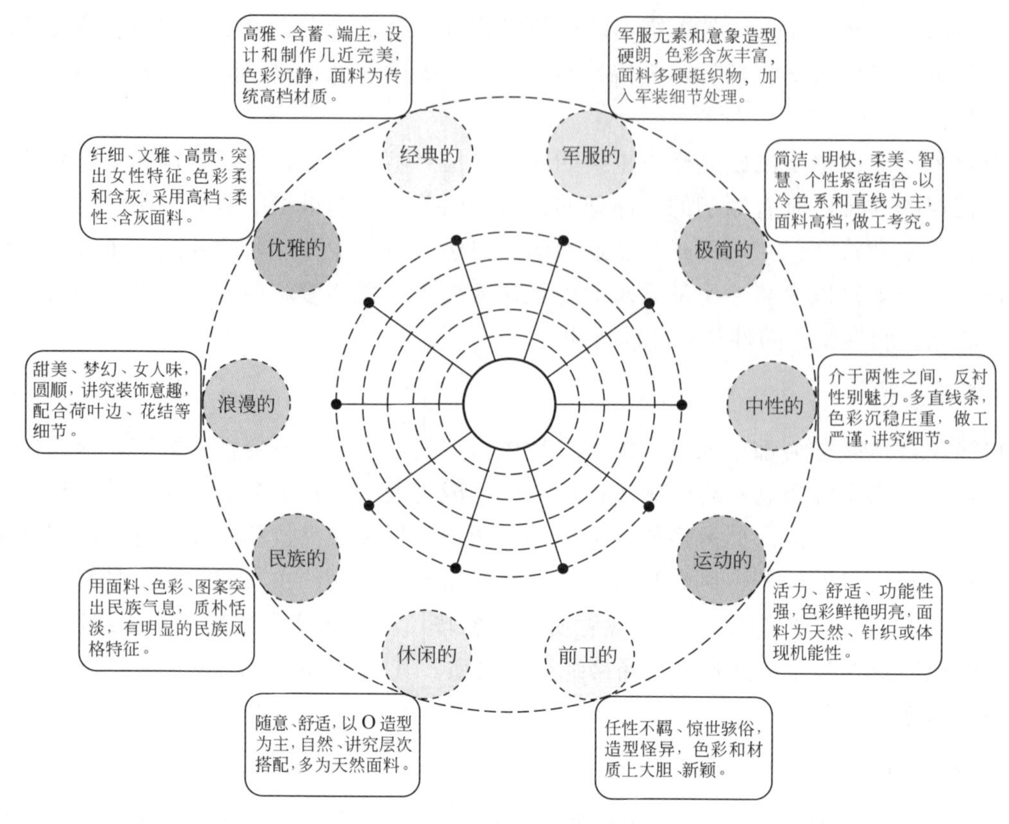

图3-18 品牌理念细分的评价体

品牌理念的细分评价体系可以使企业有针对性地了解市场品牌，寻找自己品牌的合适位置，并在此基础上进一步理性地建立自己品牌的风格。

五、理念定位表达的步骤

（一）确定品牌商品企划的理念

首先确定品牌理念，然后根据此理念确定商品企划理念。有了相应的理念，设计和相应的企划才得以展开。

（二）确定设计形象理念

品牌风格的定位是以品牌形象定位为基础的。在确定品牌形象类型之后，继而通过对目标消费者形象、卖场、服装、包装等要素定位，由这些要素形成品牌的风格。把由理念转化得到的品牌风格巧妙地符号化为设计语言，结合流行预测和市场现状形成理念风格形象。

（三）目标消费者形象定位

根据对目标消费群的生活形态、生存状态、职业特征、价值观及其族群的分析，由此刻画出消费者画像。目标消费者的形象定位必须能反映出以上特征，使产品定位真正能符合他们的要求。

（四）服装风格的定位模型

服装风格的定位模型如图3-19所示。

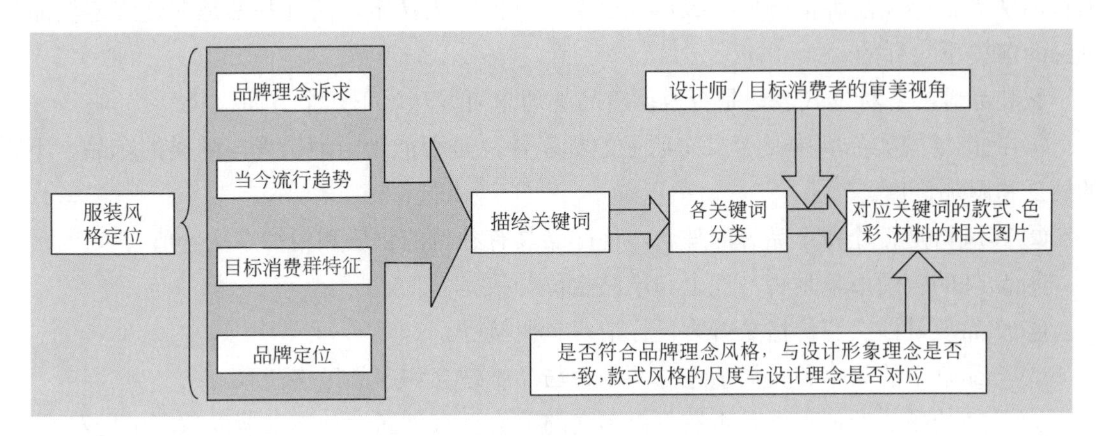

图3-19 服装风格的定位模型

六、品牌商品季节理念主题的设定

品牌商品季节理念主题是企业根据品牌理念主题随着不同季节的变化针对消费者进行的风格设计。按国际流行趋势发布的时间一般为春夏和秋冬两季，也可为正常的四季，还有的品牌在两季之间再增加一季。季节理念定位直接影响当季具体的服装产品风格和设计元素，可以从三个角度设定理念主题：流行趋势角度；消费者审美偏爱角度；体现其生活方式角度。进而具体从服装色彩、服装款式和服装面料等角度进行把握。

品牌商品季节风格的服装色彩设定。主要要考虑到品牌标志色彩、流行色彩、目标消费群体的色彩倾向、地域民族特征色彩等几种因素，确定主体色调、色系，并细化出每一色调、色系的具体色彩组成，一般一个色调不少于8～12种颜色。

品牌商品季节风格的服装款式设定。主要考虑当季的流行廓型、视觉中心和设计风格，以及款式的分割处理、结构处理和线型安排，注重服装细节的呼应和创新。系列款式因服装品类以及定位人群和产品档次不同，而数量多少不等。

品牌商品季节风格的服装面料设定。首先要考虑到面料的适用性，考察与品牌理念、品牌风格以及季节主题的吻合程度；考虑其功能性，包括运动功能、气候适合性、防护功能、穿着舒适性等；考虑其经济性，是否适合品牌定位的价格，洗涤保管的便利性、耐久性如何等；考虑其造型特征，色彩、图案的表面肌理质感、触感等；考虑其面料的机械性能，可缝性、褶裥成形性、立体造型性等等。当然，服装配饰设计、服装制作工艺的复杂程度等都是在季节主题的设定基础上需要考虑的。

七、品牌理念的核检

品牌理念是该品牌的主旨和个性特色，它决定品牌文化、品牌形象、品牌设计、品牌广告和品牌风格等一系列的设计和传达。虽然产品语言和商品组成会随着主题、季节、时段、流行、商品延展有各种变化和创新，但在消费者总体印象中要有前后一致感和风格的稳定性，所有的形式语言都是为了唤起和引起消费者对该品牌的联想、想像和记忆。这是赢得消费者信心和品牌信赖度以致达成消费忠诚的必需法宝，而这些都是在始终遵循品牌理念的前提下实行的。

服装品牌的各种形式表达是否遵循着品牌理念可以从以下几个方面检验。

① 在市场同类品牌中是否具有明显的标示性，是否能带给消费者与同类的产品。不同的感受和附加价值。

② 其风格是否诠释了品牌的理念，使产品具有独特的物质和精神享受价值。

③ 品牌的软硬形象是否与理念和产品定位一致。

④ 产品质量档次和价格是否为目标消费者所接受。

⑤ 产品营销的策略和卖场塑造方面是否与品牌理念和产品风格一致。

⑥ 品牌的核心价值理念是否在主旨不变的前提下有创新性动态发展以适应市场发展。

八、品牌理念风格案例分析

品牌理念向品牌风格转化的过程是复杂多变的，并没有一一对应的关系。但从理念到风格语言的转换过程，其视觉符号要符合目标消费群的认知习惯，转化后的品牌风格样貌要受到目标消费群的检验。品牌理念向品牌风格转化的关键是如何传达品牌风格核心形式的符号元素，这是从品牌理念过渡到品牌风格的桥梁。

品牌理念的风格就是通过消费认知，把体现理念价值的符号与视觉、听觉、嗅觉、触觉等感官感觉建立联系，把各种直觉联想用设计语言转变成可被目标消费者了解和认知的元素符号，从而完成从理念到风格的元素转化过程。

意大利的乔治阿玛尼品牌以优雅闻名，它的品牌理念是“让人们对衣服的感觉与自由联系在一起，穿戴起来应该是非常自由的。”其考究精致的做工是高品位和高质量的体现。由此而来的设计风格含蓄而典雅、庄重而舒适。在设计语言表现上阿玛尼恪守三条黄金规则：一是化繁为简，二是注重舒适，三是强调优雅与简约。另外还淡化性别差异和汲取东方审美元素，通过阳刚和阴柔兼具的手法体现他的设计理念，使得其品牌的男装与女装均具有别样的美感。同时，阿玛尼品牌在保有总体风格稳定的基础上还拥有多个成衣副线，除了代表高级时装的“乔治·阿玛尼（Giorgio Armani）”以外，还陆续推出了面向年轻人的成衣品牌“爱姆普里奥·阿玛尼（Emporio Armani）”、女装品牌“玛尼（Mani）”、休闲装“阿玛尼牛仔系列（Armani Jeans）”和轻松活泼的童装等。另外，阿玛尼还有滑雪衣、高尔夫球装系列和配饰、珠宝和家居用品等，以应对不同的市场需求。阿玛尼最大的成功之处就是对消费者和市场变化了如指掌，不同的副线不仅强化了消费者对品牌设计理念的了解，而且提高了本品牌在市场上的竞争力。

同时，阿玛尼品牌中性、简约、优雅的精神，还体现在它的店面形象的色彩、橱柜、装饰等各个方面，那极具西方又隐含着东方趣味的审美意蕴，使设计语言中的含蓄典雅有着神秘悠长的味道。

思考题 ▶▶

1. 品牌理念的现状是什么？
2. 理念对品牌有哪些作用和意义？
3. 品牌风格形象的分类有哪些？
4. 品牌商品季节理念与总体理念有何不同？
5. 结合案例分析说明服装品牌命名的策略。
6. 服装市场定位有几种策略，各自的优缺点是什么？
7. 环境分析的范畴是什么？
8. 环境分析的内容包含哪些？如何进行信息收集？
9. 服装的流行有哪些特点？通过哪些方面了解和收集有关流行预测的信息。
10. 如何进行流行预测的表达？

实践训练

1. 针对市场某一风格品牌产品，分析其理念及设计指导思想。
2. 设定一种理念，在明确某类风格前提下进行产品语言设计与店铺形象设计。
3. 针对市场某一品牌进行当下的宏观环境、中观环境和微观环境分析。
4. 针对市场某一品牌进行下一季的流行情报收集与预测。

第四章 服装设计企划

服装设计企划是结合前期的环境分析与流行预测的结果，对未来投入市场的服装产品的设计进行细致规划，为“如何设计出符合市场需求的具备审美价值和实用价值的服装”提供参考和解决方案，是提升品牌的整体形象、开拓市场、保证企业赢得利润的关键所在。

作为服装商品企划体系中的关键环节，服装设计企划的第一步是综合考虑品牌理念、服装整体风格、流行趋势、目标消费者的需求等因素，确定服装的设计主题，从具体的文字概念、色彩概念、面料概念、款式概念来表述具体的设计主题。第二步是服装款式企划，旨在设定款式整体构成比例、服装品类、服装廓型与细部结构设计、款式系列设计与款式搭配等方面的内容。第三步是色彩企划，以主题色彩的设定为原点，规划品牌服装每季运用的色彩及色彩的搭配组合形式。最后一步是面料企划，是对面料的选用、面料风格的定位以及面料再造设计等方面进行具体策划。

设计主题企划、款式企划、色彩企划、面料企划缺一不可，四者构成服装设计企划的整体。其目的在于通过对设计要素的企划，确保服装产品得以顺利设计生产。因服装的生产有一定的周期，为保证服装产品顺利上市，必须提前半年到一年的时间提出下一季度的设计企划。

第一节 • 服装设计主题企划

服装品牌每季度开发的产品种类丰富，数量繁多，通过设定主题的方式将所开发的服装产品进行归类整合，使产品具有符合市场需要的服装风格特征和稳定的设计目标。服装设计主题是设计企划的核心内容，是服装设计元素组合所表现出来的精神内容和价值取向，体现服装产品的创意和文化内涵，也是整体设计方案和思维的浓缩，展现了服装设计的艺术性、审美性与实用性，同时反映了时代气息、流行风标以及社会风尚。从设计与营销角度来说，设计主题辐射出服装的设计风格、设计理念、品牌形象等内容，既能运用到产品的设计与生产中，还能用作产品推广和营销的主题。

一、设计主题的定义

主题最早作为音乐术语，是指乐曲中独具特色的主旋律。服装设计作为艺术创作的一部分，设计主题是指设计产品的“思想”和“灵魂”，即按特定的主题表达品牌的设计理念和风格。设计偏离主题则使设计的表达力不够，不能达到预期的效果。设计主题往往是设计师或设计总监对现实和时尚资讯的观察、体验、分析、研究、处理、提炼而得出的思想结晶。它既包含了现实生活本身所蕴含的客观意义，又集中体现了人们对客观事物的主观认识、理解和评价。狭义的主题指的是直接用文字表述设计的概念，即文字概念。广义的主题包括服装设计的全面因素，如文字概念、色彩概念、面料概念和款式概念。一般将可以激发灵感的色彩、图片、实物以新的方式组合在一起，利用具体的视觉元素可以更加清晰地表达主题，有助于下一步设计工作的展开。

（一）文字概念

通常服装的设计主题可以由一个或多个构成，多个主题一般设定在3～5个之间。主题的名称可以用具有联想性的名词来表达，如“源之流”“曦之晨”这两个主题，所表现的是崇尚自由、向往自然的意境，这种抽象的主题更为感性。具象的主题是具有形象特征的内容，如图画、剪纸、建筑物等。在主题企划中，文字说明是对主题的解释与演绎，并具有情境化的特点。文字概念能反映主题的核心内容，它将设计间的关联性以启发性、趣味性的文字表达出来。在产品定位与风格统一的前提下，从不同角度对品牌形象、品牌设计理念进行诠释。

（二）色彩概念

色彩概念是指最能表达主题概念的一组色彩，并非单一色彩，这组色彩以感性的视觉元素进一步诠释主题。确定色彩概念的方式多样，可以将各种灵感来源的色彩进行解构、组合与再创造；也可以从人文因素、空间因素、材料因素等方面进行构思。色彩概念可以通过色彩概念板来表达，即通过组合各种相关色调的图片来解释灵感来源，向设计团队传达整体的色彩信息。每个季度的色彩形象需要考虑上一季的色彩形象，设计要有连贯性。

（三）面料概念

面料概念是指最能表达主题概念的面料组合。它可以利用组合面料图片或面料小样的方式来表述。面料概念可以具象地反映出产品整体的色彩和质感风格。

（四）款式概念

每个季度服装品牌在保留经典款型的同时，要不断设计和推出新款服装。款式的设计灵感和设计方向可以通过款式概念来表达。款式概念是指能准确传达出主题概念的几组款式，包括服装廓型的特征和局部设计的细节。

二、主题的设定依据

1. 以消费者需求为中心

设计主题以消费者需求为中心，能够反映目标消费群的生活观念和精神需求。还要考

虑目标消费群穿着的场合、时间（季节）等因素。有设计主题的产品在款式、色彩、面料方面具有整体感、系列感。有不同设计主题的产品设计感更强，可以给消费者带来新鲜的感官体验。设计主题的存在价值就是提升服装产品的设计感和创造力，使之具有文化内涵，满足消费者的需求，为服装企业带来潜在的市场效益。

2.符合企业的产品风格和定位

设计主题符合品牌或服装企业的产品风格和定位要求。设计主题能够充分反映品牌风格以及传达品牌理念，表达品牌所推崇的生活理念和审美情趣。产品设计主题代表了创意理念，是增加品牌附加值的载体。明确的设计主题可以使整个设计、生产、营销工作有条不紊增加产品设计运作的节奏性和秩序感。

3.与时尚文化同步

设计主题具有流行性和时代性，与时尚文化、流行观念同步发展。可以根据未来流行趋势预测设定主题，也可以根据当下的流行文化设定主题。对于设计师来说，设计主题是每季服装产品系列设计的方向标，能够统一产品的设计风格，因此所有设计工作都会围绕产品主题开展。就设计工作而言，由设计团队设定的主题，能够增加主题的丰富性和时尚感，激发设计师的创作热情。

总之，设计主题的设定以考虑消费者的需求为出发点，依托当下的社会文化和流行趋势，遵从品牌风格与理念，从而诠释品牌形象。

三、每季设计主题企划

通常服装品牌根据春夏和秋冬两大季度进行产品企划，根据不同的季度设定与之相适应的设计主题。某些服装品牌的产品开发种类多、数量多，则根据细分季度进行产品企划，如秋季（9～10月）、初冬（11～12月）、深冬（1～2月）、春季（3～4月）、初夏（5～6月）、盛夏（7～8月），每个季度都有不同的设计主题。主题的设定可根据服装的流行类别来定，也就是将服装商品分为新潮品、畅销品和长销品或是形象款、潮流款、经典款再进行主题企划。下面分别以某女装品牌和某男装品牌的秋季产品为例，从狭义和广义的角度阐述服装设计主题企划的要点。

（一）某女装品牌秋季主题企划

该女装品牌的秋季主题针对新潮品、畅销品和长销品推出三个主题，分别为“光.Light”“诗意.Poetry”“印象.Image”。这是服装时尚性较强的品牌采用较多的一种主题企划方式，产品设计内容丰富，同时形成较强的服装系列感。该品牌秉承“这就是生活”的设计理念，演绎回归自然的设计主题，精简内敛，整体秋季色彩柔和，面料多采用天然纤维。

1.主题一：光.Light

光.Light主题以自然界中的光作为灵感来源，赋予人们的神奇而美妙的感观，无论是白昼还是黑夜，光能带来特别而唯美的效果，有着梦幻般的感觉，给人们带来无限的想象。女性的魅力就像这样，不娇嗔、不张扬、不魅惑，有着一股高贵雅致的气息。以黄色、埃及红、墨绿色、黑色为主色，配以琉璃蓝和白色，整体色调沉稳而神秘。主要采用浮雕效果的提花面料、天鹅绒、蕾丝面料、弹性的棉质针织面料等，X型和A型廓形的连衣裙、修身西服、小脚裤等款式的设计时尚前卫，勾勒出女性时尚迷人的魅力（图4-1）。

图4-1 秋季新潮品主题

2.主题二：诗意.Poetry

主题二以一种自由而舒缓的态度来看待自然所赋予人类的一切，有着一份恬静和优雅，充满了诗意。正如同一个优雅而有品位的女人，举手投足间所流露出的一种睿智、亲和，有着诗一般的内涵，与众不同的气质。A型和I型廓型的款式打造女人的优雅气质，精致的软呢、优质的羊绒针织面料、悬垂感极佳的混纺面料、凸显女性的高品位。采用鹅黄、杏色、粉紫色等轻柔的浅色调，配以深咖色、黄赭石色等大地色系，点缀藏青色、蓝色。

3.主题三：印象.Image

这一主题的概念是秋日的大地依旧有着蓬勃的生命力，红似火的枫叶绚烂无比，自然界中的美好事物为人们塑造了一个别样的秋日印象。这一主题下的廓型为A型、H型，经典的衬衫、套装设计多采用常用色，主色为酒红色和蓝色，辅色为藏青色、咖啡色，点缀色为黄色，面料采用软呢、亚麻织物、斜纹棉毛混纺织物，质地柔软温和。传统的面料、常用色系、经典款式塑造出女性质朴优雅的气质。

（二）某男装品牌秋季主题企划

1.秋季主题概念

高端男装品牌坚持依靠精致的做工及考究的细节设计在经典男装品牌中脱颖而出，塑造成功睿智的商务男士形象。这一品牌的秋季主题设定为“城市掠影”，主题概念是：一座城市承载着无数人的理想，人们固有的生活模式在潜移默化中悄悄发生变化。世界

在变，城市在变，追求不断升华。新一季的男装设计秉承“破旧立新”与“精致邂逅”的理念及高要求，传承经典的同时发扬时尚精神。运用格纹、印花、几何等元素，塑造如商业城市一般沉稳、豁达的形象，完美诠释出成功男士干练稳重的个人魅力，如图4-2所示。

城市掠影

主题概念

一座城市承载着无数人的理想，人们固有的生活模式在潜移默化中悄悄发生变化。世界在变，城市在变，追求不断升华。

新一季的男装设计秉承“破旧立新”与“精致邂逅”的理念及高要求，传承经典的同时发扬时尚精神。运用格纹、印花、几何等元素，塑造沉稳、豁达的形象，完美诠释出成功男士睿智的个人魅力。

图4-2　某男装品牌的主题概念

2. 色彩概念

在“城市掠影”主题下的色彩以黑色、灰色、深咖啡色等暗色调的色彩为主，亮色作为调和色。主色的纯度低但色彩丰富，配以酒红、灰蓝等辅助色，红色与天蓝色为点缀色，整体服装色彩沉稳但不沉闷。这一主题的色彩概念在秉承商务男装固有的经典色系的同时，提取商业城市中的色彩元素，拉近人与城市的距离感（图4-3）。

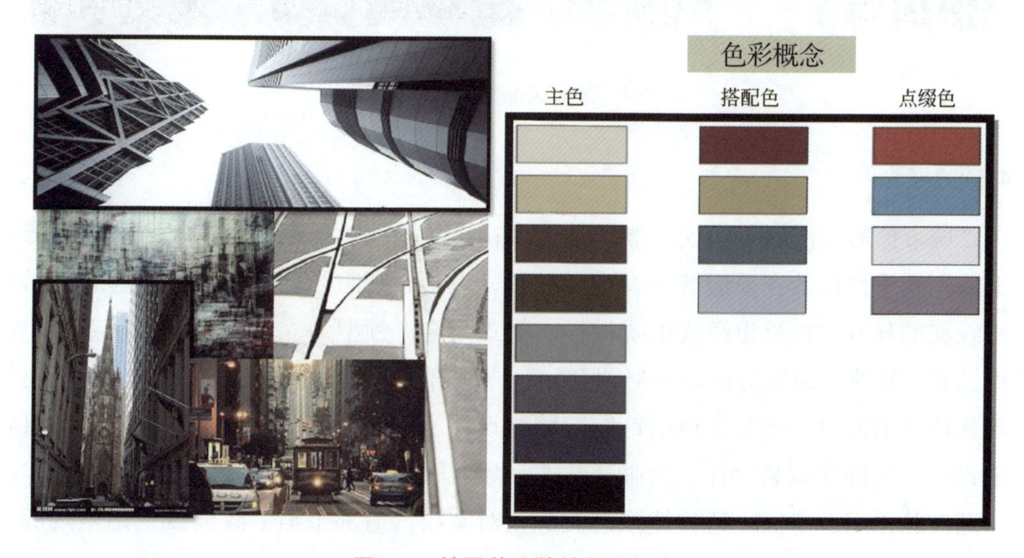

图4-3　某男装品牌的色彩概念

3. 面料概念

在“城市掠影”主题下的面料以冷色调为主，暖色系作为辅助色。整体秋季产品的面料厚薄适中，面料成分以棉、毛、丝为主。衬衫采用丝棉混纺面料，有素色、色织提花、细条纹面料，质地柔软舒适。毛衫采用羊毛、羊绒混纺面料，融入花纱、丝，运用精细的几何纹样、提花、经典的净色平纹、千鸟格等图案；夹克采用经典传统的毛呢和深色牛皮；西服套装的面料材质以精纺类呢料为主，少量采用含丝光泽感的混纺面料。主要面料有：经过拉绒处理的羊毛格子呢、经典格子呢、麦尔登呢、装饰性提花呢料、丝光棉、精梳棉、丝和羊绒混纺面料等（图4-4）。

图4-4　某男装品牌的面料概念

4. 款式概念

在“城市掠影”主题下的款式概念是追求精良的裁剪，细致的做工，塑造风度儒雅的男士形象。秋季推出的主要服装品类为：衬衫、毛衫、针织衫、夹克、西服套装。男装廓型采用经典的H型，衬衫为经典正统衬衫，款式简洁，领型为立领和翻立领。毛衫、针织衫采用圆领、V领、翻领套衫以及V领开衫、立领开衫的设计。夹克经典款的设计在保留传统款式特点的同时，细节上运用针织双翻领设计；潮流款为单、双排扣设计；形象款采用拉链设计，装饰性口袋设计。西服套装的形象款采用欧版，修身性强，肩部较窄，收腰设计；潮流款采用合身版，适体性强，衣身相对宽松，肩部平坦；经典款采用常规版，衣身较为宽松，肩部较宽，不做过多的收腰设计，如图4-5所示。

图4-5　某男装品牌西服套装的款式概念

第二节 • 服装款式企划

服装款式是服装整体外形和结构设计的形态，是构成服装的要素之一。不同款式具有不同的特点，这也是服装款式给人的第一印象，传达出服装的美感和风格，以及款式所适用的人群，便于消费者对商品的感知和识别。服装款式企划是考虑新一季推向市场的服装的廓型、细部设计等。廓型是服装造型的根本，服装造型的总体印象是由服装的外轮廓决定的，服装的局部细节设计则是成熟品牌所注重的设计内容，可以拓展系列设计的关联性。

一、服装款式整体构成企划

（一）服装款式比例企划

服装品牌通常根据服装的流行程度来区分款式，分为形象款、潮流款和经典款，与之相对应的服装商品是新潮品、畅销品和长销品三类。这三种款式类别在款式的时尚度、适合的人群以及销售量上都有差别。形象款的设计最具时尚性，新颖性，往往作为推广品牌设计理念的形象商品，消费群的时尚敏感度较高。潮流款具有一定的时尚性，涵盖上一季热销的款式，是服装品牌主推的商品，能够满足品牌所定位消费人群的需求。经典款受流行趋势的影响较小，常作为单品推出，品类丰富且易于搭配。

季节、品牌定位、品牌时尚度等因素的不同都会影响形象款、潮流款和经典款的构成比例，设计主题明确了整个季度的设计方向。因此，服装款式整体构成比例要根据服装品牌每季的设计主题进行设定。时尚性强的品牌在设定款式整体构成比例时，形象款和潮流款所占比例较高，时尚度低的品牌潮流款和经典款所占比例较高。总之，三者的比例要保持平衡，也应根据实际情况做相应当调整。以第一节中两个品牌为例，男装品牌秋季款式整体比例的设定中，形象款的比例可设定为10%，潮流款设定为40%，经典款的比例设定为50%。女装品牌的时尚度较高，其形象款的比例设定为20%，潮流款的比例是50%，经典款的比例是30%（图4-6）。

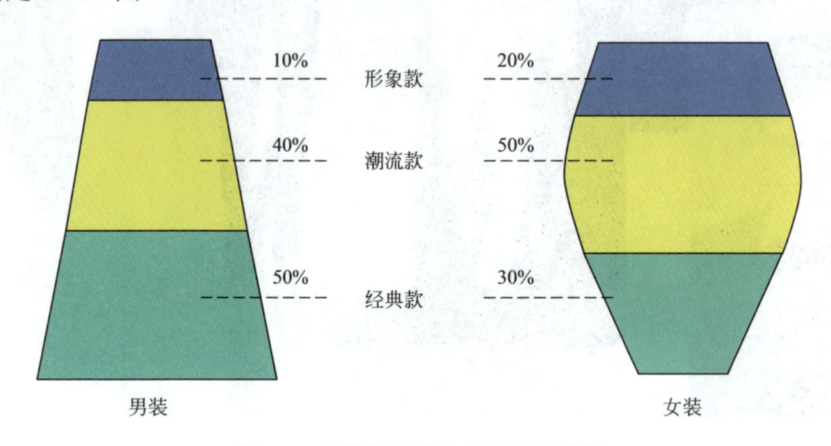

图4-6　某品牌秋季款式比例示意图

（二）服装品类企划

服装品类可以根据品牌以往的销售情况、目标消费者的穿着习惯等进行设定。品类设计可根据大类细分，有针织品、梭织品、毛织品，梭织品可细分为外套、夹克、裤装、裙装、衬衫等，针织品和毛织品可分为长袖套头衫、短袖开衫、长袖开衫等；衬衫可分为长袖衬衫、短袖衬衫等。款式类别企划可根据目标消费群的着装喜好，或根据品牌主要推出的品类对设计数量进行调整。不同季节的气候特征决定了服装款式的类型，如秋冬女装以外套、长裤为主，春夏女装则以衬衣、裙装为主。其次，不同服装品牌具有不同的服装风格，对各自品类的认定方式不同。如一些偏中性的女装品牌，春夏装则以衬衫、T恤、裤装为主。有的品牌将女裙分为多个品类，也有的只作为一个品类。在具体进行品类企划时，还要考虑时尚潮流的变化，目标消费群的生活方式及其对服装的需求，不同的品类款数的确定要按预测数量设定，不是随意设定的。服装品类的设定有助于设计总监、设计师或企划师从整体把握本季度服装产品款式开发设计情况，掌握服装类别的比例，有效地完成设计工作。

在进行品类设定时，裤装、裙装、衬衫等品类以单品形式生产，将服装品类作为单品进行设定相对容易；而在设定配套品类时则要综合考虑内外、上下的搭配品类，所涉及的品类较多。以某品牌秋季女装品类的设定为例，从整体来看，梭织服装多于针织类服装，比例分别为针织35%，共24款；梭织65%，共47款，上装的比例明显大于下装；不同品类的款数也不同，单个品类中衬衫的比例最高为18%，最低的是针织衫，只有8%，其他各品类的款数都在适中的范围之内，如表4-1所示。

表4-1 某品牌春季女装品类比例表

类别/比例	品类		款数	比例
针织35%（24款）	针织衫		4	8%
	T恤	长袖	8	15%
		短袖	4	
	外套		8	12%
机织65%（47款）	衬衫	长袖	10	18%
		短袖	4	
	外套	夹克	4	13%
		小西装	6	
	风衣	长款	5	10%
		短款	3	
	裤装	中裤	2	10%
		长裤	2	
	裙装	连衣裙	5	14%
		中裙	4	
		短裙	2	

（三）款式规格企划

服装规格是进行服装设计、生产、销售的规范参考数据。设定服装款式整体比例和品类比例后，要进一步明确不同品类的款式规格。不同国家、地区的服装规格都有不同的表示方法，国内常见的几种规格表示方法是：男装衬衫以领围尺寸作为款式规格参数，如34、36、38、40；以英文符号作为不同尺寸服装的规格参数，如S、M、L，英文全称为small（小）、medium（中）、large（大），与之对应的中文是小号、中号、大号；以号型作为服装的规格参数，不同的性别、不同年龄层次、不同的地区的号型规格都有所不同，“号”指人体的身高，以cm为单位，是设计和选购服装长短的依据，“型”指人体的胸围，以cm为单位，是设计和选购服装肥瘦的依据。另一方面“型”还指人的体型分类，它是以人体的胸围与腰围的差数为依据来划分体型，体型分类代号分别为Y、A、B、C。如女上装155/80A、160/84A、165/88A，女下装155/64A、160/68A、165/72A。不论采用什么规格标准作为参数，服装品牌的规格要按一定的比例进行配比，参考依据是款式的特点、适用人群的性别、目标消费群的体型特点等，规格比例的设定还要根据各规格实际销售量进行调整。一般规格的设定比例是中号M最大，适用人群最多，超大号XL的比例最小，小号S和大号L可根据情况而定，如S：M：L：XL的比例为1：2：3：1或2：4：3：1。

二、廓形与细部设计

（一）服装廓型

美国美学理论家鲁道夫·阿恩海姆（Rudolf Amheim）在其著名的《艺术与视知觉》一书中精辟地阐释："三维的物体边界是由二维的面围绕而成的，而二维的面又是由一维的线围绕而成的。对于物体的这些外部边界，感官能够毫不费力地把握到。"服装作为直观形象，首先呈现在视野中的是剪影般的轮廓特征，一般将人着装后在逆光下服装整体外轮廓所呈现的形态称之为服装廓型（Silhouette），在服饰语言中指服装的外形线或轮廓线。影响服装廓型的主要部位有肩部、腰部、臀部。

服装廓型设计影响服装整体变化和视觉印象，它以最简洁的语言表现出服装造型的基本特征，也是用来区别和描述服装的重要特征。服装廓型体现了一个时期的重要服装造型风格，也是服装品牌体现自身风格的重要载体。成熟的服装品牌会在整体上呈现出较为稳定的服装廓型，一般选用1～3个廓型，采用过多的廓型反而使设计凌乱，没有节奏感和系列感。几种常见的廓型是：H型、A型、X型、T型、O型、Y型，如图4-7所示。

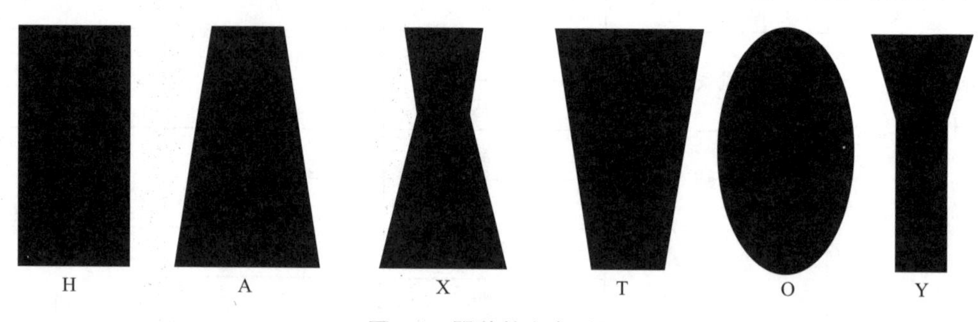

图4-7 服装基本廓型图

1.H型

1954年H型由法国设计大师迪奥命名并在其秋冬款式中推出。H型使视觉中心上移，平肩不收紧腰部、筒形下摆。H形服装具有修长、简约、宽松、舒适的特点。男装的设计主要以H型为主，运动装、休闲装、家居服的设计也常用H型。

2.A型

也称正三角形，20世纪50年代最为流行的廓型设计。A型常用于大衣、连衣裙的设计，具有活泼、动感强、富有活力的特点。

3.X型

最具有女性体征的廓型，其造型特点是根据人的体形塑造出稍宽的肩部、收紧的腰部和自然的臀形。优美的女性人体三围外形用线条勾勒出即是近似X形。X形线条的服装具有柔和、优美、女人味浓的特点。在经典风格、淑女风格的服装中这种廓型用得比较多，如CHANEL，DIOR，COCOON等品牌。

4.T形

类似倒梯形或倒三角形，其造型特点是肩部夸张、下摆内收形成上宽下窄的造型效果。T形具有大方、洒脱、较男性化的风格特点。T形造型多用于男装和较夸张的表演服装以及前卫风格的服装设计中。

5.O型

呈椭圆形，其造型特点是肩部、腰部以及下摆没有明显的棱角，特别是腰部线条放松，不收腰，整个廓型比较饱满、圆润。O型还具有休闲、舒适、随意的风格特点，常用于连衣裙和外套的设计。另外，在休闲装、运动装以及居家服的设计中也常用O型廓型。

6.Y型

服装强调肩部造型，腰部以下收紧，是一种不稳定的造型意向。这种不稳定的意向使着装者重心上移，提高身材比例，宽肩造型衬托华丽感和强硬作风，是近年中性风格中常出现的款型。

当然，服装廓型不是一成不变的，为保证廓型的创新性，服装品牌在传统廓型的基础上，每季推出变化的新廓型，塑造新的视觉感受。设计总监或商品企划师需要在传统廓型、流行廓型之间找到最佳的平衡点，把控廓型的节奏，既能体现流行性，又能体现服装品牌的风格特征。

（二）服装细部设计

服装细部设计也可以称为服装局部设计，是指充分完善和塑造服装廓型，在服装局部进行造型设计的一种设计形式，细部设计与廓型设计相协调和呼应。服装细部包括服装的袖型、领型、肩部、腰部、背部等，变化更丰富的细部还有袋型、分割线、褶裥、门襟、省道等。服装细部设计相较于廓型设计来说，变化更为丰富。服装细部设计是各服装品牌区别于其他同类品牌的设计点，除了服装廓型、色彩与面料的变化能最直观地吸引消费者的购买兴趣，细部设计成为消费者在挑选同类服饰时重要的参考标准。因为通常人们认为细部设计体现了设计的精华。

服装细部设计随时尚与季节的变幻而不断推陈出新，在服饰设计中发挥着重要作用。服装的整体造型风格取决于服装轮廓与各细部设计之间的协调感，细部造型的美感主要取决于它在整体造型中的面积比例和装饰感的强弱程度。对塑造服装廓型与风格影响较大的三种细部设计如下。

1.领部设计

领部设计可以衬托或修饰着装者的脸型，但也有可能显露缺点。领部变化要根据脸型大小、颈部粗细、肩斜度和宽度等进行选择，并利用直线、曲线的特性进行合理设计。当然，不同风格、不同品类、不同面料的服装领部设计各有特点，设计丰富多变，如图4-8所示。作为成衣设计的一个重要组成部分，领部设计要遵循形式美设计原则和功能性设计原则。在领部的造型设计中，要保证领部造型与整体服装的风格统一并有系列的延续性。

2.肩部设计

肩部造型的变化是影响服装廓型的重要因素之一，肩部设计直接影响领部和袖部的造型。肩部造型的设计要根据服装的风格来确定，如前卫风格往往采用夸张的视觉冲击力大的肩部设计，现代风格会采用平坦而简约的肩部造型设计，复古风格也会采用夸张肩部的造型设计，但与前卫风格的表现形式有所不同，如图4-9所示。总之，肩部造型设计与其他造型要在风格上保持统一。

图4-8 领部设计

图4-9 肩部设计

3.袖部设计

手臂是身体活动的主要部位，致使袖子是上装中活动频率最高、使用率最大的部位，因此，袖子的功能性要求比较高。

袖子的舒适度是设计的关键，这也决定了服装的品质。喇叭袖、荷叶边袖（波浪袖）、泡泡袖等曲线造型的袖子具有优雅的风格。原装袖、平装袖、插肩袖等直线造型的袖子具有现代风格的特点，如图4-10所示。

图4-10 袖部设计

（三）系列设计手法企划

1.元素整合法

款式系列设计着重于服装细部设计的变化，款式应突出细部设计的特点，形成统一的服装格调。通过对款式中的某些元素重复、叠加、递减、类比等手法，达到变化的效果，形成系列感。将某元素作为设计中的表现重点，在多个款式的不同部位进行搭配，如利用色彩、图案、工艺、分割线等，使之具有系列感。同一系列的不同服装品类，可以在不同部位的结构线上使用类似的设计手法，以达到呼应的效果。细节设计可以成为整个系列的线索和设计亮点，如利用重复、叠加、夸张等方法将荷叶边元素运用到领部、袖部、肩部、下摆、腰部等部位，增添了服装的装饰性效果，并形成较强的系列感，使整个设计风格鲜明有特色。

2.材料置换法

材料置换法常用于某些经典款式的设计，它指的是在保留经典款设计的基础上，即款式廓型和细部设计保持不变，通过改变色彩或面料达到创新的目的。服装品牌通过采用这种方法，保留经典设计，同时又能给消费者带来耳目一新的感觉。

3.相似造型法

相似造型法是指以某款设计为原型推出多个相似造型的款式。这种造型方法可以形成一种独特而又具有可识别性的产品风格。利用有代表性的基本款形成系列不会有杂乱无章的感觉，成组成套服装在外形相同的情况下，进行内部分割线变化，系列感明显。系列中着重于结构线和装饰线的变化，服装外形基本一致，以突出服装分割线的效果。

4.装饰法

服装局部装饰设计会使服装的系列感更强，可以形成某种服装设计风格。一般运用亮片、刺绣、钉珠或其他辅料装饰服装。在运用装饰手法时，要巧妙地将装饰物与服装自然地融为一体。

（四）服装款式系列设计企划

服装款式的变化丰富多样，服装款式系列设计企划要围绕某一主题风格或款式特征开发多数量、多件套的系列产品。款式系列设计首要考虑的是廓型设计，然后再从细部结构展开设计，要协调服装廓型与内分割线风格的关系，注重款式的可搭配性设计。

以某男装品牌秋季款式系列设计企划为例，该品牌男装的品类中有，衬衫分为正式衬衫与休闲衬衫；中山装分为立领中山装和翻领中山装；西服有单排扣、双排扣西服，领型有立领、青果领、翻驳领；夹克分为正装夹克和休闲夹克，袖型有插肩袖和平装袖；裤装有西裤和休闲西裤。根据上述不同的品类规划出相应的款式类型，男装廓型为H型，运用不同的设计手法变换其内部结构，设计出系列感较强的一组服装产品，并保持整体风格不变。从表4-2中可以看出男装廓型变化没有女装丰富，但细部设计尤为突出，体现男装设计的高品质和设计的稳定性。男装设计手法多采用相似造型法，其次是元素整合法和装饰法。

表4-2　某男装品牌款式系列设计企划

品类	款式图			设计手法
正式衬衫				相似造型法
休闲衬衫				相似造型法 元素整合法 装饰法

续表

品类	款式图			设计手法
中山装				相似造型法 元素整合法 装饰法
西服				相似造型法
夹克				相似造型法 元素整合法 装饰法
裤装	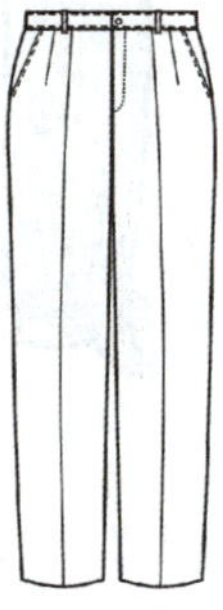	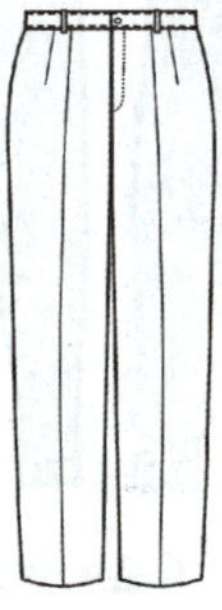		相似造型法

三、款式搭配企划

为品牌服装设计单品服装时，会有意识地进行配套设计，如设计某款衬衫的同时，明确下装搭配裤装、短裙或是长裙；外套的设计则要考虑其可搭配性，可以内搭衬衫或连衣裙等。在服装销售环节，店面陈列可以按服装搭配组合的方式推销给顾客。

将不同的廓型、品类、细部设计的服装组合搭配可以形成不同的风格类型。另外，搭配性较强的服装更受消费者的青睐，商品企划师与设计师需要提前将服装的搭配方式做出详细的规划，让消费者有更多的选择空间。如牛仔裤的搭配性较强，那么在进行企划时，就要做好多种品类与牛仔裤搭配的规划，主要有休闲T恤、衬衫等，图4-11展示了不同单品间的搭配方式与理念。

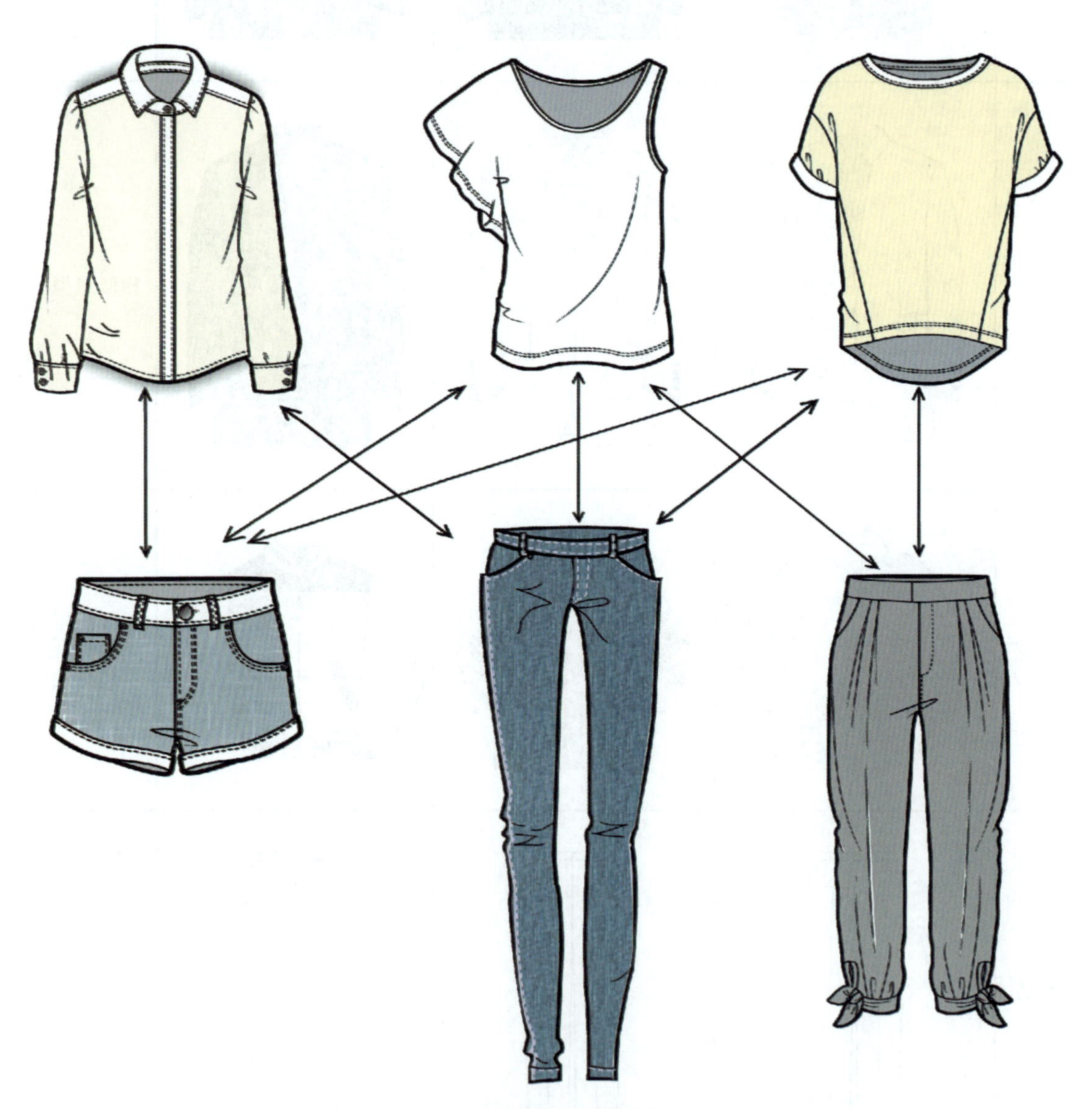

图4-11 服装单品的搭配组合

第三节 ● 服装色彩企划

在服装设计的色彩、款式、面料三要素中，居于首位的是色彩。著名的法国时装大师皮尔·卡丹（Pierre Cardin）曾这样说："我创作时最重视色彩。"色彩是视觉中最突出的媒介，是最具感染力的艺术载体。服装中的色彩不仅传递信息、表达情感，也是构成服装美的重要因素。服装色彩对消费者的购买行为产生积极影响，激发人们的消费欲望。并且服装色彩的丰富性可以延长商品的生命周期。正因为如此，服装色彩的变化最为活跃，它的变化反映了品牌风格的基调。

色彩企划在品牌经营活动中扮演着重要角色。色彩企划要以品牌风格、色彩主题为指导方向，遵循色彩的基本原理。色彩企划的第一步就是要掌握色彩变化的规律，前提是必须透彻了解色彩体系和基本原理。设计师可以依据色彩原理进行色彩组合，也可以灵活运用配色方法，从而突出服装色彩的风格定位，展现与设计主题相吻合的色彩设计企划的构思。总之，在进行色彩企划时需要考虑诸多因素，包括整体色彩风格的定位、时间与空间因素、服装色彩组合搭配等。

一、色彩风格形象的设定

绚丽的色彩为人们的生活增添趣味，人们对色彩的感性认识赋予其丰富的情感内涵，这种升华的色彩语言反映了人们的某种心理情感。色彩的形象风格可以通过人们对色彩相同的感性认识来分类，建立起感性认识与色彩认知之间的关联性，利用色彩语言来区分不同的色彩，形成色彩风格形象图，如图4-12所示。通过对色彩风格形象图的规划可以使不

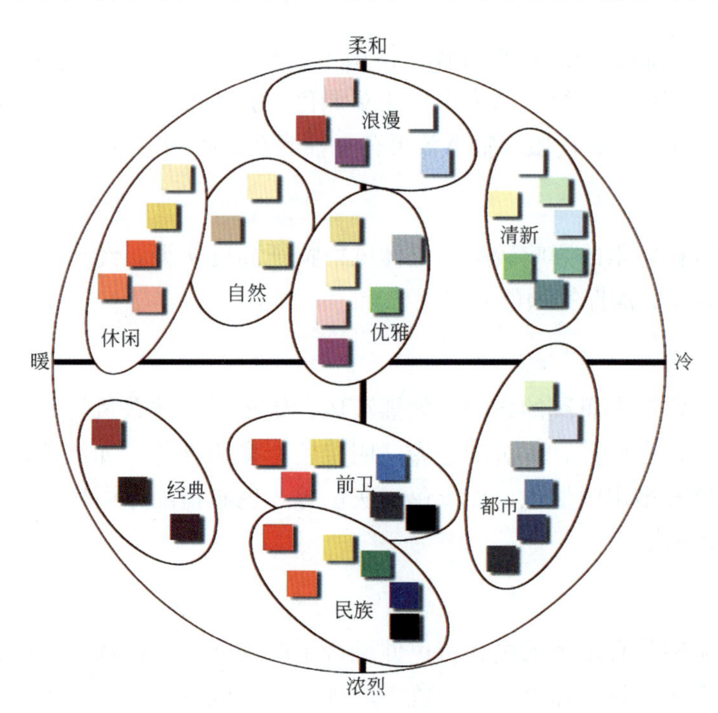

图4-12　色彩风格形象图

同色彩有其相适应的位置，抽象的色彩语言更有直观性，能够与设计思维、理念、品牌形象、品牌风格等相匹配。

1. 浪漫色系

浪漫风格优雅、柔和，极具女性魅力。无论是装饰性较强的浪漫风格，还是优雅恬淡的浪漫风格，其色调柔和梦幻，色彩以淡色系、粉色系、玫瑰色系为主，如玫瑰红、玫瑰紫、淡蓝色、淡粉色、米色、象牙白等。

2. 休闲色系

休闲风格推崇“舒适、随意”的理念，适合多类人群的日常着装，色彩多以明亮色系、中性色系、舒缓的大地色系为主，如明黄、紫色、米色、白色、卡其色等。

3. 优雅色系

优雅风格是时尚与女性气质的结合，色调柔和，多用紫色系、黄色系、浅绿色系，如粉紫色、米黄色、叶绿色等。

4. 都市色系

都市风格的服装色彩简洁，色彩清淡、素雅。常采用的色系有无彩色系、青色系，有黑色、白色、灰色、米色、淡青色、深清灰等。

5. 自然色系

自然色系介于优雅色系与休闲色系两者之间，色彩多以驼色、浅灰色、米黄色为主。这类贴近于自然的色彩令人产生舒适、悠闲的感觉。

6. 清新色系

清新色系适合充满活力的年轻群体，常用于运动风格服装、可爱风格服装的设计中，色彩以明亮清新的黄色系、绿色系为主，如翠绿色、孔雀绿、荧光绿、米黄色等。搭配白色、米白、象牙白等色彩会使服装整体效果有一种清新舒畅的感觉。

7. 经典色系

经典风格受流行因素的影响较小，整体风格特征高度协调。经典风格的服装端庄、大方，多以红褐、酒红、深棕等颜色为主。

8. 前卫色系

前卫风格受先锋艺术思潮的影响，如摇滚风、嬉皮风、波普风等，设计标新立异。色彩的应用呈多元化，有明艳、深沉的色彩，明艳色彩多用纯色，如红色、黄色、蓝色、绿色等，较深沉的色彩多用中性色，如黑色、灰色等。色彩搭配方面也常用对比色以凸显服装独特个性的设计风格。

9. 民族色系

民族风格的服装具有浓郁的民族特色并融合了时尚元素。民族风格的色彩借鉴民族服饰的色彩，如波希米亚风、印度风等，色彩浓郁，具有较强的视觉冲击力。常用明度、纯度高的色彩，如紫色、红色、绿色、蓝色、橙色等。

二、每季色彩组合企划

色彩企划的目的在于促进商品的销售，满足消费者的不同需求。色彩企划要将每个季度的产品看作一个整体，注重产品间的配色关系，协调主色调与次色调的用色比例。服装品牌进行色彩企划时，在已经设定好的色彩基调之上，还要针对每个季节做详细深入的企划。制定2～4个色彩主题方案以丰富产品的色彩，满足消费者的多重需求。

（一）流行色在主题企划中的运用

流行色是代表着一定时期的一系列时尚色彩，流行色与常用色是相对的。常用色可能转化为流行色，流行色经过一段时间的发展成为常用色。流行色的变化一般2.5～3年为一个周期，它的变化有其客观规律，如流行暖色调再转向冷色调，明度、纯度的变化也有类似现象。

流行色由专门的色彩研究机构发布，国际流行色的预测是由设在巴黎的“国际流行色协会”完成。每年召开两次会议，讨论未来18个月的春夏或秋冬流行色定案。协会从各成员国提案中最终确定三组色彩为这一季的流行色，分别对应男装、女装和休闲装。中国流行色是由中国流行色协会制定，通过观察国内外流行色的发展状况取得大量市场资料，然后对资料进行分析和筛选，并在色彩设定中加入社会、文化、经济等因素。事实上，每年国内外流行色协会都会发布多个主题的流行趋势，流行色的主题涉及面广，色彩的风格形象多样，适合不同的品牌风格。服装商品企划师和设计师要在把握本品牌的风格定位基础上，以每季流行色趋势预测信息作为参考，合理选择与运用流行色，与品牌整体风格有机结合起来。

（二）每季色彩主题企划

每季色彩主题企划可以根据服装品牌年度设计主题企划制定，也可以根据服装品类或者服装产品的时尚度分类进行色彩企划。常用色与流行色的选用比例直接关系到品牌整体色彩形象的传达，合理的选用比例和运用方式能够使服装产品更丰富和完善。本文所指的常用色是某品牌或某种风格的服装每季固定采用的色彩，也可以是多个色系。每年每季的常用色也会有相应的微妙变化，但没有流行色的变幻性强。不同品牌类型的服装，目标消费群、产品定位和风格不同，常用色、流行色的运用都不同。

以某女装品牌春夏季产品设定的色彩主题为例，以此阐述色彩企划的要点，如图4-13所示。“静谧”主题下的春夏季色彩以蔚蓝色、白色、粉紫色为主，黑色、绿色、天蓝色、胭脂红为搭配色，藕粉色、浅棕黄为点缀色。整体色彩清新淡雅，体现女性优雅气质。在实际运用中，经典款主要采用品牌的常用色作为主题色，流行色作为点缀色，因为常用色在很大程度上呈现出产品的风格，使之在潮流变幻中处于稳定的发展状态。该女装品牌新一季的色彩企划在秉承品牌传统色系的同时，也加入新的时尚色彩；潮流款也就是畅销款，主要采用品牌的常用色白色、蓝色、黑色作为主题色，当季流行的粉紫色做搭配色，浅棕黄做点缀色，既保持了品牌的风格，又体现了流行的特点；形象款采用的流行色多于常用色，以当季流行的粉紫色、胭脂红、天蓝色为主，搭配绿色、浅棕黄，黑色、白色作为点缀色，充分体现品牌较强的时尚感。

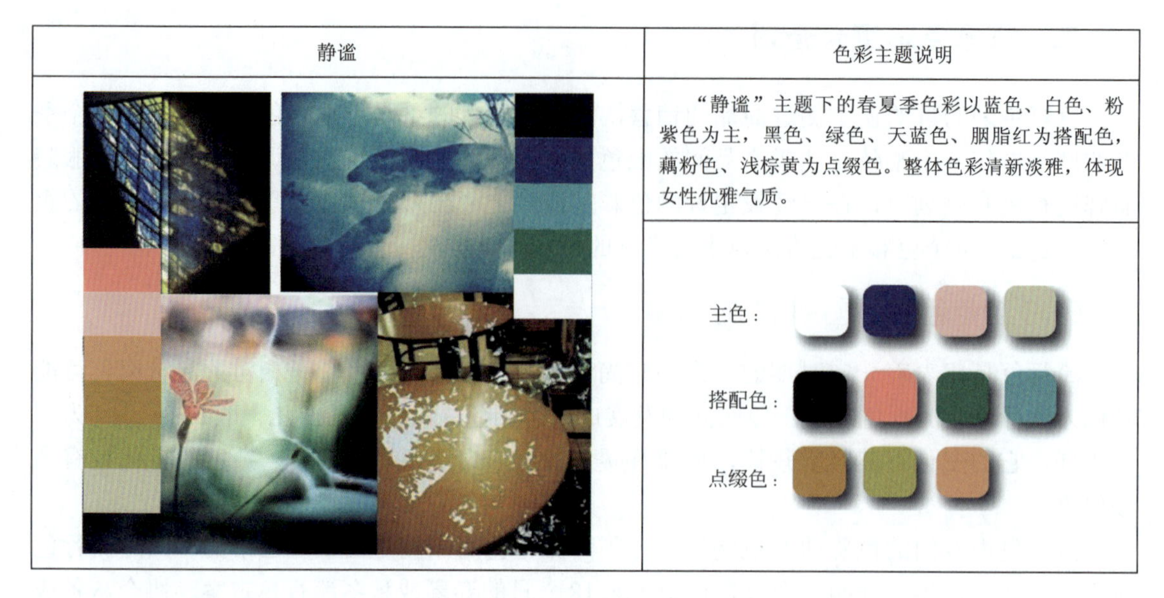

图4-13　某女装品牌春夏色彩主题企划

（三）色彩波段企划

成熟的服装品牌在设定色彩主题后，下一阶段的工作就是按照服装产品的上市时间进行色彩波段企划，一般分为2～3个波段。在进行色彩阶段企划时，可以在保持整体色彩风格不变的基础上，对个别色彩所占比例进行微调，也可以调换搭配色和点缀色，以达到色彩不断变化的印象。图4-14是某服装品牌夏季色彩的波段企划，该品牌的夏季产品分三

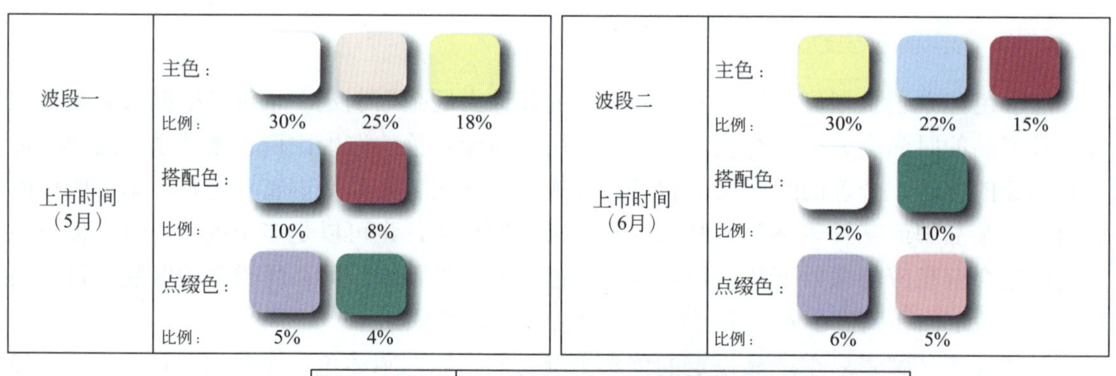

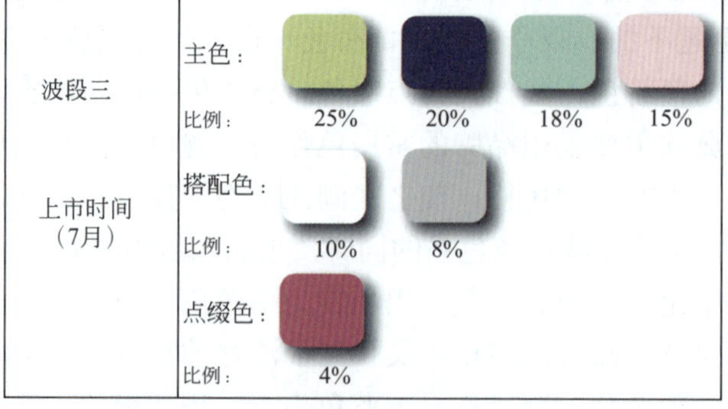

图4-14　某品牌夏季色彩波段企划

批上市，色彩被分为三个波段进行企划。三个波段的整体色彩风格为清新淡雅，以浅色系为主，白色、柠檬黄色、淡蓝色作为基础色，搭配其他流行色彩和常用色。三个波段的配色组合与比例都因上市时间段的不同而有所调整，如图4-14所示。

波段一是夏季第一批新品上市阶段，整体色彩以白色、裸色、柠檬黄色为主色，色彩比例为30%、25%、18%，搭配天蓝色和牡丹花色，色彩比例为10%、8%。点缀紫丁香色和翡翠绿，色彩比例为5%、4%。

波段二以柠檬黄色、天蓝色、牡丹花色为主色，色彩比例为30%、22%、15%。搭配白色和翡翠绿，色彩比例为12%、10%。点缀色为紫丁香色和粉紫色，色彩比例为6%、5%。

波段三是夏季最后一次新品上市阶段，增加了无彩色系灰色和纯度低些的棕黄色，棕黄色取代明度高的柠檬黄色，主色调整为四种，分别是棕黄色、墨蓝色、方解石绿色、玫瑰粉晶色，色彩比例分别为25%、20%、18%、15%。搭配白色和灰色，色彩比例是10%、8%。点缀牡丹花色，色彩比例为4%。

三、色彩搭配组合企划

服装色彩搭配是指两种以上的色彩组合在一起，使之产生新的视觉效果。狭义指上下装、内外装的搭配；广义上指上下装搭配、内外装搭配以及服饰配件的搭配。

目前，完备的色彩体系研究成果为企业选色、配色提供了专业意见。许多企业采用美国Pantone的配色系统，利用成熟的色彩系统进行高效率的色彩开发和配色工作。色彩搭配受到不同因素的影响，如季节、目标顾客形象、面料种类、流行色预测等。做好色彩企划的前提是必须掌握色彩的基本原理以及色彩组合搭配的原则。并依据形式美的基本规则进行色彩企划，从色彩空间、比例、节奏、秩序等角度进行整体色彩的布局。总之，色彩搭配要保证整体色彩风格的统一。

（一）色彩搭配原理

1.有彩色系的组合搭配

（1）同类色组合搭配

同类色即相似色，具体指的是同一色相中色彩变化所形成的相似色彩。色彩的基调相同，但颜色的深浅、亮度、纯度都有变化。如黄色可细分为深黄、土黄、中黄、橙黄、淡黄、柠檬黄等，这几种色彩调和统一，统称为黄色系。通常这种两色或多色的配色组合都呈现出稳定和谐感。由于搭配方式不同，也会产生细微的差异，如色阶差小则调和感强。图4-15是Elie Saab 2013春夏款。这款服装的色彩为蓝色系，两种蓝色的深浅、亮度都产生变化，衬衫运用圣诞蓝，裤装为浅蓝色，整体色彩感觉清新柔和。

图4-15 同类色组合搭配

如色阶差大的配色，则较具活泼感。

（2）渐变色组合搭配

渐变色是柔和晕染开来的色彩，或从明到暗，或由深转浅，或是从一个色彩过渡到另一个色彩。无论是休闲风格服装还是浪漫风格服装，渐变色的运用都能创造出别样的效果，色彩组合变幻无穷、神秘浪漫。如图4-16所示，左侧这款Dior裙装的渐变色设计优雅浪漫，从黑到白的过渡色为紫灰色，在黑与白两色之间增添一份神秘而浪漫的色彩。右侧这款休闲风格的服装，渐变色衬衫搭配深色系的短裤，色彩自上而下由浅入深，在视觉上产生修身的视觉效果。

（3）近似色组合搭配

在色环上邻近的颜色可用作近似调和。如红色与黄色、绿色和蓝色互为邻近色。由于是相邻色系视觉反差不大，主要是靠其相互之间共有的色素来产生调和。近似色的色彩饱和度高，色阶清晰，可以形成协调的视觉韵律美，整体色彩显得稳重而成熟，如图4-17所示。

（4）补色组合搭配

两个在色环上完全相反的颜色被称为补色。红色和绿色、黄色和紫色、橙色与蓝色互为补色。补色的运用可以形成强烈的对比效果，如图4-18所示。

（5）间色组合搭配

间色又称“二次色”，是三原色的任意两色混合而成。如红色与黄色调配成橙色，黄色与蓝色调调配为绿色，红色与蓝色调合出紫色。橙、绿、紫这三种颜色是间色。两种原色调配的比例不同，随之产生丰富的间色变化。如图4-19所示，紫色条纹衫搭配绿色紧身裤，整体色调活泼，对比强烈。

图4-16　渐变色组合搭配

图4-17　近似色组合搭配

图4-18　补色组合搭配

（6）复色组合搭配

复色也称为复合色，是由某原色与某间色相调合或是两种间色相调合而成的“三次色”。复色的纯度最低，含灰色成分，如蓝灰色、紫灰色、绿灰色等。复色包括了除原色和间色以外的所有色彩。在实际运用中，含灰色成分的复合色运用最为广泛。如图4-20所示，这款女装红褐色上衣搭配蓝灰色的裙子，这组色彩搭配均含有灰色成分，整体色调沉稳。

有彩色系的组合搭配极为丰富，色彩的对比与调和运用合理就能呈现和谐的美感。色彩对比能够加强视觉冲击力和感染力并使服装产生不同的层次感和空间感。主要有色相对比、明度对比和纯度对比。其中补色组合对比较强，间色组合对比度次之。而

图4-19 间色组合搭配

图4-20 复色组合搭配

图4-21 无彩色系的组合搭配

色彩调和可以形成和谐统一的搭配，同类色、渐变色、近似色都属于近似调和，明度与纯度的变化较为缓和，富有层次感。在间色、补色、复色的组合搭配中，当两色或多色搭配出现不协调时，可以通过改变色彩的明度或纯度以达到色彩调和的目的。

2.无彩色系的组合搭配

某些服装品牌通过经典的黑白搭配形成了独特的风格。无彩色系既可以作为单独的色彩出现，也可以通过灰色的变化形成不同的搭配层次，还可以通过上下装黑白两色形成鲜明的对比，如图4-21所示。

3.有彩色系与无彩色系的组合搭配

无彩色系与任何有彩色系搭配都能达到调和的效果。在服装配色上，一般以无彩色系为主色，有彩色系作为点缀色，能使整体服装产生强烈的视觉冲击效果。由于无彩色系属于中性色彩，具有不偏向任何色彩的特性，也常被用作有彩色系搭配时的中间色或过渡色，如上衣与裙子的色彩互为补色，对比过于强烈，往往可以用一条黑、白或灰色的腰带来连接两个色彩，缓和两色对立所产生的不协调感和生硬感。无彩色系可以搭配各种不同色相的有彩色系，并能形成协调感，如图4-22所示。

图4-22 有彩色系与无彩色系的组合搭配

（二）色彩搭配企划

色彩搭配企划是按照每季的色彩主题，通过运用色彩搭配原理，具体企划服装品类的色彩搭配方式。服装品牌通常从两个角度进行色彩搭配企划。一个角度是以单品开发为主的横向系列色彩搭配，另一角度是以系列化品类开发为主的纵向系列色彩搭配。两者在进行色彩搭配时都以色彩搭配原理为准则，根据服装产品的开发形式进行合理地搭配，组合

的关键是对不同视觉感受的色彩进行和谐地组合，以形成预期的视觉效果，吸引顾客，促进商品的销售。

1.横向系列色彩搭配企划

横向系列色彩设计主要适用于单品的设计，它是指在同一个款式不变的情况下，通过改变配色方案来丰富产品，为消费者提供更多色彩选择。多色同款同面料是服装品牌运用最广泛的一种配色方式。一般潮流款选用1～3种色彩，所选用的流行色多于常用色；畅销款选用3～5种色彩，常用色多于流行色，或用色比例相同；常销款所采用的色彩较稳定，一般为2～4种色彩，色彩以常用色为主。以某品牌的畅销款衬衫与短裙的色彩搭配为例，说明横向系列色彩组合搭配的方式。如图4-23所示，这款衬衫以浅色系为主色调，整体色彩清新亮丽。衬衫运用了五种不同色彩，分别为白色、粉紫色、柠檬黄色、翡翠绿、藏青色。四款彩色系的衬衫，蝴蝶结与袖口均采用白色做搭配色。在这几种色彩中白色和藏青色为常用色，粉紫色为去年流行的色彩，柠檬黄色和翡翠绿色为今年的流行色，五种色彩的款数比例为白色：粉紫色：柠檬黄色：翡翠绿色：粉蓝色=2：2：3：3：1：2。五款颜色的衬衫可以搭配相似设计风格的短裙，短裙采用三种色彩：橘色、墨蓝色、墨黑色，三种色彩的款数比例为橘色：墨蓝色：墨黑色=2：3：4。在上下装搭配中，一般下装色彩比上装深，因为这种搭配方式给人稳定感，以及能够显瘦的视觉感受。横向系列色彩搭配时，主要运用以下几种的色彩搭配方式。

图4-23　横向系列色彩搭配企划

（1）有彩色系搭配组合

① 同类色搭配组合：粉蓝色衬衫（上装）+墨蓝色短裙（下装）。

② 近似色搭配组合：柠檬黄衬衫（上装）+橘色短裙（下装）；

翡翠绿色衬衫（上装）+墨蓝色短裙（下装）；

粉紫色衬衫（上装）+墨蓝色短裙（下装）。

③ 间色搭配组合：粉紫色衬衫（上装）+橘色短裙（下装）。

（2）无彩色系与有彩色系的搭配组合

① 白色衬衫（上装）+橘色、墨蓝色短裙（下装）。

② 粉紫色、柠檬黄色、翡翠绿色、粉蓝色衬衫+墨黑色短裙（下装）。

（3）无彩色系搭配组合

白色衬衫（上装）+墨黑色（下装）。

2.纵向系列色彩搭配企划

纵向系列色彩搭配企划是指对一个系列中不同款式的色彩进行组合搭配。综合运用色彩搭配原理进行配色，塑造服装里外、上下搭配的色彩层次感。图4-24为某女装品牌春季产品系列色彩搭配企划。这个系列的主题色为紫红色、天蓝色、橙色，搭配色为灰蓝色、黑色，点缀色为明黄色，服装整体配色比例为天蓝色：紫红色：橙色：灰蓝色：黑色：明黄色=30%：25%：20%：12%：8%：5%。单款服装运用了拼色设计，运用多种色彩搭配原理进行配色，色搭组合丰富。上下装色彩搭配组合方式主要有，有彩色系搭配组合（补色搭配组合、近似色对比搭配组合）、无彩色系与有彩色系搭配组合。

款式一：上下装采用近似色对比搭配组合方式，紫色与蓝色是类似色，明度较低因此搭配比较自然。而本款服装采用的色彩是紫红色，明度和纯度发生变化，紫红色与蓝色形成近似色对比，整体色调和谐。为了强化整体服装色彩的对比效果，细部色彩设计与整体色彩设计相呼应，因此在设计与搭配上紫红色衬衫的领部和袖口色彩为明黄色，衬衫做拼接设计，拼接色块为黑色，再搭配一条灰蓝色流苏腰带，鞋子为黑色与灰蓝色的坡跟鞋。

图4-24 纵向系列色彩搭配企划

款式二：上下装采用有彩色系与无彩色系的搭配组合方式，橙色套衫搭配灰白条纹的小脚裤，为使上下装呼应，裤子搭配一条橙色腰带，鞋子为黑色与灰蓝色的坡跟鞋。在局部色彩应用上，套衫采用了黑色与紫红色拼接的口袋设计，这与其他款式所运用的紫红色形成呼应。

款式三：上下装采用补色搭配组合方式，天蓝色与橙色互为补色，衬衫领部和袖口色彩为紫红色，衬衫拼接色为灰蓝色，裙子贴边为紫红色，鞋子为灰色与紫红色的坡跟鞋。

款式四：上下装采用与款式一相同的配色方法，紫红色与天蓝色的近似色对比搭配组合方式，衬衫口袋采用橙色与灰蓝色的拼接设计，裤装采用天蓝色与灰色的拼接设计，搭配一副蓝灰色手套，鞋子为灰蓝色的坡跟鞋。

纵向色彩搭配与横向色彩搭配相比更复杂，要考虑上下装、内外装、服装配饰的色彩搭配，还要考虑整体色彩与局部色彩组合的方式，使一个系列中各款式之间的色彩应用形成呼应。纵向色彩搭配的系列感、整体感较强，服装品牌可以选择一种适合本品牌产品色彩搭配企划的方式，灵活地运用各种色彩搭配原理进行服装色彩的搭配组合。总之，对服装色彩搭配方案进行细致的规划有利于产品的销售。

第四节 ● 服装面料企划

面料是制作服装的材料，它是塑造服装整体设计风格的三要素之一。在追求高品质、个性化的时代，服装品牌应该利用创造性的设计手段吸引消费者，但服装的色彩和款式比较容易被复制。那么，针对高感度的服装市场，面料开发成为设计产品的核心要素。新颖、独特的面料成为众多服装品牌突出设计风格的重要载体，既有别于同类品牌的设计，也能成为服装品牌的“标志”，如粗花呢面料就是香奈尔套装的经典面料。

服装面料企划是服装设计企划中最重要、最复杂的环节。服装的款式、色彩都必须依附在面料的基础之上才能得以实现。如不同面料运用同一种色彩，色彩会受到面料的质地、光泽、厚薄等因素的影响，其明度、纯度以至于色相也会发生变化。因此，服装企划师要根据专业知识与实践经验选择适合品牌风格的面料。服装面料企划应准确掌握面料的风格定位和消费者的需求，对新一季服装产品的面料进行细致的规划。

一、面料的选择与分类

（一）面料的分类

1.按照服装的织物原料分

以此分类，服装面料基本上分为三类：纤维类制品、裘革类制品以及其他特殊材质类制品。

纤维类制品分为天然纤维和化学纤维，其中天然纤维包括植物纤维和动物纤维两种。常见的植物纤维有棉、麻，动物纤维有丝、毛。化学纤维根据所用原料和加工方法的不同，主要分为再生纤维（人造纤维）和合成纤维。再生纤维中以黏胶纤维面料为主，是人工最早制造出来的纺织纤维，如人造丝、人造棉和人造毛呢等面料，现在还出现了回收再生环保纤维和再生蛋白质纤维。合成纤维其特点类似天然纤维材料，在视觉效果上可以乱真，但在手感、透气、吸湿、防静电等方面仍不如天然纤维面料，而天然纤维所不具备的易洗快干、不易褶皱、挺括牢固等特性则是合成纤维的优点。合成纤维常用于服装的有涤纶、腈纶、锦纶、氨纶等，其中涤纶常用作服装的里料。将棉、丝、毛等天然纤维与拉伸力强的弹性纤维（莱卡）混纺被广泛应用于面料的生产中，如牛仔面料、内衣面料等。随着科技的进步，化学纤维的加工技术不断发展，功能不断改进，也越来越注重环保性纤维制品的开发。

裘革类制品中，皮革制品多以牛皮、猪皮、马皮、羊皮等原料为主，毛皮制品多以狐狸毛、貂皮、貉皮等原料为主，毛皮的设计大都采用原料原有的色泽、外观、纹路，不进行其他特殊加工，充分展示材质本身所具有的原始美。

其他特殊材质类制品指的是不常用来作为服装材料的物品，如竹、木、石、骨、贝、金属等，在成衣设计中，一般多用在服装辅料或配饰中，达到丰富服装整体搭配的效果。也有设计师利用特殊材料用来展示自己的某种设计概念或风格。

2. 按加工方式分类

纤维类制品按加工方式的不同进行分类可分为机织（梭织）面料、针织面料、非织造面料。机织面料根据织物组织的特点分为平纹面料、斜纹面料和缎纹面料，广泛应用于各品类各季节的服装生产中。针织面料根据线圈结构的不同可分为经编织物和纬编织物。根据线圈的结构形态和相互间的排列方式，分为基本组织、变化组织和花色组织。针织物的弹性好，质地柔软，广泛应用于羊毛衫、针织衫、T恤、童装、瑜伽服、运动服等品类。非织造面料是由纺织纤维经黏合、熔合或其他机械、化学方法加工而成。

3. 根据面料的特殊功能来分类

高科技与创意的结合赋予了一些面料特殊的功能，符合现代人的着衣环境与需求。功能性面料采用特殊的原材料或经过特殊处理的纤维材料进行加工，如将陶瓷粉末作为红外剂添加到纤维中，使纤维产生红外线，可渗透于人体表皮，人体体感温度上升，达到保温保健的作用。特殊功能的面料主要有保健型面料、安全防护型面料、凉爽舒适型面料、保暖面料、智能型面料。常用于成衣设计的功能性面料有保暖型面料和凉爽舒适型面料，应用于保暖内衣、保暖衬衫，新型运动服、紧身裤袜等品类。

4. 按材料表面整理技术分类

表面整理技术包括各类印花（图案）、面料后整理加工、拼缝、珠饰、刺绣和其他装饰。面料在后整理加工中，通过化学或物理方法改善材料的外观、质感以及服用性能。主要有柔软型面料、褶皱面料、烂花面料、镂空面料、静电植绒面料、涂层面料等。其中印花技术比较丰富，有滚筒印花、数码印花、手工印花等，通过使用多种印花媒介，比如植绒印花、染料印花、凸纹印花等，实现面料图案、色彩和质地的变化。印花图案则多种多样，并形成不同的风格，有简洁的几何图案、民族风图案、抽象图案等。

（二）面料的选择依据

如何运用面料实现最好的设计效果，这是设计师开始设计工作时需要思考的重要问题。

通常设计师会在设计款式之前就确定面料的品种。面料的选择并不是单一地针对某个款式，而是通过面料的优化选择来统一产品的整体风格。设计师要从多方位多角度来考虑如何选择合适的面料，首先要符合品牌理念、风格形象、季节、目标消费群的接受能力、生产能力等因素，还要与不同品类服装的要求相适应。面料的选择过程不是程式化的，它既灵活又有一定的规律可循。面料的选择依据主要涉及以下几方面。

1. 适合性

面料的选择要符合服装品牌的理念、风格以及季节设计主题等的要求。在产品企划过程中，设计师要在各种各样的面料中筛选与本品牌服装风格相匹配的材料即根据品牌服装的风格以及季节主题挑选相匹配的面料，即使再漂亮的面料，如果与服装风格、主题不一致，那也必须舍弃。面料风格是设计师选择面辅料时考虑的关键因素，通常由其质地、手感、厚度、外观等方面体现出来，面料之间的可搭配性也是设计师考虑的重点。总之，面辅料的选择要保持面料风格与其服装设计风格、主题之间的统一。

2. 均衡性

面料的品种要均衡，无论是大批量生产还是小批量生产，任何款式的成衣在制作时都有定量的要求。因此在选择面料品种时，要把握适量适度这一原则。不宜选用过多面料品种，因为种类过多，成本相应会大幅度上升，面料性能的不同也会增加服装生产的难度，并使服装的风格难以统一，造成设计杂乱，服装品类间不易搭配。但是面料品种太少又会导致服装产品整体的丰富性降低。因此，要选择与品牌相符合的面料档次，品种均衡适度。

3. 功能与经济因素

面料具备一定的功能性和经济性要素，如穿着的舒适性、保暖性、可防护性、耐穿性、可洗涤性、可保管性以及面料的价格定位等。简单来说，面料的选择要符合服装品牌对面辅料功能与价格定位的要求。

4. 工艺因素

在面料选定之前，要对面料的性能以及应用在款式上的可实施性有充分的把握，尤其是进行特别工艺处理的局部，例如刺绣、褶裥、盘花或者水洗后处理等，要有一个合理的工艺顺序以便节省时间和制作成本。

二、面料风格的设定

随着科技的进步和加工工艺的发展，目前可用于制作面料的材料日新月异，不同材质的面料在造型风格上各具特征。面料风格是指织物经过加工处理后，面料表面呈现的光泽、质地、手感、悬垂性、量感、弹性等特殊的视觉与触觉效果。如质地可以通过视觉和触觉提升服装格调，质地优良的面料可以使服装的品质更高。因此服装面料是塑造服装风格的重要载体，不同的面料应用于同款同色的服装中会造就不同的风格。在企划过程中，设计师或企划师需要熟悉面料的各种特性及功能，具备敏锐的观察力，凭借丰富的经验对面料风格做出正确而客观的判断和归类，如图4-25所示。

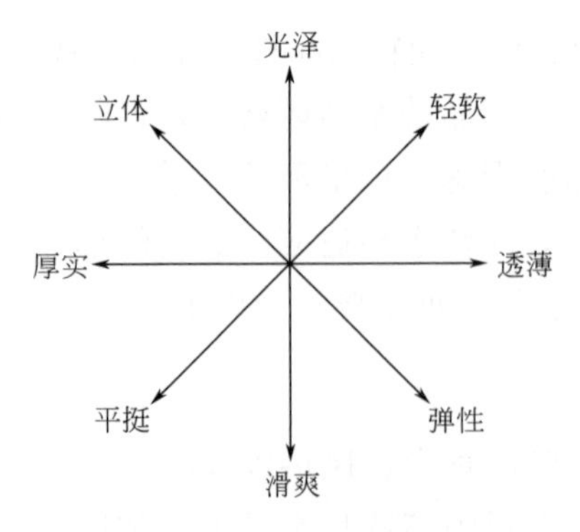

图4-25 面料风格评价图

1. 光泽感面料

光泽感面料指的是表面光滑并能反射出光芒，如丝绸、锦缎、仿真丝、皮革织物及带有闪光涂层的面料等。这类面料能产生膨胀感，有强调服装外轮廓的作用。塔夫绸、涂层织物等面料是经典风格常用的面料，如衬衫、连衣裙、防水风衣等；真丝缎、罗缎等面料是民族风格常用的面料，如旗袍；有光泽且质地柔软的丝绸等面料常用于浪漫风格和优雅风格的服装设计中，如礼服、裙装、衬衫等；而光泽感强，质地硬挺的面料，如涂层织物、漆皮等常用于现代风格与前卫风格的服装设计中，能够产生一种华丽醒目的强烈视觉效果。

2. 平挺型面料

平挺型面料纹理清晰有体量感，能形成挺括丰满的服装轮廓，给人以庄重稳定的印象。包括棉涤类、亚麻、灯芯绒以及各类中厚型的毛料、化纤织物、皮革面料。平挺型面料常用于中性风格、现代风格、经典风格、前卫风格的服装设计中，适合用来制作西服套装、大衣、夹克等服装品类。

3. 透薄型面料

该类面料质地轻薄，是夏季服装设计的首选面料。透薄型面料还具有优雅浪漫的艺术效果，如蝉翼纱、真丝纱、巴里纱、雪纺、沙罗、泡泡纱等，适用于浪漫风格与优雅风格服装的运用，如礼服、连衣裙、衬衫等；民族风格、前卫风格、经典风格中都会运用到透薄型面料。

4. 轻柔型面料

轻柔型面料是典型的春夏季常用面料，一般较为轻薄、悬垂性好，线条舒展自然。主要包括织物结构疏散的针织面料、丝绸面料以及软薄的棉麻面料等。现代风格、中性风格、优雅风格多运用轻柔型的面料，廓形上多见松散型和有褶裥效果的造型，表现面料线条的流动感。适用的服装品类有T恤、针织衫、衬衫、休闲裤、连衣裙等。

5. 弹性面料

弹性面料在运动服装和休闲服装中的运用比例比较高，针织面料、高弹梭织面料、莱卡面料等都具有弹性。柔软的针织面料在服装设计中常采用简练造型来体现人体优美曲线，良好的弹性符合人体运动机能需求，穿着舒适。

6. 立体型面料

立体型面料指的是表面有一定的纹理或肌理效果的面料，如褶皱织物、绉织物、凹凸织物等。浪漫风格和优雅风格的服装多采用纱类织物和绉织物，如泡泡纱、柳条麻纱、单绉、双绉等；中性风格和休闲风格主要采用卡其、灯芯绒等面料；现代风格中运用较多的是风织绉、毛圈织物；能够体现民族风格的立体型面料有棉锻、广绫、兰地葛。

7. 厚实型面料

厚实型面料是秋冬季采用的主要面料，其面料手感较厚，有温暖感。织物纤维多为棉、麻、毛，面料的纱线支数和密度高，还有有经过特殊植绒或磨毛处理的中厚面料，有粗花呢、麦尔登、天鹅绒等。经典风格、优雅风格、现代风格和休闲风格常用这一类型的面料，适用于大衣外套、风衣披肩等品类。

8. 滑爽型面料

滑爽型面料的特点是面料表面平整，手感清爽。适合不同风格的服装，多作为夏季服装面料。主要为丝、麻、涤纶、混纺面料以及经过特殊后整理的面料，有泡泡纱、凡立丁、雪纺、板司呢等，适用于连衣裙、西裤、衬衫等服装品类。

表4-3对各类服装风格与面料风格之间的关联性，以及与之相适应的服装品类进行了简单的总结。

表4-3 面料风格、服装风格与相适应服装品类

服装风格 / 面料外观	浪漫风格	优雅风格	中性风格	休闲风格	适用服装品类
光泽	纺绸 斜纹软绸 山东绸	塔夫绸 金银锦缎 缎纹织物			礼服、衬衫 连衣裙、 半身裙
平挺	塔夫绸	绉纹呢	麦尔登 克尔塞呢	牛仔布、直贡呢	外套、裤装
透薄	蝉翼纱 真丝纱 巴里纱	雪纺 蝉翼纱			礼服、女衬衫 连衣裙、短裙
轻柔	罗缎	雪纺绸	哔叽、凡立丁	针织布 棉麻织物	礼服、女衬衫 西裤、T恤 休闲外套 休闲衬衫/裤
弹性		针织布	弹力卡其 弹力劳动布 针织布	牛津布、针织布 弹力塔夫绸 锦纶织物	针织裙、牛仔裤、 针织衫、 运动服
立体	泡泡纱 单面绉 柳条麻纱	双绉	灯芯绒、双绉	绉纹呢 凸纹织物	礼服、衬衫 外套
厚实	天鹅绒	法兰绒、粗花呢	华达呢	绉纹呢	大衣、羊毛衫
滑爽	锻纹织物 雪纺	乔其纱 泡泡纱	派力司 凡立丁	凡立丁	连衣裙、西裤

续表

服装风格 面料外观	现代风格	民族风格	前卫风格	经典风格	适用服装品类
光泽	皮革织物	真丝缎、罗缎 山东绸	金银锦缎 涂层织物 漆皮	塔夫绸 高级府绸 尼丝纺	裙装、旗袍 礼服衬衫 风衣
平挺	卡其、粗帆布 华达呢	纬平针织物 蓝印花布	粗布、金属织物	卡其布	夹克、风衣 裤子
透薄		经面缎、玻璃纱	缎纹织物	泡泡纱、真丝绡	礼服、纱丽 衬衫、裙装
轻柔	交织麻织物	天香绢	蝉翼纱	哔叽	衬衫、裤装 礼服、中山装
弹性	法兰绒 棉平绒	纬编织物	牛津布	牛津布	牛仔裤、泳装 针织衫、弹力裤
立体	风织绉 毛圈织物	棉锻、广绫 兰地葛	褶皱织物	灯芯绒 卡其、哔叽	连衣裙、衬衫 休闲西服 夹克、毛衫
厚实	精纺毛料 采芝绫	苔条绒 乔其丝绒	麦尔登	粗花呢、天鹅绒 麦尔登、长毛绒	大衣西服 外套、羊毛衫
滑爽	罗缎、杭纺 厚府绸	夏布 香云纱	印度细布 粗布	缎纹织物 薄花呢、板司呢	衬衫、裙装 裤装

三、面料再造设计手法企划

一般高级定制品牌和创意设计品牌还通过面料再造设计开发新面料以突出品牌的原创性。面料再造设计主要借助传统手工艺和现代科技手段实现面料的再创造，形成较强的视觉冲击力。面料再造主要有以下几种设计手法。

1.印染法

印染法是最常用的一种面料设计手法，它已经从传统的手工艺印染，如蜡染、扎染等拓展到使用电脑喷印、数码印花等现代科技手段，实现了图案、色彩、质地的变化。图案纹样的丰富变化可以给服装设计带来别样的风貌，利用当季流行主题如花卉图案、民族风格图案、几何图案等印染到服装上会对服装整体风格产生影响（图4-26）。

2.镂空法

镂空法是对面料进行破坏的一种面料设计方法，运用抽丝、挖空、切割等方法使面料形成不同的层次感和亦实亦虚的效果。不同特性的面料可以采用不同的手法来达到镂空效果。如皮革类、较厚的面料可以采用机器切割或雕花；织物结构紧密不脱丝的薄面料，可以直接采用挖空法或机器切割法，也可以选用烧花和撕扯的方法，薄面料在使用机器切割法时，还需要垫一块衬料，增加厚度和强度，避免出现破洞；织物结构松散、易脱丝的面料可以采用烧花或抽丝的方法（图4-27）。

图4-26　印染法

图4-27　镂空法

图4-28　编织法

3. 编织法

编织法是指通过手工或机器编织形成有特别质感和纹理的面料，产生独特的外观。编织法是以不同质感的线、绳、皮条、带、装饰花边等，用钩织或编结等手段制作各种极富创意的面料，形成凸凹、交错、连续、对比的视觉效果，如图4-28所示。

4. 刺绣、珠绣法

运用刺绣、珠绣等工艺，改变面料的外观形态，形成不同肌理和色彩效果以及有特色的花纹或图案，具有很强的装饰效果。刺绣是利用各种传统手工针法的造型特点，在面料上绣出丰富的图案纹样；珠绣则是利用不同形状、材质、色彩的珠子或珠片按照一定的顺序组合起来，形成独特而华丽的立体效果，如图4-29所示。

5.软雕塑法

又称浮雕法，是指通过特殊的工艺手段使面料表面形成具有立体肌理的装饰效果。通过压褶、抽褶、堆叠等方法直接改变面料的肌理，结合服装的款式设计，可以营造出较强的立体效果和视觉冲击力，如图4-30所示。另外，还可以通过不同材质的贴布片、贴花、贴绳等缝贴方式，在面料上制作出各种肌理效果，如图4-31所示。

图4-29 刺绣与珠绣法

图4-30 三宅一生的面料褶皱设计

图4-31 软雕塑法

四、每季面料开发企划

服装品牌的面料开发企划主要分为春夏和秋冬两季。要根据季节主题、服装品牌风格特点等内容选择合适的面料，并设定面料适用的款式类型及款数。

在进行面料企划时，整体面料风格符合品牌的设计风格，面料种类适中，印花图案与服装风格、主题、色彩一致。首先，面料主题的设定要考虑的是最新面料流行趋势、热销面料的品种与特征、服装品牌的风格、面料的风格、季节等因素。也就是说要准确把握面料性能和特征，使面料性能在服装设计中充分发挥作用以外，还应该根据服装流行趋势变化，独创性地进行面料组合，使服装更具新意。其次，面料搭配方面，一个系列应形成统一的搭配方式，这种搭配方式要将每种面料的特性都发挥得淋漓尽致，主次分明。最后，面料图案的组合搭配要合理，包括图案在服装中应用的比例、大小、色彩，要符合服装整体统一的要求，图案纹样起到烘托服装主题，装饰服装的效果。

以某女装品牌春季面料企划为例，该女装品牌春季面料主题为“复古时代”，面料整体风格轻柔，结合A型、X型的廓型，和谐雅致的色调，素雅的复古印花纹样，无不彰显出品牌所推崇的优雅风格。该品牌一共选用四种面料，其中热销面料占40%为丝棉混纺的素色和复古印花雪纺面料，10%是流行的复古纹样弹性针织面料，30%是经典的亚麻布面料，20%是素色和复古印花塔夫绸面料。主要服装品类有衬衫、连衣裙、短裙、外套、长裤、短裤、紧身裤。在表4-4中涵盖了该女装品牌的春季面料主题企划的内容，还对所选面料的特征进行分析，并对其所适用的款式、色彩进行具体企划，并列举详细的面料企划步骤和内容。

表4-4　某女装品牌春季面料企划表

面料主题：复古时代	面料风格、主要种类以及比例
 “复古时代”的服装采用传统印花图案的面料，图案风格与款式、色彩相协调，整体设计优雅	面料风格的特点是轻柔、有光泽感 主要有四种面料： 适合优雅风格的丝棉混纺的塔夫绸面料（印花、素色）20% 雪纺面料（印花、素色）40% 经过特殊后整理的亚麻布30% 有弹性的混纺针织面料10%

续表

面料主题：复古时代	面料风格、主要种类以及比例
色彩基调 整体色调较和谐雅致，低调的墨绿色搭配经典白底粉色印花，深蓝色搭配亮丽的复古印花 款式廓型 以A型、X型为主，裙装、外套均采用收腰设计，体现女性的曲线美	主要品类：衬衫、连衣裙、短裙、外套、长裤、短裤、紧身裤  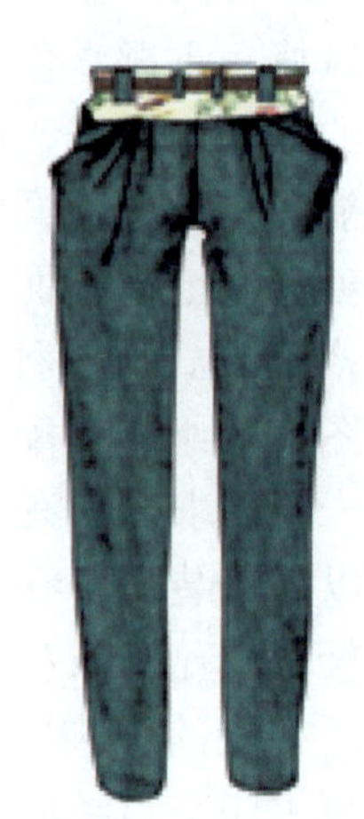
面料特征分析	**适用款式、款数设定（总款数23款）**
梭织面料1：塔夫绸（复古印花、素色），丝棉质地，有光泽感 面料成分：40%棉、60%丝 里料成分：100%涤纶 色彩：墨绿色、白色、深蓝色（素色） 图案： 	适用款式：外套（翻领3款、无领2款、翻立领2款）    说明：局部素色雪纺采用三种不同色彩进行组合搭配

续表

<table>
<tr><th>面料特征分析</th><th>适用款式、款数设定（总款数23款）</th></tr>
<tr><td>梭织面料2：复古印花雪纺面料、素色雪纺面料，丝棉质地，手感柔和
面料成分：28%棉、72%丝
裙子、短裤里料成分：20%棉、80%涤纶
色彩：深蓝色、墨绿色（素色）

图案：

说明：两组图案进行组合搭配应用</td><td>适用款式：衬衫（3款）、连身裙（4款）、短裤（3款）、短裙（2款）

说明：局部素色雪纺采用三种不同色彩进行组合搭配</td></tr>
<tr><td>梭织面料3：亚麻布，经过特殊后整理，面料质地柔软
面料成分：80%亚麻、20%粘胶纤维
色彩：墨绿色、深蓝色
</td><td>适合款式：长裤（墨绿色1款、深蓝色1款）</td></tr>
<tr><td>针织面料：复古纹样弹性混纺面料，手感轻柔
面料成分：70%棉、20%锦纶、10%氨纶
色彩图案：
</td><td>适用款式：紧身裤（灰蓝色1款、黄灰色1款）
</td></tr>
</table>

思考题

1. 设计主题企划的依据是什么?
2. 款式系列设计企划的原则是什么?
3. 面料的选择依据及其与服装风格之间的关系是什么?

实践训练

针对某服装品牌对其某一季度的产品进行设计企划,以小组形式对该品牌的风格与理念、流行趋势等因素做分析和讨论。根据服装新潮品、常销品、畅销品设定三个主题,并制定相应的款式、色彩、面料企划方案。

第五章 品类管理企划

时装是流行产品，必然会进入快速消费品行列，ZARA、GAP、H&M是欧美国家经典的快速时尚产品的成功案例，对于国内服装企业，我们如何寻找自己生存的空间，形成适合自身特点的经营方式，让企业能快速地发展并且取得成功呢？快速消费品必须要做的一件事情是通过调研与分析，在市场销售过程中发现消费者的需求，并且把这种需求的单一品类最大化，以最快的速度反映到市场中，获得最大的利润，即把库存和流通的环节成本降到最低，使企业实现当季利润的最大化。

我国服饰市场全面开放以后，服装业面临更大范围、更深层次的世界市场竞争。与国际接轨的经济新形势要求服装品牌必须以标准化、科学化的商品企划作为竞争装备。如何让商品获得满意的市场效果，如何制定有特色的商品营销策略，如何全面提升终端商铺的效益，如何进行终端商品的快速运转，解决这些问题需要对商品进行品类管理企划。

第一节 品类管理

一、品类

（一）品类的界定

品类是满足消费者在某一场合穿着的可以相互联系或替代的产品。美国ECR（高效消费者响应）理念将品类定义为“一组独特的、易于管理的产品或服务，在满足客户需求方面被客户认为相互联系的或可替代的”。在服装领域，品类是进行服装细分化时的重要区分单元。

（二）品类组合

品类组合（category mix）指一个特定销售者售与购买者的一组产品，它包括所有产品线和产品项目。品类组合包括以下两个概念。

1.产品线

同一产品种类中密切相关的产品，以类似方式起作用，或出售给相同的顾客群，或通过同类型的销售网点出售，或在一定的幅度内作价格变动。

2.产品项目

一个品牌或产品线内的明确单位，可以根据尺寸、价格、外形或其他属性加以区分。服装的品类组合包括品类的数量组合、款式组合、色彩组合、规格组合、面料组合、图案组合、价格组合等组合方式，企业应根据不同品牌定位、设计风格、文化内涵等进行品类的组合分类。

以某商务休闲男装品牌为例，其款式品类组合，其风格是将正装功能和休闲风格和谐地融于一体，大方而有亲和力，注重设计细节，具有流行元素，并保持端正和严谨，其品类构成见表5-1。

表5-1 商务休闲男装品牌品类构成实例

序号	一级品类	二级品类	序号	一级品类	二级品类
1	衬衫类	长袖衬衫、短袖衬衫	7	皮装类	真皮服装、仿皮服装
2	T恤类	长袖T恤、短长袖T恤	8	棉衣类	长棉衣、短棉衣
3	背心类	针织背心、梭织背心	9	大衣类	长大衣、短大衣
4	毛衣类	精纺毛衣、粗纺毛衣	10	风衣类	长风衣、短风衣
5	夹克类	厚夹克、薄夹克	11	裤装类	薄裤子、厚裤子
6	西服类	薄西装、厚西装	12	配件类	皮带、领带等

3.组合宽度

以某商务休闲男装品牌为例，组合宽度表现为拥有类别的多少，即品牌拥有多少条不同类别的产品线，如表5-2所示，该品牌组合的宽度包括衬衫系列、T恤系列、背心系列、毛衣系列、夹克系列、配件系列6大类。

表5-2 商务休闲男装品牌品类组合实例

序号	宽度	组合深度
1	衬衫系列	A1短袖：A11短袖翻领 A12短袖立领 A2短袖：A21短袖翻领 A22短袖立领
2	T恤系列	B1短袖：B11短袖翻领 B12短袖立领 B2短袖：B21短袖翻领 B22短袖立领
3	背心系列	C1套衫：C11套衫翻 C12套衫连帽 C13套衫无领 C2开襟：C21开襟翻领 C22开襟连帽 C23开襟翻领
4	毛衣系列	D1精纺：D11套衫 D12开襟 D2粗纺：D21套衫 D22开襟
5	夹克系列	E1厚款：E11翻领 E12连帽 E13关门领 E14无领 E2薄款：E21翻领 E22连帽 E23关门领 E24无领
6	配件系列	F1领带 F2鞋类 F3皮带 F4包类 F5围巾 F6手套 F7帽子 F8袜子

4. 组合深度

以某商务休闲男装品牌为例，组合深度是指每条产品线上有多少个不同的产品项目。在一条产品线上，产品项目越多，款式、尺码、面料越多，其组合深度就越深；反之组合深度就较浅。如表5-2所示夹克系列中，有厚夹克和薄夹克两个大类，每个大类各4种领型，在不考虑面料差别的情况下，假设每个类别各有5个尺码，那么夹克的组合深度就是2×4×5＝40。

5. 组合关联性

品类组合关联性是指企业品类组合中的各个品类在生产条件、最终用途、目标市场、销售方式以及其他方面相互联系的程度。

6. 品类组合优势

多品类组合经营与单一品类经营相比，具有增强品牌形象、分散经营风险、品类间取长补短以顺应市场需求、占领更多市场份额、增强企业综合竞争力等优势。虽然品牌的众多品类中并不是每个品类都能赢利，但合理、优化的品类组合能使品类形成一个整体，每个品类都能发挥极致的作用，从而使品类组合的整体功能比孤立的单一品类效果更强。

（三）我国服装品类组合的发展

服装的品类组合随着卖场的发展而演变。根据卖场的发展，服装的品类组合分为四个阶段，如图5-1所示。

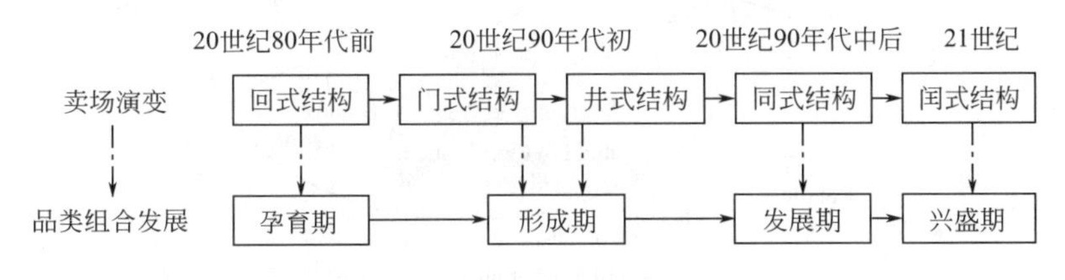

图5-1　卖场演变与品类组合发展

1. 第一阶段：品类组合孕育期

20世纪80年代以前，服装零售卖场的基本形式是以封闭式货柜为主的回式结构。零售卖场面积较小，品牌风格不鲜明，基本没有涉及品类的系列组合。

2. 第二阶段：品类组合形成期

20世纪80年代末和90年代初，卖场改造为用“龙门架＋陈列柜”的“井式”卖场，作为推销服装的基本手段，消费者可以自由地选购喜爱的服装商品。简单的品类组合形成并开始流行，但是重点在于色彩的搭配组合方面。

3. 第三阶段：品类组合发展期

20世纪90年代中后期，国内的服装市场出现了专营店和服装专卖店，服装的品类组合也得到了初步的发展。营销者在新品上市时将相关的服装品类进行简单组合，为了吸引消费者，将上衣、裤子、鞋子、帽子等搭配销售。

4.第四阶段：品类组合兴盛期

2000年是服装零售卖场重要转型期，大卖场也相继出现，品牌卖场由“闰式”结构取代了“同式”结构。21世纪以来，品类组合受到了越来越多服装企业的重视。卖场通常展示能够最大限度地吸引消费者的品类组合。

二、品类管理

（一）品类管理的定义

品类管理（Category management，简称CM）是20世纪90年代美国和欧洲快速消费品制造业和零售业中得到普遍发展与应用的一种业务发展战略和管理方法。在了解和把握消费者需求的基础上，把商品品类作为战略经营单位，通过分析有效的销售数据及市场动向，寻求适合自身品牌的经营方法。品类管理的目的在于提高效率，改善供应商与零售终端与消费者的关系，最终提高消费者价值取得竞争优势。依据Best Practices Definition的定义，品类管理（Category Management，CM）是“分销商和供应商合作，将品类视为策略性事业单位来经营的过程，通过创造商品中消费者价值来获得更佳的经营绩效”，其概念如图5-2所示。

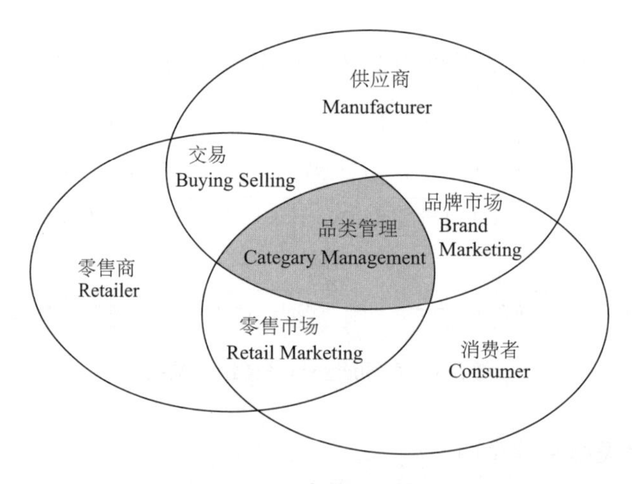

图5-2 品类管理概念图

品类管理依据企业目标、不断变化的市场环境和消费者行为，对商品品类中零售组合的价格、货架区商品战略、促销力量以及其他组成部分同时管理。在传统的商业活动中，品牌为供应商的经营核心，所有的经营活动都以品牌营销为主，包括商品的开发、定价到促销活动等，以及销售状况分析及市场调查；零售商的经营则是以其店铺的销售情况来决定商品组合及陈列摆设的调整。因此，供应商及零售商都以品牌及店铺为中心来决定其经营策略，在收集产品信息时难免会有所遗漏。而品类管理则为零售商和供应商提供另一个经营方向，通过品类管理主导经营活动就要求零售商和供应商密切合作，以追求更高利益的双赢局面。

在品类管理的经营模式下，零售商通过POS系统掌握消费者的购物情况，而由供应商收集消费者对于商品的需求，并加以分析消费者对品类的购买情况及潜在需求后，再共同制定品类目标，如商品组合、存货管理、新商品开发及促销活动等。目前，品类管理多半是由具领导能力的供应商辅导零售商共同执行，初步规划以货架管理为主，通过POS信息及计算机分析每个货架上摆设产品的销售数量及成本，通过分析所得的数据判断此产品是否需要增加或减少上架空间。同时通过货架管理确定每家商店适当的库存量及安全存量，且在一定时间之后即可获得成长率及固定销售量等信息，再将卖场销售数据回传给供应商，有效反应到制造商，适量控制生产与制造，以减少库存量及库存天数等。

（二）品类管理的步骤

品类管理主要包括8个步骤，即品类定位、品类角色、品类评估、品类评分表、品类策略、品类战术、品类计划实施和品类回顾，如图5-3所示。

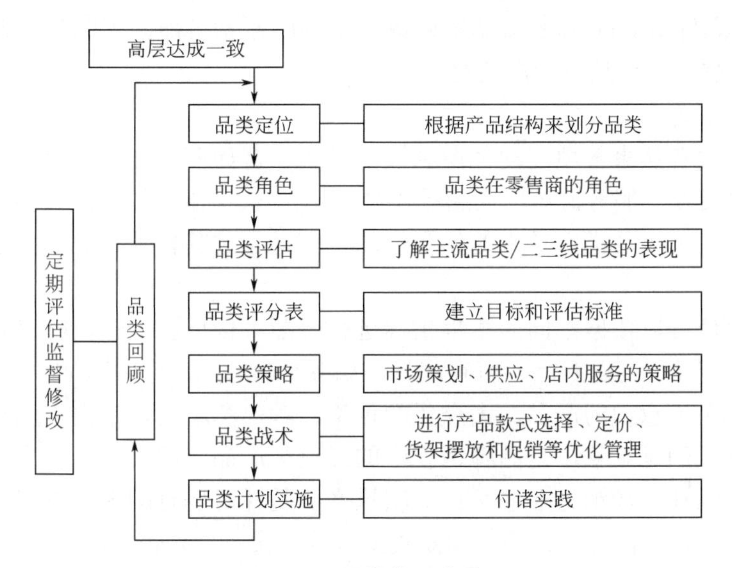

图5-3　品类管理步骤

1.品类定位

品类定位是品类管理的基础，通常依据消费者需求来划分服装产品的品类定位。按服装基础产品类别可分为上衣、衬衫、短裤、睡衣等；按穿着组合可分为内衣、外套、裙、裤、套装等；按穿着状态可分为商务、通勤、休闲、街头、运动等。如太平鸟旗下有COLLECTION，JEANS，TREND，乐町四个极具风格的品类系列，反映职业休闲、日常休闲、时尚休闲、街头个性的不同风格。

2.品类角色

定义品类角色时，需考虑品类对零售终端的重要性，对目标购物群的重要性以及对品类发展的重要性。跨品类分析工具（SFR model）帮助确定品类对目标购物群的重要性，它汇总了不同购物群在不同品类的购物频率，消费金额等数据。不同的品类因为其品类角色的不同，应采取不同的品类战术。

（1）常规性品类

消费者于日常生活中或因习惯使然而会购买的商品，如报纸、杂志、饮料等。通常这类产品每家商店都有贩卖，因此消费者并不会非到特定的商店去购买，只是经常购买该类商品而已。

（2）目标性品类

本类商品具有吸引消费者消费的特性，而且该品类是该商店与众不同的卖点，消费者会为了购买这项商品而专程前来购买。假若该商品仅有特定商店贩卖，则消费者要买该商品，势必要到这些特定商店，此类商品即为目标性品类。

（3）偶发性品类

该品类商品主要是满足消费者在偶发状况下所引发的需求。譬如一般商店所提供的轻巧雨具等商品，便是偶发性品类商品。

（4）节庆性品类

为特定节日或活动所摆设的商品。譬如节日促销活动中，常可看到消费满5000元，再加500元即可得到价值1000元的赠品等标语，卖场中原本可能并无陈列该赠品品项，但在促销活动中便会陈列该商品以刺激消费。

（5）便利性品类

具有增进消费者从事某项活动之便利性的品类。譬如便利商店会提供影印、传真、代收停车费、代收货款等服务，统一商超提供DHL国际快递服务等。虽然该品类的单价可能偏高，但消费者认为该品类所带来的便利性的价值远超过其售价，故愿意以较高的价格购买该类商品。

服装品类角色可以依据不同的衡量指标进行分配。依据波士顿矩阵可将服装产品分为金牛产品、明星产品、问题产品、瘦狗产品，如图5-4所示。金牛产品是针对现有顾客的喜好开发、有品牌主流意识的产品，大众化的价格、颜色和款式，是去年同季或历史销售业绩表现良好的商品的延续款，是品牌销售中的经典类产品，同类商品历史销售中金额占总额的50%左右，预计市场销售业绩平稳；明星产品是针对现有顾客的喜好开发的带有新意的产品，具有潮流感，在价格、颜色和款式上有特色卖点，是带有流行元素的基本款商品，在历史销售中金额占总额的35%左右，预计业绩会有上升趋势；问题产品是设计感强的独特创新产品，与已有的设计产品有所不同，是品牌终端销售中的新品，评价不一，毁誉参半，预计市场销售有上升趋势，预计销售金额占总额的15%左右；瘦狗产品是为了吸引老化的顾客群，风格老化，在历史销售中业绩下滑的产品，销售金额只占同类产品的5%左右。

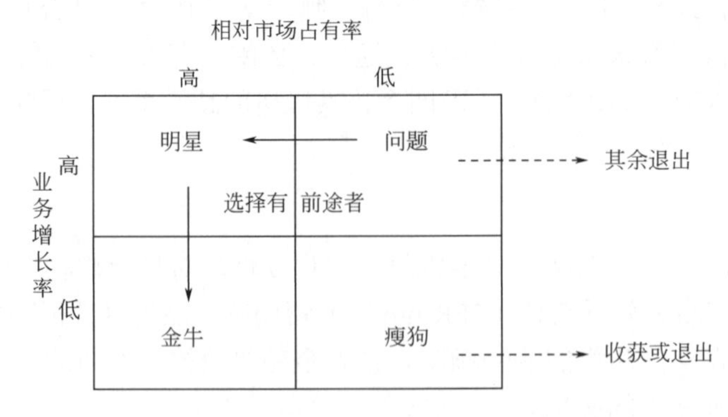

图5-4 波士顿矩阵

服装品类角色也可以根据商品组合的需要，将品类角色分为主题产品或时尚产品、畅销产品或推广产品、长销产品或基本产品。主题产品或时尚产品常作为陈列展示需要的对象，突出表现季节主题和设计理念，具有一定的时尚流行性，能吸引顾客停留进店，提升品牌形象；畅销产品或推广产品为上一季畅销商品加以改进，融合当季流行元素；长销产品或基本产品受流行趋势影响较小，具有稳定销售量，是每季都会开发的产品。

3.品类评估

品类管理实施之前，需要对商店和品类现状进行评估。品类管理实施后，需要对效果进行评估。评估不能只局限于销量、利润等财务指标，还需考虑库存、脱销、单位产出、人力投入等方面。因为品类管理涉及到滞销单品的淘汰、货架的重新分配等，评估必须有深度，需进行跨门店评估，跨年度评估。下列基本问题通常用来评估符合消费者需求的品类：哪些品类最受消费者喜爱？某品类购买的消费者是哪些人？实际的使用者是哪些人？何时购买？喜欢在哪里购买？消费者用什么方式购买？消费者为什么要买这些品类等。

透过市场调查或POS系统的数据搜集及分析，来判断某品类在消费者购买行为中所占的比例，以消费者导向为主来改进卖场商品陈列方式，进而提升整体销售能力。因此研究消费者行为也是品类管理中很重要的环节。

4.品类评分表

以往产品销售情况都是依据销售数量与销货毛利的方式来判断的，而在导入品类管理之后，品类管理提供了ABC成本分析、库存天数、缺货率、库存周转率及消费者满意度等几个进行评量的构成方面，丰富了内容评量及准确性。

品类评分表涉及的内容有商店总体情况（购买者，市场、产出效率、财务状况等）；品类状况（高效的产品组合及货架管理、高效的定价及促销、高效的新产品引进、高效的补货等）。

5.品类策略

透过上述步骤，可以明确找出哪些品类最受消费者喜爱，进一步决定要采用何种策略来提升该品类竞争力，例如增加顾客来店次数、吸引更多的顾客前来消费、增加消费者在店内时间、增加顾客在店内的消费额度、销售高毛利品类等。此外，若供货商及零售商能依消费者行为共同拟定品类策略，更能增强品类管理效果。

目前，不少零售商在制定商店策略和品类策略时存在如下一些误区。

① 目标客户群定义不清或不知道该吸引什么样的购物群。

② 策略不明确，易随竞争对手而改变。如某零售商开店已4年多，人流充足，收银台不盛重负。当附近一间新店开张并开通了载客穿梭车时，他也忍不住开通了穿梭巴士。其实，该商店此时的策略不在于增加客流量，而在于如何提高客单价或忠诚度。

③ 品类策略不能很好地支持商店策略。如某商店希望吸引月收入4000元以上的购物群，实际情况也确实如此。但分析其内裤品类时，却发现它吸引了大量的2000元左右收入的人群。也就是说，商店费很多精力吸引来的中高收入群却不在该商店买内裤。原因是该商店内裤品类的产品选择、陈列、促销都倾向于低档的或不知名的品牌。

6.品类战术

品类战术包括高效产品组合、高效货架管理、高效定价与促销、高效补货、高效新品引进等。

（1）高效产品组合

目的是增加产品的多样性，降低产品的重复性。所以在确定销售产品品种时，除了按销量、销售额和利润的综合指数进行80 ：20排名外，还需考虑产品细分的完整性（如产品功能，成人或儿童，价格带等），以及产品在整个市场的表现、是否新品等。市场调查公司或行业领先的供应商都可以提供市场份额数据，据此，零售商还可以引进市场上热销但本商店没有销售的产品，以补充产品的多样性。

（2）高效货架管理

货架是零售商的重要资源。除了储存商品，它还是零售商与顾客沟通的最直接手段。它向顾客传递零售商的价值取向，展示零售商的销售策略，指引品类的发展趋势，引导顾客的购买行为。

陈列商品时主要考虑以下问题。

① 品类角色。

② 品类相邻性。

③ 购买者的购买决策过程（买产品时考虑品牌、功能、价格等的先后次序）。

④ 公平货架原则（根据产品表现确定陈列面位）。

⑤ 品类发展趋势。

（3）高效定价与促销

零售商的价格在购物者心中的形象不单单是由价格这个数值决定的，而是价格优势、价格透明度和性能价格比综合作用的结果。不少零售商都会有这样的困惑 ：为什么我的产品价格大部分低于某大零售商，但购物者却认为竞争对手的价格更便宜呢？价格的透明度，价格信息的传递是否物有所值起着重要的作用。

因此定价需要注意以下几个方面。

① 聪明定价。用价格敏感的产品吸引客流，用价格不敏感的产品获取利润。

② 系统定价。根据品牌角色确定毛利率，而非一个品类一个毛利率。

③ 减少价格管理难度（线性定价）。进价一样的同品牌产品尽量统一定价。

高效的促销可以理解为在正确的时间，选择正确的单品，以正确的促销形式，配以适当的宣传，陈列在正确的地方。从促销单品的选择到促销单品在店内的陈列都应考虑品类的目标购物者及品类的策略。如果想吸引中高收入的购物群，就不能长期促销低档产品 ；如果想提高单价，就不能总促销小包装的产品。销量最高点并非一定发生在价格最低的时候 ；降价并非对所有的品种都适用，如对新品来说，店内演示和样品派发更加有效。

（4）高效补货

高效补货是对品类管理工作的有效保障，目标是控制店内的缺货率和库存天数。

（5）高效新品引进

高效新品引进是维持高效品种组合的要素之一，某些零售商优化完商品组合后又持续大量的引进新品，致使品种组合重新趋于混乱。

引进新品时需参考以下因素。

① 品类的角色。目标性品类需确保其多样性，但便利性品类只需销售主要品种。

② 产品特点（产品表现及新功能、性能价格比、消费者测试、盈利能力、销量潜力等）。

③ 市场支持（媒体投入、样品派发或消费者试用活动、消费者教育、公关活动或专业协会认可等）。

④ 店内推广活动（店内促销、店内演示/店内广告、助销、陈列基金等）。

⑤ 供应商（生产商近三个月店内销售业绩、该品牌或相关品牌近三个月店内销售业绩、生产商分销新品的能力、付款期等）。

7.品类计划实施

品类管理主要目的在于为消费者创造优质购物环境、提供给消费者更多样化的产品选择、能够通过有效管理增加销售业绩、维持零缺货，创造供货商、零售商与消费者三赢的局面。

从现代化商店管理的经验中发现，低成本并且能够提供多种类的商品十分重要。根据不同品类的产品对企业利润的贡献度或策略重要性，可将商品分类为最优选、满意选、较佳选与一般选四种，见表5-3。

表5-3　不同品类商品计划实施

品类	备货	上架	定价	采购
最优选	全方位	主架位/空间	领导价位	最频繁
满意选	多方位	一般架位/空间	具竞争力之价位	高频次
较佳选	依时机备货	人潮必经的地点	具竞争力/考虑季节性之价位	依时机采购
一般选	重点备货	如果还有空间	接近低价竞争	低频次

（1）最优选品类

该商品能持续令顾客有物超所值的感觉，企业的经营策略是要让顾客对该类商品产生需求时，一定会想到自己。

（2）满意选品类

该商品能持续令顾客有满意的感觉，企业的经营策略是要让顾客对该类商品产生需求时，会优先考虑到自己。

（3）较佳选品类

该商品能经常令顾客有不吃亏的感觉，企业的经营策略是要让顾客对该类商品产生需求时，会想到自己。

（4）一般选品类

该商品令顾客感觉还算合宜，企业的经营策略是要让顾对该类商品产生需求时，会考虑到自己。

8.品类回顾

通过消费者购买行为分析，从ABC成本分析、库存天数、缺货率、库存周转率以及消费者满意度等多方面对品类角色和品类指标等相关的经营计划进展情况进行不间断衡量和检查，才可以对经营计划进行适当地调整，从而有效地实行品类管理。

第二节 服装终端商品企划

终端是商品与消费者直接接触并实现交换价值的地方。服装终端的形式有零售卖场、商店专柜、连锁店、专卖店、超市等有形经营形式，还有直销、网上购物等非实地卖场的无形终端形式。随着服装零售业的发展，服装终端越来越向商品专业化、关联化、产品全面化、管理系统化方向发展。

一、服装终端商品企划流程

服装终端商品的企划是根据终端销售目标而做的具体计划。服装商品的季节性和流行性会造成终端大量的产品库存。因此，对每季商品售前进行订货组合、售中补货及陈列做好企划，能有效控制终端商品库存并提升终端的销售业绩。依据消费者的消费需求和消费习惯，服装终端表现为：商品齐色齐码，款式花色数量合适，大类小类比例合理，商品适应季节穿着需求，易于搭配，能够表达生活方式和品味，其流程如图5-5所示。

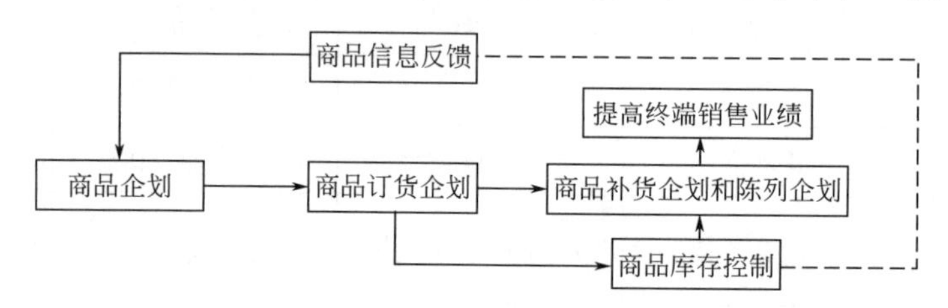

图5-5 服装终端商品企划流程

二、服装终端商品企划

服装商品企划按照服装商品组合的原则和营销方案，有计划、有比例、分波段将货品投放到终端市场，落实销售计划，并把控卖场库存。因为服装销售渠道和终端卖场的差异性，需要差异化的营销方案和商品组合方案。因此，商品企划首先要明确终端店铺的区域市场特性和消费者需求，在销售目标确定后再企划需求总量，然后计划具体的商品品类、品种结构比例、规格比例、款式配比等。根据销售周期和货品上货时间，对具体的销售量作分解、细化，配算订货、补货比例。同时要考虑淡旺季销售周期、黄金假日销售时间段，以及可预计的库存数量。依据季节性、销售周期性、需求量预测等因素提前制定每个季节核心的商品促销计划。

企业资源计划，即ERP（Enterprise Resource Planning）进入服装零售行业后，给服装终端经营带来了信息化、数据化的革命。利用数据分析，控制品类订货、补货数量，进行陈列调整，平衡库存数量变化，使得服装企业核心竞争力提高。

（一）服装商品订货企划

根据终端的销售指标、订货指标和终端陈列要求，参考历史销售数据，在满足需求的前提下测算所需类别和颜色数量，实施订货计划。

订货内容和流程如下。

① 确定订货量和订货指标。

② 在历史销售数据指导下，对预订服装品类进行预估和评价，确定品种构成比例、类别构成比例、大类小类构成比例等。

③ 进行等级评定和品类角色分配，筛选要订货的商品，下单。

④ 考虑系列服装内外搭配和上下装搭配，对小类的初步订单做适当调整。

⑤ 考虑节日性商品和促销单品，进行品类角色定位、波段类别、品种、颜色、尺码、价格等订货数量分析，多方位多角度进行货品调整。

⑥ 进行陈列组合企划，满足视觉效果要求。

（二）服装终端商品组合企划

1.服装商品组合

服装商品组合是指两种以上的服装品类组合成一个商品系列或某种风格。组合时以平衡、协调、统一为原则，组合不同款式、图案、材料、设计元素、色彩基调、工艺手法、结构特点的服装，塑造一种独特鲜明的形象。服装商品组合要注意商品的多样化、搭配性和系列感等，也要更深入地表达服装商品组合的内涵。首先，服装商品组合是个性化的标志，需依靠商品特点、经营能力和市场定位，因此改变服装组合方式，体现创造性和差异化。其次，服装商品组合将使每一个品类和品种的搭配都包含某种含义，是顾客的某种需求、服装流行的反映、优惠促销活动的营销宣传等。最后，服装商品组合的目的是追求增值，通过组合服装商品特色和特点集中为整体印象，是商品个性与品牌共性的有效融合，达到宣扬品牌风格的效果。

2.服装终端商品组合企划方法

服装终端商品组合企划要依据自身的经营策略、市场定位、顾客特性、竞争品牌和销售市场的特点及变化，选择产品进行组合。对陈列层面而言，服装终端商品组合是指终端陈列商品以整体搭配组合和商品系列化组合的有机组合方式。搭配组合需平衡货品内外、上下装的比例，便于搭配销售，达到“1+1>2”的效果。商品系列化组合需使不同款式的服装拥有共同的设计主题，通过外在环境和产品本身的相互协调呼应，提升产品的整体感，达到塑造品牌形象，促进销售，争取市场份额的目的，最终实现效益最大化。

（三）服装终端商品补货企划

1.服装终端商品的补货管理

服装终端商品的补货管理是增加销售量的关键，包括补货时机和补货数量的企划见表5-4。

表5-4　服装终端商品补货企划

适时	适量
是否可以满足顾客需求	不能因缺货而流失顾客
促销活动前是否需要备货	不能因过多而造成库存压货
周末和法定节假日是否有满足需求的备货量	满足陈列需求、出样展示的效果

2.服装终端商品销售分析

服装终端对销售数据在一周内取值两次分析比较合理，分阶段实时更新数据。服装销售分析需要纵向和横向多角度进行。根据不同终端运作需求，有单款情况汇总分析、类比销售比例分析、波段货品销售占比分析、系列销售占比分析、尺码销售比例分析、各陈列区域货品销售情况汇总表等。单款销售情况汇总表是销售分析表的总表如表5-5所示，参考取值公式如下：

款动率=销售天数 ÷ 上店天数

动销比=销售总量 ÷ 累计库存量

周库销比=现有库存 ÷ 本周销售量

单款搭配连带率=此款销售成交的销售总件数 ÷ 产生交易的次数

平均周销量=销售总量 ÷ 销售周数

表5-5　单款销售情况汇总表

款号	品类	类别	上外/上内/下装	颜色	累计库存	现有库存	上店天数	累计销售		销售天数	款动率	动销比	周库销比	平均周销量	本周销售		搭配连带率	品类角色1	预计销售周数	预计停止日期
								…	小计						周销量	周搭配连带率				
033	休闲	外套	外穿	深灰																
031	休闲	外套	外穿	黑色																
…	…	…	…	…																

利用数据进行分析时需注意以下几点。

（1）对比性分析

不能看单一数据而要进行对比分析。比如销售量高的商品，如动销比低，库销比高，不宜再补货。相反，看似销售不大的商品，动销比高，款动率高，可以进行适量补货。

（2）连续性分析

要连续观察数据才可发现规律，如销售进入高峰，销售衰退，都能连续反映在销售数据上。

（3）寻找深层原因

从多个方面研究数据，比如周销售上升时，而本周的搭配连带率是否有上升，可判断本周搭配组合销售是否到位。

（4）数据比较

要关注周末和节假日的销售数据，与历史数据进行比较。

3.服装商品补货企划

意大利经济学家维尔弗雷多·帕累托提出的A、B、C分类方法，是由20 ：80管理法则上演变而来的法则，20 ：80法则强调抓主要商品，A、B、C分类方法强调分清商品的主次关系如图5-6所示。即占销量20%的明星商品和或机会商品，销售利润却占80%，是A类商品；占销量40%～60%的明星商品和或客流商品，销售利润却占15%，是B类商品；占销量30%～40%的客流商品和或陈列产品，销售利润却占5%，是C类商品。参照A、B、C分类管理比例法，对服装商品进行补货企划，在进货的资金上倾斜。

图5-6 20 ∶ 80法则

周补货公式为：

周补货数量=铺货量+预估–周销售量+周转期件数（1周销量×周转期/7）

铺货量=陈列量+缓冲量

缓冲量指的是应对销售预测不准及突发事件的余量。较为精确的补货控制量通过销售数据核算历史同期同类别的合理控制量类别补货倍率，根据周销售指标，预测指标达成率和历史同期同类别的合理备货量控制值来测算完成指标需要的货品需求量，现有库存金额和完成指标需要的货币金额比值。原始类别比例是通过近两年同时期同类别产品销售数据占比，核算销售指标和销售增长值的基础上得出。补货时机选择动销比80%以上，补货范围最高值为1.25，如补货倍率为负值，说明终端不缺货。

案例

1.玩具反斗城的品类管理

1948年，查尔斯·拉扎勒斯（Charles Lazarus）抓住第二次世界大战后的婴儿潮的机会在华盛顿开设了第一家婴儿家具店。1957年，查尔斯·拉扎勒斯开设了第一家玩具大卖场，取名Toys“R”Us，名字正是用“Toys”加拉扎勒斯姓氏命名的。“R”之所以被反过来写是因为西方的小孩在学习写“R”的时候经常会反过来写，拉扎罗斯把这一童真注入了自己公司的品牌之中。

公司成立初期，玩具反斗城作为破坏力极强的“品类杀手”脱颖而出，百货商店的玩具部门和小型精品店最终被迫出局，因为它们无法提供价格适中而且品种丰富的玩具。玩具反斗城以具有吸引力的价格、选择种类多以及品质上乘为目标，营销策略非常成功。公司在美国玩具零售市场的份额不断攀升，于1995年达到22%，位居首位。

发展至今，玩具反斗城已成为全球最大的专业玩具零售商，全球1500多家玩具反斗城连锁店出售玩具、电子游戏和户外运动玩具，其中包括美国的689家玩具店，以及美国以外的526家玩具店（包括特许经营连锁店），148家小鬼反斗城（Kid“R”Us）

童装店，178家宝宝反斗城（Babies“R”Us）婴儿用品店和43家Imaginaries店。

“品类杀手”即一种大型的专业商店，是提供种类较窄但是分类较细的商品门店。品类杀手通过低价提供某些产品的全部分类，以致把这类商品“斩尽杀绝”，致使别的零售商家很难进行销售，因此也被称为单一品类零售商。玩具反斗城缩减产品的广度，只保留玩具类商品，并加大产品深度，供应品种繁多的玩具品种，焦点集中于有限顾客，却又具规模效应。品类杀手的杀伤力归结起来主要体现在“专业而丰富的商品种类”“极具诱惑力的低价”“优质的服务”和“个性化的购物”。由于品类杀手往往可以主导支配某类商品，所以可以利用强大的采购能力进行谈判获得较低的价格和优惠的条件以降低成本，并在商品缺货的时候获得供应保障。其特点在于门店内部可选择品种很多，而且价格相当低，消费者从四面八方慕名而来。

随着各大专业连锁店的迅速扩展，品类杀手之间的竞争越来越烈，这种竞争主要集中在价格竞争上，而且由于竞争者之间很难在其他的零售组合中脱颖而出，致使毛利下降。品类杀手店之间由于进货品牌相似，所以向顾客提供的产品分类也很相似，而且服务水平也旗鼓相当。为了应付不断激化的竞争，专业商店通过提高运营效率来降低成本，通过收购更小的连锁店来获得规模效益。

“品类杀手”是一种非常有效的市场竞争策略，优势不在于价格而在于“专”和“精”，能够为顾客提供更高的顾客价值。

2. ZARA：高效率背后的IT支点

西班牙知名快速时尚品牌ZARA以快速反应著称于流行服饰业界，其在全球40多个国家拥有近千家直销专卖店，并正以每周一家新店的速度向全球扩张。ZARA每年提供12000种不同的产品项目供顾客选择，从设计理念到成品上架仅需10几天……ZARA成功与创新的模式不仅成为业界的标杆，更成为欧美商学院著名的教学个案。

ZARA背后制胜秘诀何在？除了“产销研”协同、“垂直整合”的协作生产模式、“掌控最后一公里”的物流配送模式、“一站式”的购物环境之外，业务流程与信息化系统的结合成为ZARA业务绩效提升的主要驱动力。借助IT系统，ZARA独特的业务模式完美实现。

首先，高效IT≠高成本。ZARA的专卖店里没有个人计算机，只有POS（零售点管理系统）终端机;传送信息时，则以调制解调器拨号联机传回公司;ZARA公司的IT人员也很少。其次，技术方案要从内部开始。信息人员和财务人员一起讨论，了解公司需要什么，看看市场上有哪些解决方案，再参考外部专家的意见。再次，标准化是重点。在ZARA的仓库中，产品信息都是通用的、标准化的，这使得ZARA能快速、准确地准备设计，并给出清晰的生产指令。最后，流程与IT结合是关键。虽然ZARA卖的是不断改变的产品，但生意运作非常简单：每天传送销售数据、订货、一周两次运送等。

ZARA工作人员具有对业务和IT系统的双重熟练。会计信息化的基础也是业务的运营流程，需要从业务流程出发，判断财务会计、管理会计的关联点，并作进一步的会计确认、会计计量和会计报告的梳理。而不是从会计科目出发，反求业务的关联点，这也对会计人员对业务与IT的理解提出了更高的要求。

在业务层面，ZARA信息化系统应用的卓越性主要表现在四个方面：收集顾客需求的信息、将服装信息标准化、管理产品信息和库存以及分销管理，这几个方面都是ZARA业务模式的重要环节。

企业信息化并不需要全面开花，只需在满足业务关键需求的基础上，从核算、利润管理、内部控制等方面逐步推进，从而务实地、低成本地、有效地进行满足公司战略和业务发展的信息化的要求。

思考题

1. 服装品类管理的定义和作用是什么？
2. 以案例说明品牌品类管理的意义。
3. 品类管理对服装终端商品企划的作用和意义是什么？

实践训练

选择一个成功服装品牌进行服装品类企划分析，了解服装品牌品类企划工作内容，围绕其线上和线下品类企划特点，分析其成功的品类企划策略。

第六章 营销策略及市场调研

企业面对激烈变化、严峻挑战的环境，为求得长期生存和不断发展，需要制定符合自身实际的营销策略。市场营销策略是市场营销部门根据战略规划，在综合考虑外部市场机会及内部资源状况等因素的基础上，确定目标市场，选择相应的市场营销策略组合，并予以有效实施和控制的过程，包括产品策略、价格策略、营销渠道策略及促销策略等。

市场营销策略作为一种重要企业行为，其主旨是提高企业营销资源的利用效率，使企业资源的利用效率最大化。由于营销在企业经营中突出的战略地位，使其连同产品战略组合在一起，被称为企业的基本经营战略，它对保证企业总体战略的实施起着关键作用。而对处于激烈竞争中的企业而言，制定营销战略更显得迫切和必要。

市场营销策略具体分为选定目标市场和制订市场营销组合策略，以满足目标市场的需要。根据购买对象的不同，将顾客划分为若干种类，以某一类或几类顾客为目标，集中力量满足其需要，即确定目标市场。目标市场确定以后，就应当针对这一目标市场，制定出各项市场经营策略，以争取这些顾客。

第一节 营销策略

一、销售渠道

市场营销是企业多种职能活动中重要的一环，介于企业与市场之间，主要是通过对市场进行调研、分析和判断，发现对企业经营发展有影响的因素，然后引导企业以市场为导向来开展经营活动。以市场为导向、以满足顾客需要为中心来开展企业的经营活动，是在一定的市场环境条件下对企业经营活动普遍要求。

（一）销售渠道的定义

销售渠道亦称为分销渠道或流通渠道，是指将产品及所有权从生产者转移到消费者的所有活动的组织或个人。美国市场营销学权威专家菲利普·科特勒曾这样定义营销渠道：是指某种货物或劳务从生产者向消费者移动时，取得这种货物或劳务所有权或帮助转移其所有权的所有企业或个人。简单地说，营销渠道就是商品和服务从生产者向消费者转移过程中的具体通道或路径。

营销渠道是一系列相互依存的组织，这些组织可能是独立的，也可能有一定的产权关系。营销渠道中的每一个成员都依赖其他成员开展工作，每一个渠道成员在渠道中执行特定的功能。营销渠道运行的是一个过程，这个过程是使产品或服务能够顺利被消费的过程。营销渠道是生产企业的一项关键性战略资产，企业之间不再竞争，而是营销网络之间在竞争。

（二）销售渠道的构成

服装销售渠道涉及服装生产商、服装中间商、服装消费者三个部分。

（1）服装生产商

服装产品的生产企业。

（2）服装中间商

在销售渠道中协助生产企业实现最终销售而进行的批发或促进生产企业和零售企业发生间接买卖关系的商业组织或个人。

（3）服装消费者

消费者是销售渠道的最后一个环节，也是服装产品服务的对象。

服装商品的流通过程见图6-1。其中，服装中间商是连接生产商和消费者的纽带，它在平衡供给与需求的过程中，带动客户与企业的联系，在调节时间、空间、信息、价格等方面起着举足轻重的作用。中间商包括批发商、代理商、零售商等。

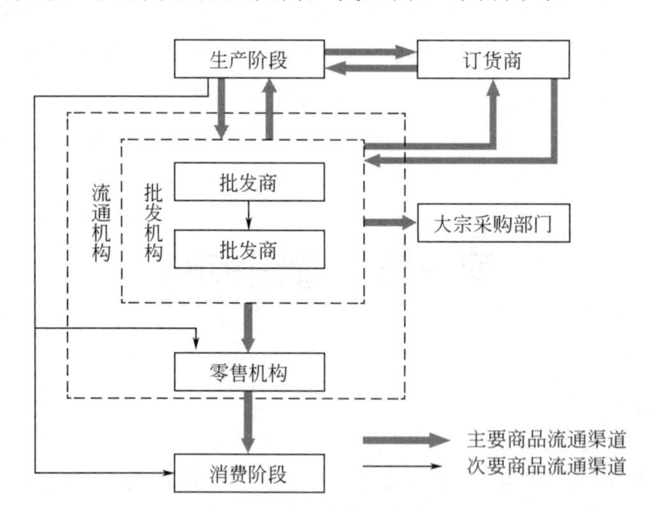

图6-1 服装商品的流通过程

（1）批发商

批发商是指向生产企业购进产品，然后转售给零售商、产业用户或各种非营利组织，不直接服务于个人消费者的商业机构，位于商品流通的中间环节。

（2）代理商

代理商没有商品所有权，只是促成交易，从中赚取佣金，是厂家给予商家一定额度佣金的经营行为。

（3）零售商

零售商是指将商品直接销售给最终消费者的中间商，是相对于生产者和批发商而言的，处于商品流通的最终阶段，直接为终端消费者服务。零售商的形式包括百货商场、专业商店、店中店商场、大型超市、自营店等。

（三）销售渠道的分类

营销渠道长短层次可以按照渠道级数进行划分。

1. 传统服装营销渠道

传统营销渠道系统由相互独立的制造商、批发商和零售商构成，由于对利益最大化的追求，渠道成员之间的协作水平相对较低，合作关系缺乏长期导向。由于渠道关系的解体与建立比较频繁，导致渠道系统的运行效率较低。

传统的服装产业的流通渠道组织常分为四类，如图6-2所示。

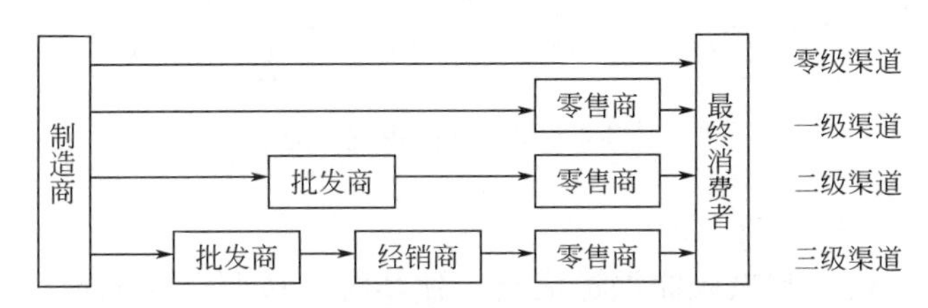

图6-2　服装营销渠道的基本形态

零级渠道也叫直接营销渠道，是由生产者直接销售给最终消费者。直接营销的主要方式是上门推销、展示会、邮购、电话营销、网络销售和制造商自设商店。一级渠道包括一个销售中间机构，如零售商。二级渠道包括两个中间机构，在消费者市场，它们一般是一个批发商和一个零售商。三级渠道包括三个中间机构。然而从生产者的观点看，渠道级数越高，获得最终用户信息和掌控消费者市场也就越困难。因此，零级、一级和二级营销渠道在工业营销渠道中颇为常见，其中人的服务价值相对较少。营销渠道传递的信息流、价值流、物流、资金流等如图6-3所示。

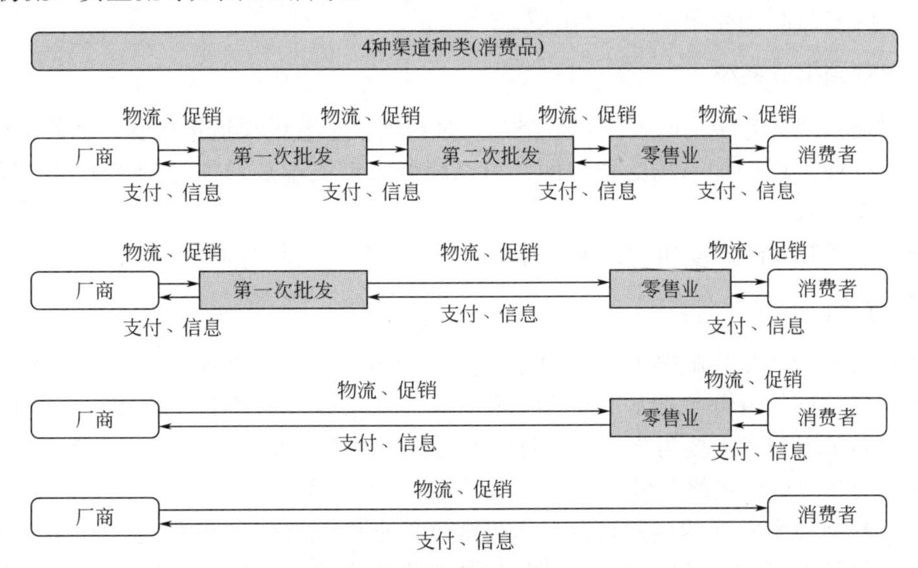

图6-3　不同渠道种类的传递方式

2. 垂直营销系统

垂直渠道系统是渠道协调的一种形式，是由生产制造商、批发商和零售商组成的一种统一的联合体，每个渠道成员都把自己看作是系统的一部分，关注整个系统的成功。

近年来服装产业的流通渠道开始相互协作，向着协同式企业集团的方向发展，以最大限度地满足消费者需求。一般由生产商、批发商和零售商组成的联合体，可以由其中任一部门支配管理。"整合营销"理念，要求企业必须加强内部各部门之间的协调以及与其他协同式企业的联合，以保证企业的总体目标得以顺利实现。

垂直营销系统形态如图6-4所示。

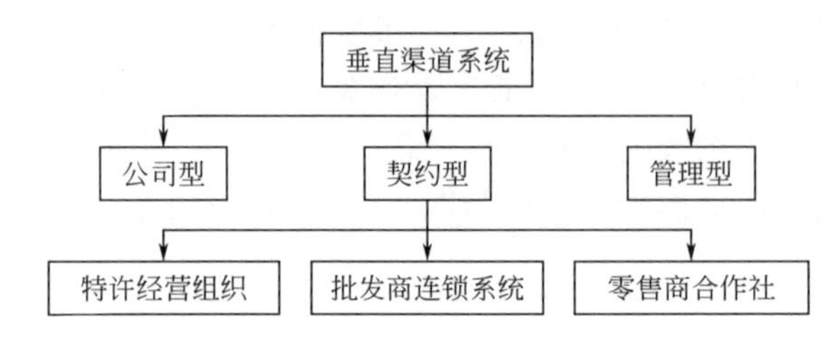

图6-4　垂直营销系统形态

（1）公司型垂直营销渠道系统

主导企业依靠股权机制来控制渠道成员，使其统一按照公司的计划目标和管理要求进行分销。

（2）契约型垂直营销渠道系统

在以契约为基础的垂直渠道系统中，具有独立地位的企业以正式的合同形式联系起来，组成一个联合体。如批发商创办的自愿连锁组织、零售商合作组织、特许经营组织。

（3）管理型垂直营销渠道系统

渠道的运转通过一家规模大、实力强的企业来组织管理，各个渠道成员之间没有产权关系。主导企业往往在促销、库存管理、定价、商品陈列等方面与渠道伙伴协商一致，或予以帮助指导，从而建立关系比较稳定、目标一致的协作关系。充当领导者的渠道成员一般为大型品牌商品制造商和实力强劲的零售商。

3. 复合营销渠道系统

复合渠道系统又为多渠道系统，是企业同时利用数条营销渠道销售其产品的渠道系统。

优势：企业可以增加市场的覆盖面；可以降低渠道成本；增加定制化销售的程度，从而可以提高渠道效力。

劣势：渠道管理的难度加大，窜货现象更容易发生，增加协调难度。

4. 网络营销

网络营销是企业整体战略的一个组成部分，是为实现企业总体经营目标所进行的，为基本手段营造上网经营环境的各种活动的总称。它主要是以网络技术为手段，以传统营销为基础，以满足消费者需要为前提的一种营销方式。主要包括网络调研、网络新产品开发、网络促销、网络分销、网络服务等。

随着互联网技术发展的成熟以及互联网成本的低廉，互联网将企业、团体、组织以及个人跨时空联结在一起，使得他们之间信息的交换变得简单。网络市场作为企业营销的对

象，它的规模、结构、行为习性等因素都会对企业的营销战略产生深远的影响。利用互联网的信息交互特点，网上直销市场得到大力发展。网络营销渠道可以分为如下两大类。

① 网络直销渠道，即网店系统或在线订购系统。

② 网络间接渠道，即专业门户或电子商务服务商。通过融入互联网技术后的中间商机构提供网络间接营销平台。传统中间商由于融合了互联网技术，大大提高了中间商的交易效率、专门化程度和规模经济效益。

（四）销售渠道的主要作用

销售渠道使产品从生产者转移到消费者的整个过程顺畅、高效，消除或缩小产品供应与消费需求之间在时间、地点、产品品种和数量上存在的差异，具有收集与传送信息、促销、接洽、组配、谈判、物流、风险承担和融资等功能。

① 商品促销和转售，即设计和传播有关商品的信息，鼓励消费者购买。

② 信息传递与反馈，即为生产商寻找、物色潜在买主并和买主进行沟通。

③ 实体分配，即储藏和运输产品。

④ 增加产品的价值与效用。

⑤ 有利于企业资金周转，以负担分销工作所需的部分费用或全部费用。

二、价格定位

价格因素是市场营销中最活跃、最敏感和最严谨的因素。服装品牌能在多大程度上占有市场，合适的价格设定是关键因素之一。价格对企业而言，是确保销售额增长和实现利润的关键，很大程度上决定了购买者是否能够接受这个产品，也决定了企业产品的市场份额和盈利率，直接影响产品和企业的形象，影响企业在市场中的竞争地位。价格过高，则销售有限；价格偏低，则利润单薄。因此必须制定最为合理的符合市场规律和品牌形象的产品销售价格。

（一）商品价格理论

服装价格是服装价值的货币表现，价格的定位和管理是企业市场营销组合的关键活动之一，其正确与否与企业活动的成败息息相关。

价格的制定与市场需求、产品成本及竞争产品价格等密切相关。在市场经济条件下，产品的最高价格取决于产品的市场需求，最低价格取决于产品的成本费用。企业设定产品的价格控制在最高价格和最低价格的幅度内，但还需综合考虑同类产品竞争者的价格定位。

营销心理学中有关价格的含义是指建立在消费者心理基础之上的各种商品价值的货币表现形式。需求价格弹性，简称为价格弹性或需求弹性，是指需求量对价格变动的反应程度，是需求量变化的百分比除以价格变化的百分比。需求量变化率对商品自身价格变化率反应程度的一种度量，等于需求变化率除以价格变化率。

$$价格弹性=销售量的变化幅度\div价格的变化幅度$$

价格弹性是数值，它表示在价格每变动一个单元的情况下所发生的销售量的变化，如图6-5所示。

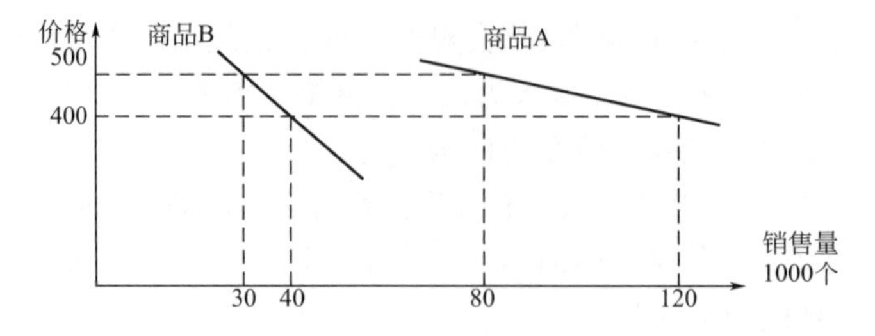

图6-5　价格需求弹性示例

商品A（在下调了100元的情况下的数值）

（120,000–80,000）÷（500–400）=400　弹性（400个/元）

销售额变化=弹性×下调幅度×新价格–销售量×下调幅度

400×100×400–80,000×100=+80,000元

商品B（在上调了100元的情况下的数值）

（40,000–30,000）÷（400–500）=–400弹性（–400个/元）

销售额变化=（销售数量+弹性×上调幅度）×新价格–销售数量×原价格

[40,000+（–100×100）]×500–40,000×400=–1,000,000元

1.需求富有弹性的商品需求价格弹性与总收益之间的关系

（1）商品价格下降对销售者的总收益变动的影响

如果某种商品的需求是富有弹性的，那么该商品的价格下降时，需求量（销售量）增加的比率大于价格下降的比率，销售者的总收益会增加。

（2）商品价格上升对销售者总收益变动的影响

如果某种商品的需求是富有弹性的，那么当该商品的价格上升时，需求量（销售量）减少的比率大于价格上升的比率，销售者的总收益会减少。

2.需求缺乏弹性的商品需求价格弹性与总收益的关系

（1）商品价格下降对销售者总收益变动的影响

对需求缺乏弹性的商品，当其价格下降时，需求量增加的比率小于价格下降的比率，销售者的总收益会减少。

（2）商品价格上升对销售者总收益的影响

如果某商品的需求是缺乏弹性的，那么当该商品的价格上升时，需求量减少的比率小于价格上升的比率，销售者的总收益增加。

3.影响需求价格弹性的因素

① 替代品的数量和相似程度。

② 商品的重要性。

③ 商品用途的多少。

④ 时间与需求价格弹性的大小。

4.商品价格的功能

① 衡量商品价值功能。

② 自我意识比拟功能。

③ 调节消费需求功能。

（二）价格种类及构成

1. 服装价格的构成要素

服装价格的构成要素主要包括：生产成本、流通费用、税收和利润。

（1）生产成本

生产成本是制定价格的基础，主要包括材料费、劳务费、制造经费等。材料费分为直接材料费（如面料费、里料费、辅料费用等）、间接材料费（包括缝纫机油费、零部件费用等）。劳务费同样可分为直接劳务费（如工艺卡制作费、样品试制费等）及间接经费（如福利卫生费、折旧费、租金等）。除了以上有形成本之外，还包括一部分无形成本，如商品企划、设计、市场调研、广告等费用以及运营管理费用，这部分成本是产品附加价值的来源。

（2）流通费用

流通费用是指商品流通过程中所支出的各种费用，如运输费、仓管费、包装费等，是维持商品和消费者的关系，实现商品流向资金的必不可少的价格构成因素。

（3）税收

税收是按照法律规定，通过税收规定强制地、无偿地征收参与国民收入和社会产品的分配和再分配取得财政收入的一种形式，是企业对国家和社会应尽的义务，它具有强制性、无偿性和稳定性的特点。

（4）利润

利润是生产经营者维持简单再生产和扩大再生产的必需要素。分为生产商利润、批发商利润和零售商利润。利润的高低与企业的价格策略、品牌附加值、销售方式等密切相关。

2. 服装价格的种类

（1）出厂价

出厂价是服装生产企业完成服装生产加工后，提供给批发企业或代理企业的服装价格。由生产成本和生产企业的利润两部分组成。

（2）批发价

批发价是批发商等提供给零售商的服装价格，在出厂价的基础上加上了批发商所需的利润。

（3）零售价

零售价是零售商将服装出售给消费者时的价格，在批发价的基础上增加了零售商获得的利润。

3. 价格带与价格线

价格带是指用价格的上下限表示价格的波动幅度，而价格线则是指价格带中价格的种类及分布。

（三）服装价格定位

1. 服装价格定位的步骤

常见服装价格定位步骤如下。

① 选择定价目标。
② 确定需求。
③ 估计成本。
④ 分析竞争对手。
⑤ 指定定价方案。
⑥ 拟定基本价格。
⑦ 试销。
⑧ 确定最终价格。

2.影响服装价格定位的因素

影响服装价格定位的因素包括三个主要方面。
① 与供给有关的影响因素，如成本、利润期望值、竞争者因素、未来可能的降价。
② 与需求有关的影响因素，如收入水平、消费者对价格与价值的理解、需求价格弹性。
③ 与商品流通方式有关的影响因素，如价格决定权、交易方式等因素。

3.服装定价的方法

一般服装产品定价介于最高价格和最低价格之间，参照竞争对手的产品价格水平及遵循市场规律进行商品价格的确定，从而制订出对企业长远发展最为有利并且合理有效的定价策略。

（1）成本导向定价法

成本导向定价法通常是指将成本加上一个标准的或固定的利润来确定产品价格的方法，具体包括成本加成定价法、投资回报率定价法和损益平衡销售量与目标定价法等。

在没有竞争而且可以看到某种程度的需求的情况下，厂商一般在成本（原材料费、劳务费、各种费用）上面添加一定的利润额来决定价格。而在流通中，通常会在买入价的基础上添加差价（提高标价）来作为销售价格从而赚取利润，如图6-6所示。

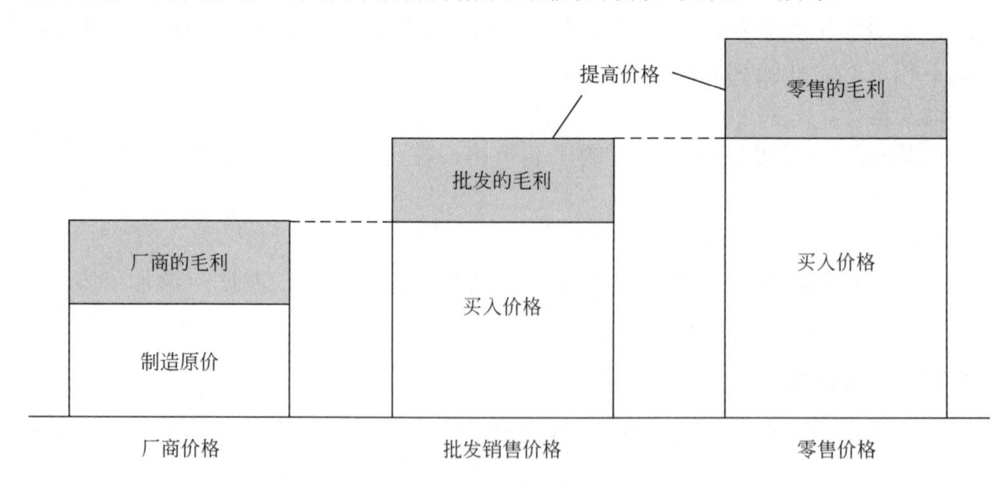

图6-6　成本导向法定价法

成本导向法简单易用，因而被广泛采用。其缺点是：不考虑市场价格及需求变动的关系；不考虑市场的竞争问题。成本导向定价法是通过期望中的销售数字计算出定价，如果销售数字没达到预期要求，则很难达到预期利润。

（2）需求导向定价法

需求导向定价法是指企业在定价时不再以成本为基础，而是以消费者对产品价值的理解和需求强度为依据。

（3）竞争导向定价法

竞争导向定价法是指企业通过研究竞争对手的商品价格、生产条件、服务状况等，以竞争对手的价值为基础，确定自己产品的价格。

竞争导向定价除了以市场上相互竞争的同类商品价格为定价基本依据，还要随竞争状况的变化确定和调整价格水平，主要有随行就市定价、密封投标定价、成本竞争定价等方法。

（4）利润主导定价法

在同种情况下，还有另一种方法，即“基于盈亏分水岭的价格设定法”。这种方法依据销售量和目标利润的平衡来设定价格。将价格设定为几个阶段，每个价格的盈亏分水岭分别在图6-7中显示出来。以初期投资额为基础，算出目标利润额，并能得到对应的销售量。也可根据图中的销售量得到该价格前提下的利润额。

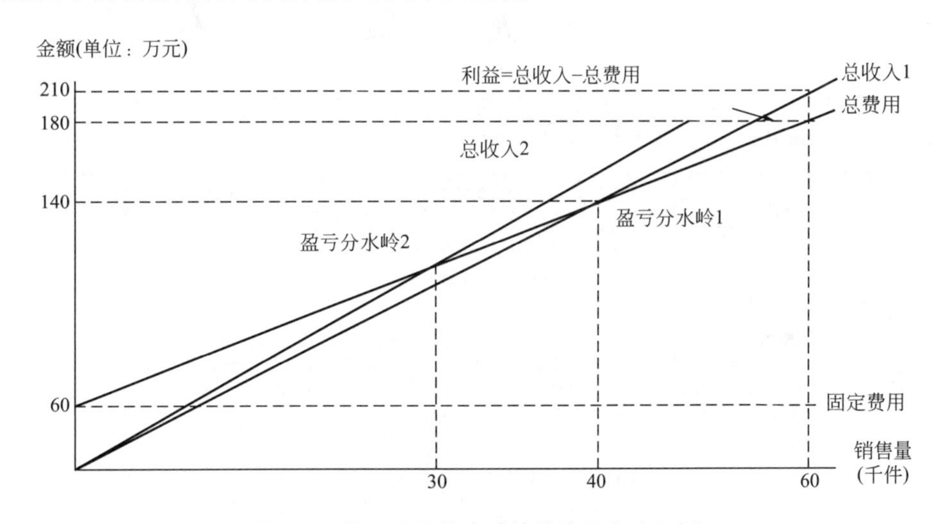

图6-7 基于盈亏分水岭的价格设定法示例

（5）新品定价法

新产品定价的心理技巧有很多，比如撇脂定价、渗透定价、满意定价等。撇脂定价法又称高价法，即将产品的价格定得较高，尽可能在产品生命初期，在竞争者研制出相似的产品之前，尽快地收回成本，并且取得相当的利润。然后随着时间的推移，再逐步降低价格使新产品进入弹性大的市场。一般而言，对于全新产品、受专利保护的产品、需求的价格弹性小的产品、流行产品、未来市场形势难以测定的产品等，都可以采用撇脂定价策略。

渗透定价策略设定最初低价，以便迅速和深入地进入市场，从而快速吸引大量的购买者，赢得较大的市场份额。较高的销售额能够降低成本，从而使企业能够进一步减价。例如沃马特采用了市场渗透定价法，它们以低价格来换取高销售量。高销售量可以获得更多利润以致成本更低，而这又反过来使折扣商能够保持低价。

（6）一般产品的定价

一般产品的定价有习惯定价、声望定价、尾数定价、整数定价、分级定价、折扣定价、招徕定价、组合定价等。

在上述情况中，虽然定价的主导权在供应方手中，但只要不是处在商品严重供不应求的局面，消费者还是会在综合考虑商品价值和价格后决定是否购买或再购买。这时的价格不是某一方随心所欲设定的，而是需要达到平衡的水平和节点。

即使企业能够在供不应求的局面下获得充分的利润，但只要没有技术或其他方面的准入壁垒，很快就会有其他企业进入该领域，引起价格降低的趋势。总之，需要在综合考虑需求水平和竞争状况的基础上，并在商品导入市场之前判断定价。

（四）战略式价格的制定方法

以预想目标消费群的价格反应为基础制定具有战略性意义的价格如图6-8所示。

从价格上限、认可价格、价格下限可以进行以下的战略判断

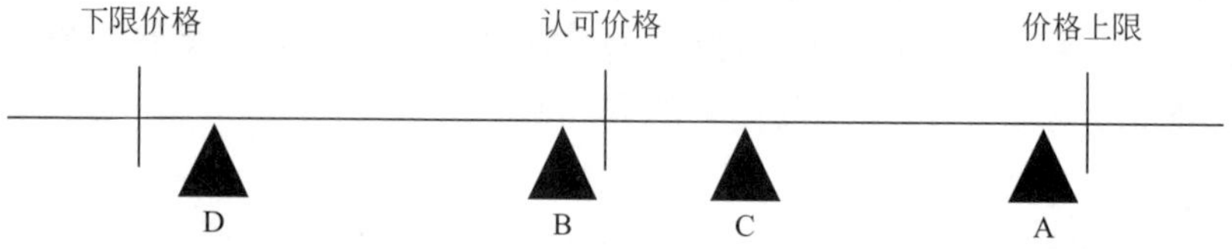

下限价格　认可价格　价格上限

D　B　C　A

先驱者	准入壁垒(大)	准入壁垒(小)
	A	A→B
后来者	差异化要点(大)	差异化要点(小)
	C	D

Skimming价格战略

当技术上处于绝对优势，且树立了很高的准入壁垒，那么就可以设定高价格，然后导入市场。按照成本累积法计算出价格，然后在消费者调查中确认了接受度的基础上决定价格定位。虽然这种商品仅仅局限于那些收入较高的群体，但只要有一定的要求，就可以保障足够的利润。

penetration(渗透价格)价格战略

当后来者没有差异化要点时，或者当先驱者想要一下子占领市场的时候，就可以将价格设定在价格下限附近，从而迅速扩大市场份额，尽快地占领市场。前提条件是足够低的成本生产体制。

图6-8　战略式价格制定方法

若商品在技术上拥有绝对的优势，即拥有专利从而树立了很强的准入壁垒的时候，企业就可以设定很高的价格进入市场。在这种情况下，企业可以将价格设置在接近价格上限A的附近。但需要注意的是，这种情况下的目标消费群的购买率相对比较低，仅限于那些经济上很富裕、有多余钱可以支配的人。

以高价格发售，在确立作为先驱者的品牌印象的同时，又保障了充分的利润。有利于迅速回收开发成本，这样的价格战略就称之为（撇脂价格）战略Skimming。

对于易被模仿的商品和价格弹性比较高的商品，通常是将价格设定在认可价格的附近区域。而在新领域发售时产品的定价靠近价格上限A，在意识到有其他公司进入该领域的时候，要将价格下降到认可价格B区域，从而保障商品在市场上的稳固地位，这是具有战

略性意义的做法。

对于后来者，如果商品没有个性差异化，只能将价格尽量设定在靠近价格下限的D区域，从而迅速扩大市场份额，占领市场。对于先驱者，如果想一下子占领市场，也可以使用定价D的方法。这个选择就被称之为penetration（渗透价格）战略。这种战略成功的必要条件是以大量生产体制为主导的成本削减计划能够顺利地实现。对于后来者，如果商品有明显的差异化个性，那么也可以将价格设定在认可价格以上的C区域。

总之，无论哪种情形，都需要按照目标消费群的规模和购买意向来推算销售额，同时进行各种研究分析，从而选择适合自身的价格战略。

（五）服装定价的合理性

对消费者关于价格的反应进行调查，能够使得价格设定符合实际。在价格初步设定后，可以通过相关调研，判断价格制定得是否合理。下文是一则较通用的案例。

1. 问卷设置

以预想目标消费层为对象，进行下述提问，并将结果按照下述图表进行累计统计。

您觉得您试用的这些样品在发售后，应按照什么样的价格进行销售，请在括号内填上您所认为合适的价格。

（　　）元以上，太贵，我根本不会买。

（　　）元左右，我觉得有点贵，但还是会买。

（　　）元，我觉得是合适的价格，会买。

（　　）元以下，我会感到有点太便宜，对质量不放心。

对提出的4个小问题，将其结果反映在图表中，就可以得到希望价格（预想目标所认为妥当的价格、能够接受的价格）、价格上限和价格下限。

2. 调研结果表达

（1）图标制作方式

图标制作方式如图6-9所示。

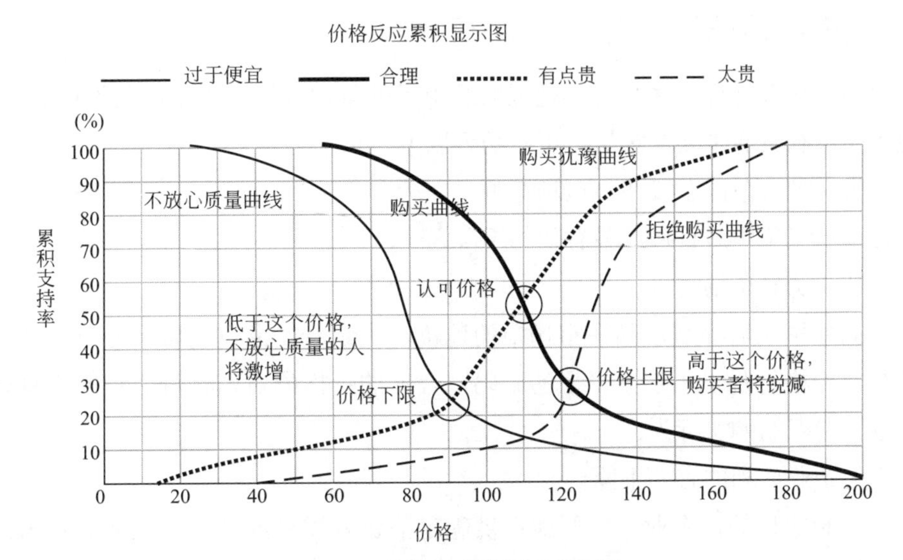

图6-9　价格调查结果图标范例

（2）图表的读取方式

价格上限＝购买曲线和拒绝购买曲线的交叉点

如果高于这个价格，那么将拒绝购买者急剧增加的点。

价格下限＝购买犹豫曲线和担心质量曲线的交叉点

如果低于这个价格，将导致担心质量问题者激增的点。

但有时企业为了能够尽早占领市场，也有在发售产品时采取低价格战略的情形。产品定价尽量向价格下限靠近，所以又称“市场占领价格”。

认可价格＝购买曲线和购买犹豫曲线的交叉点

“认可价格”即为预想目标“认为合理”的价格。

3.调查结果分析

（1）拒绝购买曲线

超过这个价格顾客就觉得太贵，不会去买。这条曲线就表明了部分消费者所能接受的价格上限。

（2）犹豫者曲线

虽然顾客觉得这个价格有点贵但也有可能会买。这条曲线就显示了消费者所能接受价格的中间地带。

（3）购买曲线

顾客认为这是合理的价格，可以购买。这条曲线就代表了消费者认为合理的可接受的明确价格。

（4）不放心质量曲线

顾客认为如果低于这个价格，可能会在质量上出现问题。

（六）服装定价的意义

服装商品具有多样性、多变性，把握服装市场的供求规律，确定服装价格的适当水平，对于实现商品盈利具有重要的意义，可归纳为以下几点。

（1）作为一种有效的手段参与市场竞争

价格是市场竞争中最直接、最有效的手段之一。

（2）调节和诱导市场需求

价格的高低影响着服装产品在市场中的地位，决定着产品在消费者心目中的形象，从而影响销量。价格是供求关系天平上的砝码，合理的价格能对消费者心理产生良好的刺激作用，促进消费者的购买行为。

（3）作为企业盈利的有效手段

为实现盈利的目的，企业不仅要能提供满足消费者需求的产品，还要制定出消费者能够接受的价格。

三、年度促销策划

（一）促销的基本概念

促销是指通过人员或非人员的方法传播商品信息，帮助和促进购买者熟悉某种商品或劳务，并产生好感和信任，继而踊跃购买的活动。实际上，促销是营销者与购买者和潜在购买者之间的一种信息沟通。促销能够加快产品进入市场的进程，激励消费者初次购买，并培养消费习惯。

（二）促销手段与目的

1.促销手段

促销的方式分为人员促销和非人员促销。非人员促销包括广告、营业推广、公共关系等。服装业的促销方式主要采用非人员促销。此外，视觉营销和陈列也是服装商家促销的主要手段。具体方式如服装广告、公共宣传、人员推销、时装表演、贸易博览会等。

（1）服装广告

广告是指利用媒介展示商品魅力和价值的营业推广手段，并通过有偿付费的一种非人员促销的沟通方式。

（2）公共宣传

公共宣传是一种通过在公众媒介上传播有关人物、事物、新闻热点等有商业价值的报道而达到企业目标的促销手段。由于公共宣传的客观性、公共性和广泛性，其宣传效果远胜于广告。

（3）人员推销

人员推销是一种通过人与人之间直接沟通来达到销售目标的促销手段。多用于集团市场的推销，店铺中的售货员也能起到推销的作用。

销售推广是包括各种属于短期性激励销售的促销手段，其中包括消费者推广（如样品试用、优惠券、价格减让、赠品、产品示范等）、贸易推广（如针对转售市场的购买折扣、合作广告、促销资助和经销竞赛等）。

（4）零售点（POP）促销

POP（Point Of Purchase）意为“卖点广告”，又名“店头陈设”。如吊牌、海报、小贴纸、纸货架、展示架、纸堆头、大招牌、实物模型、旗帜等等，都是林立在POP的范围内。其主要商业用途是刺激引导消费和活跃卖场气氛。

2.促销的目的

① 提升公司形象。

② 提高销售额、扩大商圈。

③ 推广新品。

④ 与对手竞争。

⑤ 清理库存。

（三）年度促销计划制定

1. 促销规划考虑因素

① 结合当年度的营销策略。
② 考虑淡旺季业绩的差距。
③ 节日。
④ 历年促销计划。
企业促销的策划过程见图6-10。

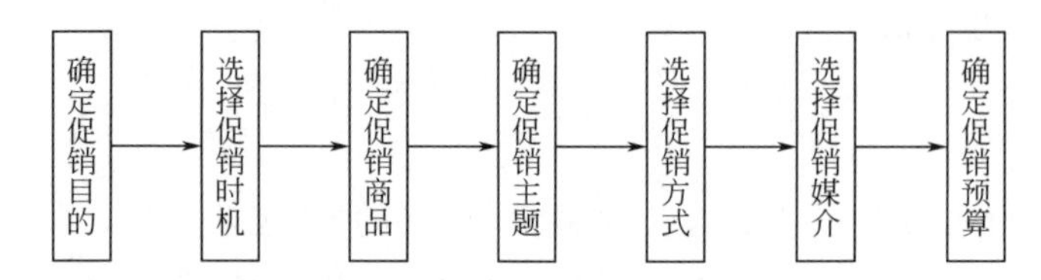

图6-10　企业促销的策划过程

2. 促销计划会议

召集营运、采购、企划、财务、行政等相关部门人员研讨下列事项。
① 促销活动方案。
② 特卖主题。
③ 特卖周期。
④ 竞争店促销活动分析。
⑤ 此次促销活动重点商品及品项。
⑥ 供货商配合活动。
⑦ 选择促销品。
⑧ 媒体选择。
⑨ 预算编列。
⑩ 工作分配及相关部门协调。

四、企业促销策划案例分析

促销企划方案，主要分为整体企划、定位、广告策略、资金预算及促销的具体实施。

（一）整体企划

整体促销企划内容包括目标对象、主题、参加条件、活动内容、媒体等，如图6-11所示。

（二）定位

① 市场地域定位。以上海、广州、沈阳三大城市为中心辐射其周边城市和全国市场。
② 商品及销售对象定位。简洁、优雅的高档次，中价位的女性时装；中等或中等以上收入知性、白领女性，年龄在28～40岁。
③ 广告定位。时尚、优雅的欧陆风情。

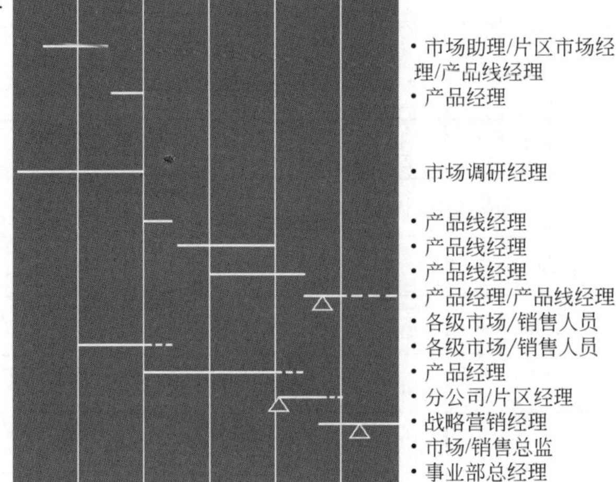

图6-11 整体促销企划安排

（三）广告策略

1.广告目的

经过本年度秋冬的广告攻势，在消费者心目中，初步建立公司品牌的知名度和好感度，并且能够在主要目标城市的服装市场中有立足之地，实现公司的销售目标。并以此为中心，吸引周边城市的潜在经销商加盟。

2.广告分期

（1）引导期

① 主要任务是吸引消费者对品牌的认识和接受。

② 展示品牌的独特魅力和产品特色。

③ 初步树立品牌的形象。

（2）加强期

① 深度引导消费者，塑造对产品和品牌的信赖感及好感，以抢占市场。

② 由点带面，吸引其周边市场的经销商。

（3）补充期

以各种营业推广手段促进销售，使品牌形象及产品销售走向平稳，进一步吸引经销商对加盟品牌的信心。

为了配合消费者的购买习惯，在营销上必须将零售店的工作列为首位，只有他们才是真正形成产品大量销售的基础。工作开展如下：

① 对店员全面、系统的规范化培训。

② 制定一些对店员的奖励制度，提高其积极性。

③ 不定期举办时装展示活动或与其他类品牌举行联合促销活动。

④ 参加4月7日～12日的上海国际服装节，并召开新闻发布会，邀请各类媒体和潜在经销商参与。

（四）资金预算

策划资金中促销支出经费，如表6-1所示。

表6-1 促销支出经费预算

序号	项目	数量	金额（元）	序号	项目	数量	金额（元）
以下为展会支出预算				以下为发布会支出预算			
1	展厅租金	/	43,000	1	发布会场地租金	半天	8,000
2	装修	/	50,000	2	媒体邀请	4家	20,000
3	会刊广告	/	8,000	3	模特	5位	6,000
4	手提袋	2000个	7,000	4	就餐费	/	10,000
5	加盟手册	3000份	6,500	5	其他	/	6,000
6	媒体邀请函	50份	800				
7	商家邀请函	500份	1,500				
8	人员费用		15,000				
合计			13,1800	合计			50,000
1	企业宣传画册	800份	80,000				
合计			80,000				
总计			26,1800				

（五）促销具体实施

实施促销的具体安排如表6-2所示。

表6-2 促销实施具体安排

工作项目	负责部门	完成时间	项目	内容
前期准备			上海展会策划	
参展确认、签订合同	公司领导	2013.02.20前	地点	上海展览馆
落实设计公司或人员	策划部	2013.03.10前	展会时间	2013年4月7日～2013年4月12日
确认设计方案	策划部 营销部		活动目的	展示公司品牌形象、推广产品和品牌、吸引全国各地的经销商
展厅布置、产品的挑选	策划部 开发部门		定位	直接对经销商公关，吸引经销商的合作
资金的支持	财务部门		展示主题	以高档、简洁的风格重点展示品牌形象，产品展示作为辅助

续表

工作项目	负责部门	完成时间	项目	内容
企业宣传策划（画册）			发布会新闻现场安排	
项目	内容		会议主题	××品牌进军女装市场新闻发布
宗旨	高档次的、时尚的		会议地址	××酒店（四星级）
风格	欧洲风情		时间安排	2013年4月8日下午3：00—5：30
模特	2个外国专业女模特		活动	产品发布会、记者招待会、经销商招商会
摄影师	上海知名摄影师		与会人员	30～50家媒体记者（各类服装专业报刊、杂志；全国性时尚、消费报刊杂志；全国性商业报刊杂志） 20～60个经销商（关系邀请、展会邀请、自愿参加）

第二节 服装市场调研

一、服装市场调研的概念和方法

（一）市场调研的概念

服装市场调研是通过收集一系列有关服装设计、生产、营销的资料、情报和信息，以科学的方法和客观的态度，判断、分析、解释和传递各种有用的信息，以帮助决策者了解环境，分析问题、制定及评价市场营销策略，从而达到进入服装市场、占有市场并实现预期目标的目的。

（二）市场调研的方法

调研步骤：确定调研课题、市场调研策划、正式调研收集数据、调研资料整理。具体分为以下几个方面。

① 细分市场。

② 调研方案设计与实施。

③ 市场环境分析与竞争策略。

④ 商品定位，确定目标市场。

⑤ 制订生产计划。

⑥ 实施商品促销。

市场调研的资料分为一手资料和二手资料。获得一手资料的方法可以采用以下方法。

① 询问法：如个人访问法、焦点会谈（头脑风暴）、电话调查。

② 观察法。

③ 实验法。
④ 问卷调查法。

二、服装品牌市场调研实例

本文以某自主休闲品牌调研分析报告为例来解说服装品牌市场的调研内容。

（一）目标市场分析

在目前中国休闲装市场上女装休闲品牌主要有一些国际休闲品牌如only、Zara、Etam、Espirt、VERO MODA、H&M等，国内休闲品牌有美特斯邦威、以纯、森马、真维斯、唐狮等。这些品牌都有各自的目标消费群，各自不同的风格特点以及品牌文化。品牌与品牌之间存在着相似性，也存在着很大差异性，从表6-3中可以看出国内外几大休闲品牌的异同之处。

表6-3 国内外休闲品牌简介

品牌	国家/地区	成立时间	主营业务	风格特点
Zara	西班牙	1975年	男装、女装、童装、鞋靴	多款式、小批量，快速时尚变化多样
Espirt	美国	1964年	男装、女装、童装、饰品	运动，活泼，前卫
H&M	瑞典	1947年	男装、女装，配饰，化妆品	年轻，时尚
Only	丹麦	1995年	女装	个性，休闲，时尚
VERO MODA	丹麦	1987年	女装、配饰	优雅，职业休闲
真维斯	中国	1972年	休闲装	年轻，时尚，休闲
班尼路	中国	1981年	休闲装	个性，时尚
美特斯邦威	中国	1995年	休闲装	活力，个性，休闲
以纯	中国	1997年	休闲装	青春，时尚
森马	中国	1996年	休闲装，童装	青春，活力
唐狮	中国	1994年	大众休闲服	年轻，休闲，简约
七匹狼	中国	1990年	男装	商务休闲

（二）品牌定位

在国际品牌方面，各个品牌都有较为明确的品牌定位，有针对的目标受众群，比如ONLY的定位是15～35岁之间的年轻都市女性；Zara和H&M的目标消费群主要为20～35岁，具备对时尚的高度敏感性和高消费的能力，追求时尚与潮流的女性消费者；VERO MODA品牌定位是面向25～35岁女性的职业休闲装，以简洁的款式突出优雅的女人味，为成熟的女性带来职业休闲装的新概念，使之在上班时和休闲场合都能感觉到自信和美丽；ESPRIT的品牌定位是16～25岁，年轻有朝气，活泼有干劲的年轻一代。

与以上的一些国际品牌相比，国内一些休闲品牌出现市场定位不清晰、消费群体重叠的现象。从图6-12中可以清晰地看到以上几大品牌的品牌定位。

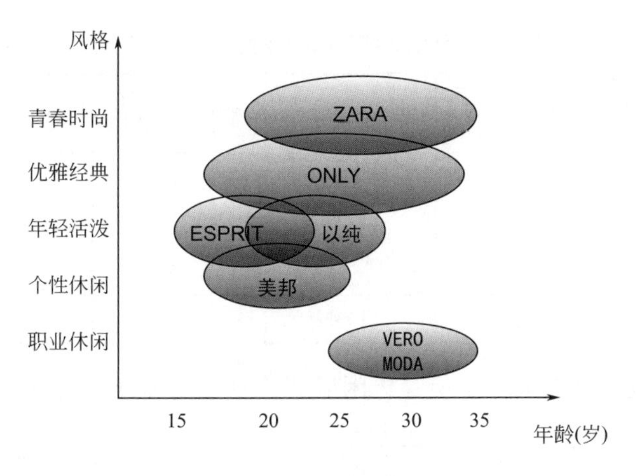

图6-12　品牌的品牌定位

（三）目标人群调研

1. 问卷设计

首先了解市场状况，确定目标消费群体，资料查阅、实地观察、访谈结合，根据企业目标确定问卷的关注点。本调查问卷的内容从消费者心理反应、购买行为表现两个方面进行设置。

心理反应部分包括消费者喜欢的促销方式、闲暇活动、喜欢的电视节目、喜欢的影视明星、购买动机和消费态度等内容。购买行为部分包括信息源、购买决策因素、品牌认知度、购买时间、购买数量、支付价格等内容。问卷的最后是被调查者的个人信息情况，包括月生活费，服装花费，生活方式等。以上内容构成问卷的主体。

2. 问卷的预调研

通过小规模的访谈来修改、完善问卷是问卷设计过程中必备的工作。

因此为了使问卷更加科学和合理，能够为绝大多数被调查者所理解和接受，在正式大规模发放问卷之前进行小范围的预调研，此次调研的重点在于问卷中各问题的提法是否科学，是否存在理解上的歧义或含义上的遗漏，是否便于被调查者理解。

调查的方式以面对面的访谈为主，在调查人群中随机访谈20人次，针对消费者提出的问题，对问卷进行仔细修改。通过此次预调研，使问卷的科学性和有效性得到很大提高。

3. 问卷调查的实施

本次调查针对的是年龄在20～28岁的在校女大学生。在江浙地区共发放问卷320份，回收300份，回收率达93.75%。

4. 问卷调查结果分析

以下为本次问卷调查的分析结果。

（1）调查对象的基本情况分析

被调查者的月生活费以及每月服装花费的分布情况如表6-4所示。

表6-4　月生活费及服装花费分布频数统计

月生活费＼月购衣费	100元以下	100～300元	300～600元	600元以上	合计
800元以下	36	77	6	0	119
800～1500元	16	98	36	4	154
1500～2000元	0	2	7	3	12
2000元以上	0	1	5	9	15
合计	52	178	54	16	300

通过调查得知被调查女大学生所穿休闲服装的号型尺码分布情况如图6-13所示。

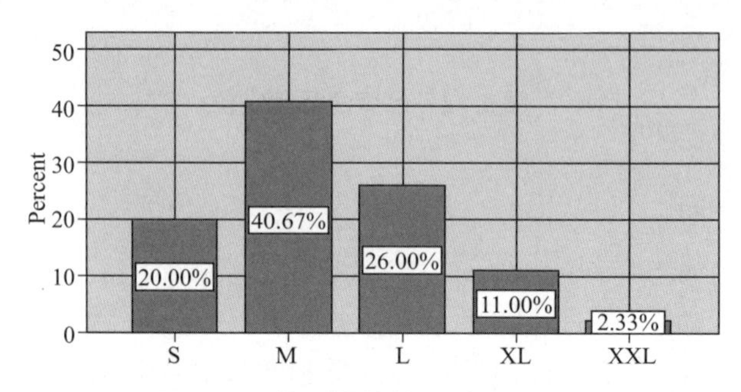

图6-13　休闲服装的号型尺码分布

被调查的女大学生有着自己的生活方式和着装风格，通过调查分析所得结果如表6-5所示。

表6-5　生活方式和着装风格

生活方式＼着装风格	超前于流行	紧跟流行	追求自己风格，独特个性	风格多变	其他	合计
积极进取	9	15	88	49	17	178
消极颓废	4	1	6	2	1	14
安定保守	0	5	27	35	9	76
革新开放	0	5	13	12	2	32
合计	13	26	134	98	29	300

（2）被调查的女大学生的服装消费情况分析

通过调查可知，女大学生经常购买的服装类型比例分配情况如图6-14所示。

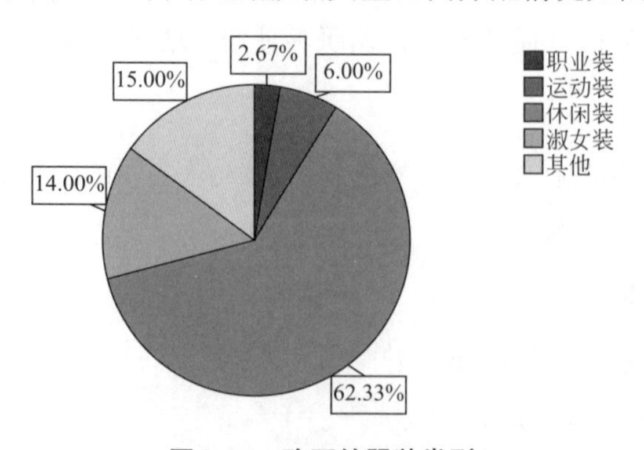

图6-14　购买的服装类型

通过调查分析，被调查者中对服装品牌的重视程度可以从图6-15看出来。

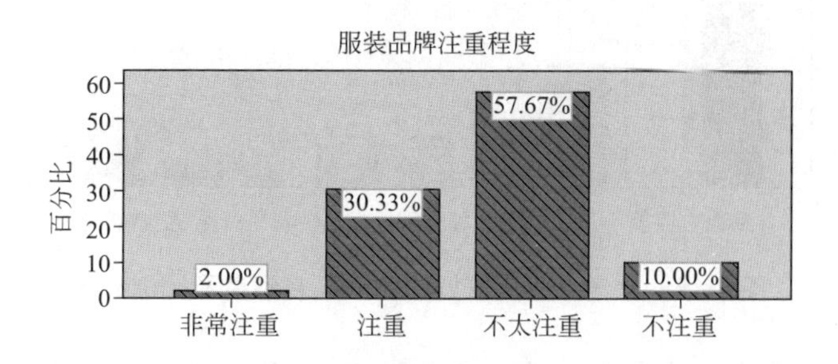

图6-15　服装品牌的重视程度

只有10%的调查者明确写着不注重服装品牌，30%的调查者是注重服装品牌的，而57.67%的调查者不太注重服装品牌，这就说明了在大学生中进行女装休闲品牌的建设与推广是有必要的。

从品牌传播推广来看，被调查者对品牌的认知主要来自以下几个方面，如表6-6所示，体现了品牌推广的主要渠道。

表6-6　品牌认知的主要渠道

认知渠道	频率	百分比	有效比	累积百分比
电视	26	8.7	8.7	8.7
报纸，杂志	46	15.3	15.3	24.0
店铺	101	33.7	33.7	57.7
网络	93	31.0	31.0	88.7
朋友介绍	30	10.0	10.0	98.7
其他	4	1.3	1.3	100.0
总计	300	100.0	100.0	

从本次调查结果中可以看到，女大学生选择服装品牌时的考虑因素是什么，如图6-16所示。

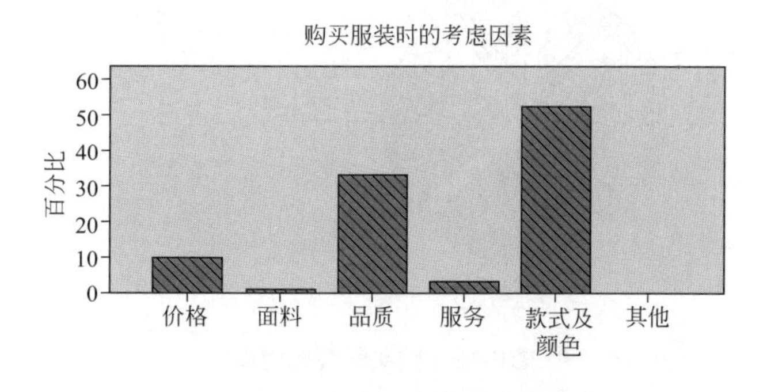

图6-16　购买服装时的考虑因素

通过调查研究表明女大学生所偏好的休闲服装颜色及比例分布如图6-17所示。

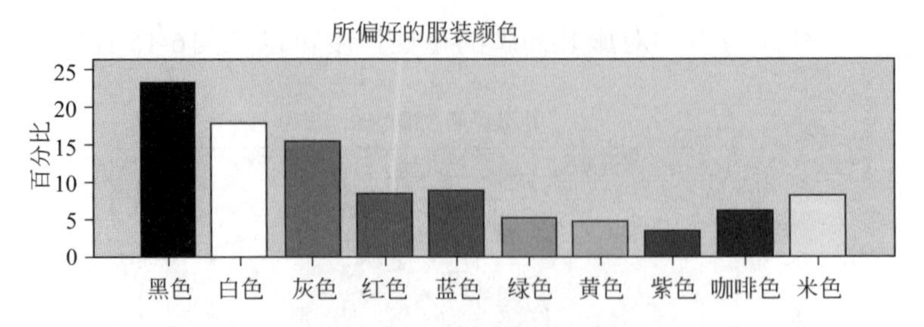

图6-17　大学女生所偏好的休闲服装颜色及比例分布

从调查数据可以看出，选择黑、白、灰、米色这四种简单素雅颜色的人所占的比例最大，也有部分人喜欢红、蓝这样浓烈鲜艳的色彩。黑、白、灰及米色可以称得上是服装经典色，深受年轻女性的喜爱。

在服装价格方面，根据调查结果显示大部分女生对于一件休闲服的心理价位在100～200元之间，比例达到了71.67%。12%的女生选择在200～300元之间，仅有2%的女生选择在300元以上，具体情况如图6-18所示。

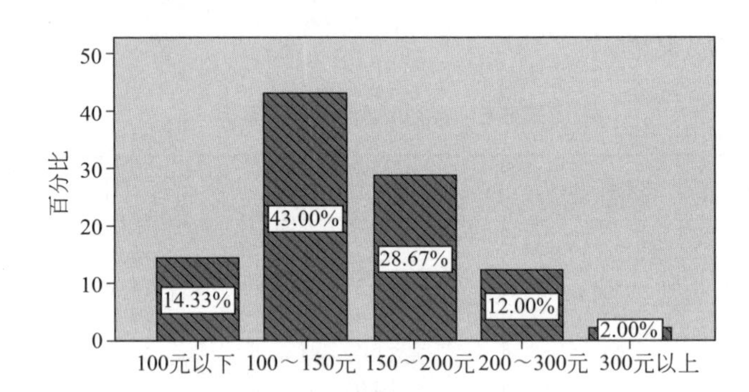

图6-18　购买休闲服的心理价位

在女大学生购买服装的时间选择上，通过调查分析，结果如图6-19所示。

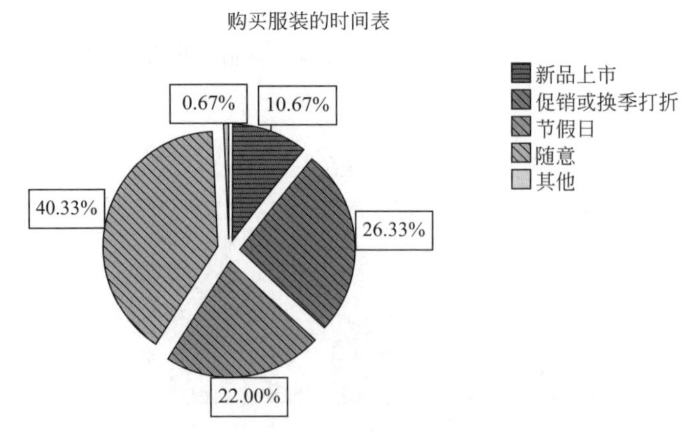

图6-19　购买服装的时间

对于购买服装的场所，各女大学生有怎样的选择，几大主要购物场所占比例，通过调查得出的结论如图6-20所示。

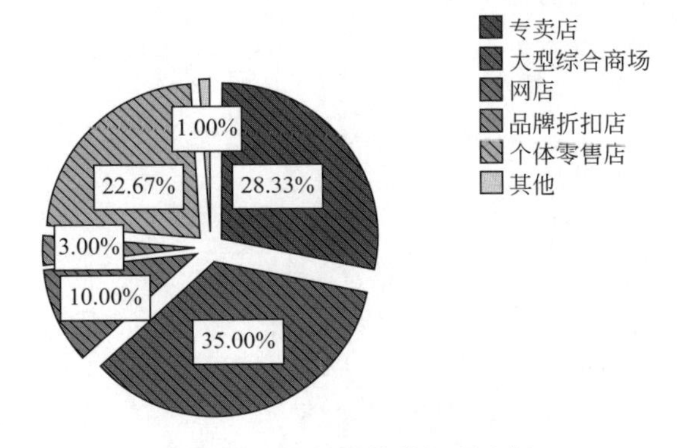

图6-20 购买服装的场所比例

据调查，吸引消费者进入品牌服装店购买的因素主要有橱窗及店面的整体陈列和风格（19.67%），品牌形象好、信誉度高（21.33%），服装更新快、质量好、款式新颖（41.33%），服务态度好（11.67%），如图6-21所示。

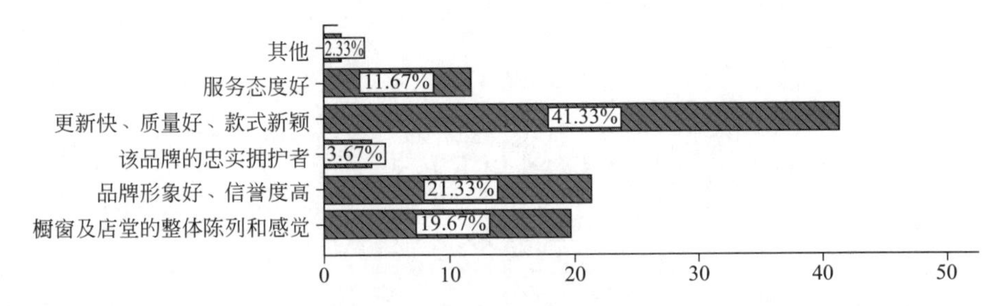

图6-21 吸引消费者进入品牌服装店购买的因素

由此得知，服装品牌应当重视自己的产品开发与设计，提高服务质量与更新速度，通过橱窗和各种信息媒介宣传品牌形象，通过优质的服务来促进顾客购买，同时提高品牌信誉度。

思考题

1.销售渠道的类型及其特点都有哪些?

2.什么是需求弹性，其影响因素有哪些方面?

3.服装企业促销常见形式有哪些?

实践训练

针对市场上某一品牌，对其销售渠道、价格设定及促销方式进行调研，分析该品牌在营销方面的优势及劣势。

第七章 终端店铺管理企划

服装终端店铺转型大致可分为三个阶段。第一阶段：20世纪80年代服装终端店铺从柜台式向龙门架式进行转化，这一转变形式虽然简单，但却是国内服装终端店铺从封闭走向开放的信号和标志。龙门架式的店铺形式在客观上拉近了服装经营者与服装消费者之间的距离。第二阶段：20世纪80年代末至90年代初，国内服装市场出现了专营店和具有现代连锁意义的服装专卖店。这种新的零售形式的出现，有力地冲击了国内传统意义的零售行业。第三阶段：20世纪90年代以来，服装终端店铺在购物环境、品牌风格、形象设计、目标市场和消费定位等方面多样化、深层次发展，已有了长足的进步。

终端店铺是“行走在艺术与商业之间”。终端店铺具有两面性：一方面，终端店铺是艺术品，通过艺术手段的塑造后打动和感染顾客；另一方面，终端店铺又是商品集散者，能够利用流行趋势、市场变化和消费心理成功地将其中的服装商品销售出去，为公司赢利。在管理终端店铺时，既要考虑艺术性，也要考虑商业性，不能过分只强调一面，因为店铺不是一个纯粹的做秀场，也不是一个纯粹的买卖场。既要排除不符合营销规律、华而不实的终端店铺，也要避免只追求商业利润的思维。

第一节 店铺陈列

一、店铺陈列的概念和作用

（一）店铺陈列的概念

在商业中，直接面对消费者的商品展示行为就是陈列，英语称为Display、Showing等。店铺陈列诞生于竞争激烈的欧洲商业及百货业，如今，它已经成为由视觉艺术、空间科学和营销策略相结合的专业学科。店铺陈列涵盖了营销学、美学、消费心理学和视觉艺术等多门学科，好的店铺陈列必须结合营销知识、考虑到商品的个性特点和功能、外观及色彩等诸多方面的元素，从品牌文化、空间构成、色彩搭配、款式组合、情景营造等多方面来考虑，既强调艺术性的体现，又追求商业化的效果。

（二）店铺陈列的作用

1.传递商品信息的载体

陈列是传递商品信息的一种有效载体。陈列活动是以传递商品信息为目的、以再创造的空间环境为场所并在广泛领域里展开公共交流的活动。陈列所传递的商品信息包含以下五个要素。

① Who：谁传递信息。

② Whom：向谁传递信息。

③ What：传递什么信息。

④ Why：传递信息的目的。

⑤ Where：陈列活动的位置（包括空间、环境等因素）。

2.树立品牌形象的手法

时装之父，英国设计师查尔斯·弗里德里克·沃斯（Charles Frederick Worth）于1858年创立了高级时装店。首创了真人模特儿穿着服装进行展示的方式和设计师的新概念，这不仅使服装从技术迈向艺术的殿堂，而且使服饰陈列越来越多地利用人体模特儿来树立服装品牌的整体形象。

3.传播大众文化的途径

著名的VOGUE杂志社于20世纪初为召集社会名流向慈善组织募捐而举办了“时装节”，各类时装节、时装展会成为一种娱乐大众的新形势。时至今日，无论是娱乐性的时装表演，还是商业性的时装陈列展示，都是传递时尚信息的强有力的手段。人们从陈列的新的商品或者平时不多见的表演中获得愉悦和享受，同时也获得了相关的品牌知识信息。

二、陈列工作的程序

（一）陈列规划

服装陈列要在产品开发时就做好规划，而不是在有了产品以后再去考虑如何摆放。

1.采用统一的设计元素

系列化服装产品在设计开发时应当采用统一的设计元素，将不同的产品有机结合成一个整体，陈列时才不会有凌乱的感觉。例如Gap每一季服装产品都有几个不同的主打色调，但在面料、配饰和图案上相互呼应，让Gap整季的服装产品形成统一风格（图7-1）。如果风格不能统一，陈列时就很难达到协调统一的视觉效果。

2.考虑适应服装产品的组合和多种陈列方式

例如服装产品在人模上的展示效果，或是用全身模特，或是用半身模特，还可以用衣柜展示，采用叠放、悬挂、斜置等多种陈列方式（图7-2）。

3.为服装产品争取到更多的陈列空间

陈列时应考虑如何更充分的利用有限的陈列空间。H&M在自营店和商场边厅的陈列充分利用了四周墙壁和房顶上的空间，将服装悬挂在上边，或是垂直悬挂，或是倾斜悬挂，

图7-1　视觉效果协调

图7-2　悬挂、斜置相结合

称为立体陈列（图7-3）。这样不仅扩大了陈列范围，而且标新立异，给人以视觉上的冲击。

（二）陈列位置

1.陈列位置的选择

（1）陈列要靠近主要竞争对手

物以类聚、人以群分，在陈列时，经常将本品牌产品与某些产品放在一起，长久以后消费者就会认为这都是一类产品。丝宝就一直恪守靠近竞争对手的陈列原则，在任何时候只要有宝洁在，它就一定贴在宝洁旁边。通过这个策略成功地将一个新品牌跻身于一线品牌之列。同时品牌的主要竞争对手的消费群体也正好是该品牌的目标消费顾客。因此可以借竞争对手的号召力为自己引来消费者，再通过促销人员和促销活动成功拦截对手的潜在顾客。

（2）设置衣柜、模特、花车要尽量争取最佳陈列位置

悬挂式衣柜可选择放在收银台附近，这是消费者结束消费的最后一站，而且也是必经之地。着装模特可放置在卖场区域的前端，也就是靠近过道的地方（图7-4）。花车可放在比较集中的促销活动区域，这个区域会吸引很多消费者，就像有些消费者是拿着卖场宣传单找有促销或者特价的商品一样，消费者会认为促销活动区域的商品更优惠。

2.如何争取到好的陈列位置

（1）加强对终端的业务渗透

除了行业内的领导品牌外，其他品牌要想有好的陈列位置和大的陈列面积就必须有良

图7-3　悬挂方式陈列

图7-4　着装模特

好的客情关系。陈列位置的分配与招商经理、商场采购、商场理货员都有很大关系。

（2）掌握时机调整和扩大陈列

产品刚进入商场很难一次就找到理想的陈列位置和足够的陈列面积，但是只要掌握好时机就能将位置越调越好，面积越调越大。例如，有销售不畅的品牌撤柜的时候，有新产品进场需要调整的时候，季节性调整产品品种结构的时候，大型节日、店庆、特价活动的时候等。

（3）以促销活动为条件争取陈列上的支持

通过特价活动，买赠活动等与商场谈判，争取到如花车等特殊陈列支持。

三、店铺陈列的原则

陈列是充分表现产品优势的关键，也是吸引购买、刺激消费的重要手段，同时还是一门有趣的艺术。无论出售的是什么产品，陈列都是一道重要的工序。而陈列对于作为时尚产品的品牌服饰来说显得尤为重要。在感性与理性消费心理的混合下，科学的服装陈列会使产品锦上添花。

（一）服饰陈列的策略性

如果服饰品种单一，则要保证其足够的陈列面积。单一系列产品的大面积陈列带来的销售效果比相同陈列面积下多种系列产品的销售效果要好。单一品种的产品陈列面积太小就不容易对消费者产生吸引，更不容易让消费者产生进一步了解的欲望。尤其是一些新品牌刚进入商场就极力丰富自己的系列品种并非明智的选择，而将有限的陈列面积集中成一个整体则更有利于品牌形象的树立和产品的销售。Primark的每一季一般只推广几个系列品种的产品来确立品牌形象，与一些中小品牌初入卖场就是十几个系列的产品相比，这种系列产品相对的单一化有着明显优势（图7-5）。

图7-5　单一系列产品的大面积陈列

（二）服饰陈列的主次性

根据当地的市场需求特点，将卖场划分为不同的区域。首先，外视卖场最显眼的区域应该陈列最具品牌代表性、号召力、时尚品位且具有表现力的服饰，这种区域可以称之为“眼球”区域或“概念”区域。通常陈列的是款式风格、色彩质地、时尚品位都特别抢眼的服饰，但量不宜多（如图7-6）。

图7-6　“概念”区域的陈列

其次就是该季的主推产品或力推新品的陈列位置。这一区域要考虑顾客进店后的视角习惯和行走路线，应属于顾客进店的第一视野（图7-7），然后就是补充区域，最后是衬托区域。该区域的产品或许是略显滞销的产品，但就整体陈列而言，却是不可缺少的，必须陈列该类产品，才能使卖场产品生动起来，而且能衬托主推产品，使整个卖场层次分明，丰富而灵动（图7-8）。根据品牌目标顾客的特点，陈列丰富的产品，来满足市场不同的需求。

图7-7 主推产品的陈列

图7-8 衬托区域产品陈列

（三）服饰陈列的市场性

商品一般是在卖场上销售，卖场也就成为消费者购买商品的市场。因此，卖场的形象就要遵循市场性原则。通过市场调研，使服装公司了解消费者的消费习惯，明确卖场形象的定位，有助于设计出合适的卖场陈列。例如DOLCE & GABBANA公司入驻中国大陆，通过市场调研，了解到中国大陆消费者的消费水平及习惯，摒弃了一贯的高级时装定位，将卖场形象定位为中高档成衣卖场，以迎合本地消费者的需求（图7-9）。

（四）服饰陈列的时尚性

我们知道，即使崇尚传统保守的消费者，也不会去买已经过时、没有人再穿的服饰，因为服装业本身就是一个典型的时尚行业。品牌服装公司应努力求新求变，增强创新能力

图7-9 中高档成衣卖场陈列

图7-10 与时尚潮流相融合的陈列

引导、创造时尚，这是维持品牌持续发展的动力。因此对于流行趋势的理解和把握能力，将是决定卖场形象的重要依据，卖场整体陈列形象必须与时尚潮流相融合（图7-10）。

（五）服饰陈列的一致性

一致性原则有两层含义。其一，终端卖场内外上下及理念、行为、视觉等方面必须一致。例如，一个品牌服装的终端卖场销售的是高档时装，而其使用的包装却是薄薄的单色塑料袋，这就在品质与服务上缺乏一致性。其二，品牌商家一旦确立了自己的卖场陈列形象后，要保持连贯性、统一性，不能随便改变，否则很容易造成消费者的困惑，从而产生不信任感。例如佐丹奴在世界各地的专卖店始终保持陈列形象风格一致（图7-11、图7-12）。

图7-11　中国北京的佐丹奴专卖店

图7-12　澳大利亚悉尼的佐丹奴专卖店

（六）服饰陈列的差异性

服饰陈列的差异性原则是指品牌服装公司在进行卖场陈列设计时，要突出自己的品牌文化和内涵，强调自己的特性。虽在定位上与其他同类品牌相似，但在卖场陈列的表现形式上应争取与其不同。例如Anthropologie和Urban Outfitters定位类似，陈列时都用到了储物柜，但是二者分别采用独特的陈列手法，强调突出各自的视觉效果，形成了与众不同的卖场陈列形象（图7-13、图7-14）。

图7-13 Anthropologie陈列中的储物柜

图7-14 Urban Outfitters陈列中的储物柜

（七）服饰陈列的易记性

好的品牌陈列形象需要有好的表现手法和组合方式相配合，才能让消费者看到、听到，并将其牢牢记住。利用室外广告、媒体宣传、老顾客赞誉等各种宣传方式来传播陈列形象，不断提醒消费者本品牌的存在，并不断地吸引新的消费者。例如A Mulher do Padre卖场建筑布置了很多全透明的有机玻璃，从外面看卖场内所有陈列装饰都一目了然，同时在建筑物外装饰了黑白相间的网状钢筋管，这种有创意的卖场形象自然会给消费者留下深刻印象，让人过目不忘（图7-15）。

图7-15 A Mulher do Padre的卖场外观

（八）服饰陈列的技巧性

在服饰陈列的技巧上，首先，要体现设计风格和款式的系列化，每个系列应该有自己的款式队伍组合，其次就是色系的丰富化。单一的色调将使所有的产品暗淡无光，失去生气，而且不能满足顾客的不同需求。不同的色系应该遵循冷暖对比搭配；相同色系应遵循明暗或纯杂的渐变排列，才会使产品陈列有赏心悦目、层次分明、整洁美观的视觉效果，以满足顾客感性与理性的消费需求（图7-16）。并且还要讲究叠装、正挂、侧挂的科学搭配和艺术组合。

服饰陈列还要注意商品量的把握。科学的陈列一般要求同款同色的产品，叠装、正挂、侧挂一般为4～5件。这样不仅可以科学地利用陈列空间，视觉效果舒适，而且还便于产品的清点（图7-17、图7-18）。商家要根据消费潮流和气候的变化，不断调整陈列策略以迎合顾客的消费心理，这是作为服装经营者必备的素质。

图7-16　色彩在陈列中的应用

图7-17　叠装、正挂、侧挂相结合的陈列

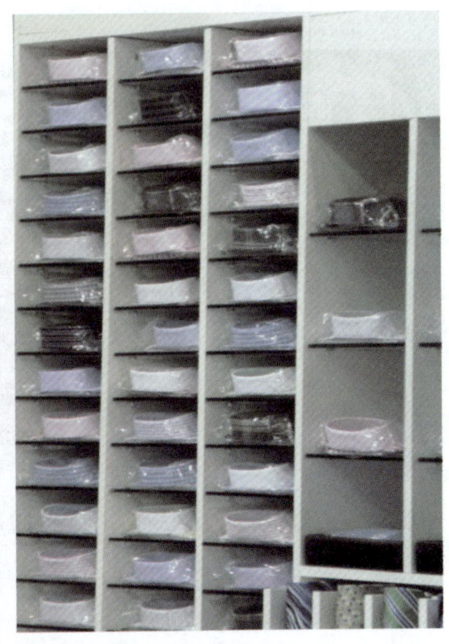

图7-18　格子柜形成叠装陈列形式

（九）服饰陈列的细节性

1. 根据产品出厂日期及时调整陈列。产品陈列要将时间靠前的产品放在前排以保持产品的正常流转。如果不注意先出厂先销售原则，往往会造成积压和退货。

2. 及时调换有质量问题的产品。如一个品牌的男装在某一终端销售突然下滑，前往调查才发现其中有一款男装衣领存在工艺问题。由于人为的原因造成质量问题，厂家没有及时将该产品调换下柜，所以消费者就以此认定该品牌男装存在质量问题。不但影响了销售也损害了品牌形象。

3. 保持产品的整洁，在顾客将陈列产品弄乱的时候及时恢复为整齐地排列，始终给消费者良好的产品形象。

四、店铺陈列的方式

（一）店铺陈列的设计方式

1. 叠装陈列

叠装陈列就是把服饰进行多种方式的折叠后进行陈列的形式。这种陈列可以节省空间，提高整个在点面陈列上存储货品的量；而且在恰当的利用服饰的颜色进行叠装组合和大面积的排列后会形成一定的形式美感，造成颜色、造型或者图案上的视觉冲击力；和其他陈列方式组合在一起可以产生不同的造型，为顾客增添购买情趣（图7-19）。叠装陈列多用于T恤、衬衣和牛仔裤以及针织衫等服装，这些品类多为休闲、柔软和贴身穿着的造型，叠装可以更好地体现其搭配外套的性质，也能体现其叠装成型的面料特征。叠装服饰在陈列的时候务必整齐，所以陈列及整理起来比较费时，需要耐心和细心。如图7-20所示的叠装就太过随意，服装的品质和档次也会在顾客的心目中下滑，从而影响品牌的形象，宣传作用受损。

图7-19　侧挂形态和叠装、人模陈列的搭配

图7-20　混乱的叠装陈列

2. 侧挂陈列

侧挂陈列是挂式陈列的一种常见形态，是指将服装侧向挂在不同形式的货架横杆上的

陈列方式。侧挂陈列优点：侧挂占用空间面积小，空间利用率较高；利于顾客快速浏览多件款式服装，利于款式的比较；侧挂一般是用衣架进行支撑，可让服装保持长时间的平整，保型性好；服装不像叠装需要耐心铺叠，取放快捷，休闲时装多用此方式来进行陈列（图7-21）。

当然，从另外一个角度来看，侧挂由于遮挡了正面服装的效果，所以不能让顾客直观地看到服装的全貌，所以服饰在侧挂陈列的时候需要加大服装之间的距离，以便顾客的视线不受遮挡。另外，侧挂陈列为了达到最大化的表现优势，也经常和正挂陈列和立体陈列造型相结合（图7-19）。

3.正挂陈列

正挂指是服装的正面朝向顾客，让顾客可以一眼就看到服装的正面效果，突出表现服装的正面款式、装饰特点等，但是这样的悬挂方式占用面积较大。横向悬挂后，后面的服装就被全部遮挡住了，因此正挂横向的多件服装务必是同一款式，只不过是在颜色和型号上有所区别。正挂和侧挂结合如图7-22所示。

图7-21　侧挂陈列形态图

图7-22　正挂和侧挂结合

4.模特展示陈列

模特展示陈列也叫人模陈列，即将服装按照人模的尺寸穿着在人台上的立体造型展示形式。人模放在橱窗中最为普遍，其次就是放在卖场内的合适位置，通常和叠装、挂装等形式结合展示。多种展示方式组合应用时，人模的摆放不宜过多，一方面因其占用空间大，另一方面就是人模展示过于直板，不方便客户取下试用。

模特展示的服装要具有代表性、艺术感及流行性，此外组合模特造型的方式应富有变化并符合形式美感。在模特组合造型上有重复、平衡、主次与协调等多种形式，在选择时必须与品牌的服饰风格相吻合（图7-23、图7-24）。

重复人模组合陈列设计是现代陈列设计中惯用的手法，在卖场内用多个人模造成多次重复展示，给人以强大的视觉震撼效果；主次与疏密结合的人模组合则是通过间隔有序的手法让人们的视觉得到舒缓，在主次分明的观感上得到认知，是富有变化的造型手法（图7-25、图7-26）。

图7-23　不同造型人模组合陈列设计

图7-24　童装人模组合陈列设计

图7-25　重复人模组合陈列

图7-26　主次与疏密结合人模组合陈列

5. 装饰品陈列

装饰品是服装的重要搭配商品，虽然在体积上和主次地位上处于配搭位置，但是在陈列设计上是不可或缺也是不容小觑的。如果对服饰品进行有序的合理陈列，不仅可以丰富卖场的陈列效果，同时可以增加相关主流服饰的销量（图7-27）。

装饰服装的商品包括包、鞋、眼镜、围巾、帽子、手套以及首饰等配饰，种类繁多，造型各异。不可将装饰商品随意放到服装旁边，而应该给予一定的饰品区进行展示；围巾和包可以适当地与人模或者挂装陈列方式搭配在一起，形成一体效果，可以丰富造型和空

图7-27　多部件组合陈列

间；包内放入填充物后再进行陈列可以强化它的立体感，包带和品牌吊牌不外露进行展示；眼镜和首饰等设立专门的饰品封闭柜进行摆放，使款式和颜色能更好地更精致地表现，同时也方便销售管理。

任何一种陈列方式都有其优点或者缺点，在组合多变的陈列设计过程中，必须根据每个品牌的独特性和场合的不同来进行搭配使用，以达到提升品牌形象的目的。

（二）店铺陈列的空间设计方式

根据特定的空间形式、场地状况以及商品的性质和陈列方式，可以采用相应的空间设计方法。

1. 中心布置法

中心布置法要求陈列可以四面观看，并且是较为重点推广的商品。其平面往往可设计成正方形、圆形、半圆形、三角形等（图7-28）。

2. 网格布置法

网格布置法通常以标准摊位的形式出现，适合在宽敞的大空间里，按照网格构成的方法，以摊位为基本单元进行规整布置。这种形式同使用标准化、通用化的组合道具分不开，这是服饰展销会的常用手法（图7-29）。

3. 临墙布置法

与单向型空间相似，临墙布置法是沿着空间围合界面不断延展布置的一种手法。通过横向路径的展开能产生一种简单、清晰的观看路线（图7-30）。

图7-28 中心布置法

图7-29 网格布置法

4. 悬浮布置法

服装或道具在垂直方向上采用悬吊结构，使得上层空间的底界面不是靠墙或柱子支撑，而是依靠吊杆或拉索悬吊，故有一种新鲜有趣的“悬浮”之感。因底面没有支撑结构，所以可保持视觉的通透完整，底层空间的利用也更加自由灵活（图7-31）。

5. 通道布置法

通道顶侧呈封闭或半封闭状态，可使线路明确，视感集中，便于表现完整的商品展示。通道内可以通过光纤的幽暗变幻给人以神秘的感觉，也可以通过辉煌明亮的灯光给人以殿堂般的感受。但通道布展占地较多，造价也较高，不宜为一些小型展示所采用（图7-32）。

图7-30 临墙布置法

图7-31 悬浮布置法

图7-32 通道布置法

6.散点布置法

散点布置法是中心布置法的发展，是将多个或多组四面观看的产品布置在同一个展厅中从而形成的平面类型。它们大小相近，参差有致，给人一种轻松活泼的氛围（图7-33）。

7.混合布置法

这是一种综合布置的类型。一般情况下，一个展示活动单独运用一种方法进行布置的情况很少见，多数是以一种类型为主，兼有其他类型做补充的混合布置（图7-34）。

图7-33　散点布置法

图7-34　混合布置法

（三）店铺陈列的色彩搭配方式

1. 陈列的色彩基本搭配方式

（1）服饰陈列的对比色搭配技巧

对比色如黄色与紫色、红色与蓝色、橙色与绿色的对比关系强烈，给人很强的视觉冲击力，具有鲜明、饱和、跳跃、醒目的感觉，比较容易通过色调的对比关系产生新奇的效果。但是由于个性特征明显也会产生不协调的、过分刺激的感觉，可能造成视觉紊乱。因此可以通过以下配色技巧，达到一定的形式美感：利用色彩面积的比例关系达到调和，确定主次色彩面积的大小配置，从而减弱对比的强烈关系。避免两色同明度或者同纯度的搭配，对于明度可采用一高一低，纯度可采用一明一暗；或者利用隔离色的分割进行协调，例如：在对比色中以无色彩或金、银等色进行隔离，减弱对比的强度，在矛盾中寻求美感，维持色彩的统一性（图7-35）。

图7-35 对比色搭配陈列

（2）服饰陈列的近似色搭配技巧

近似色的搭配方式给人的感觉是平和、雅致，这种搭配方式既含有同类色搭配的安静、温和，又在明度和纯度上有着一定的变化，增添了色彩层次的对比。在运用的过程中仍要注意色彩明度与纯度之间的平衡感与节奏感，可以增加小面积的对比色来增加色彩的形式美感（图7-36）。

（3）服饰陈列的明度排列技巧

色彩有不同的色相，所以色彩才会有着丰富的表情与意义。色彩在同一色相或者不同色相中总会存在着不同的明度差别，如在同一色相中，翠绿会比墨绿明度高，在不同的色相当中，黄色会比紫色高。正是由于色彩有着这种复杂的明度关系，才使陈列这项艺术显得尤为重要（图7-37）。

图7-36　类似色搭配陈列

图7-37　色彩明度排列

图7-38　彩虹排列法

图7-39　色彩间隔排列法

（4）服饰陈列的彩虹排列技巧

彩虹排列是将服装按色环上的红、橙、黄、绿、青、蓝、紫的排序排列，整体的组合形式就像彩虹一样，所以称为彩虹排列法，它的特点是绚烂、鲜明、丰富。色彩的丰富性决定了在排列的形式上有较强的规律感与装饰性，这种组合方式无论是在色彩的选择、组合方式、面积的大小等方面都给了设计师无限的塑造可能性，能够表达出不同的设计主题和设计风格，给陈列装置空间以丰富的形象创意（图7-38）。

（5）服饰陈列的间隔排列技巧

间隔排列法是指通过两种或者两种以上的色彩间隔或重复组合的方式，使得服饰的搭配产生节奏感与韵律感。这种陈列方法的运用要注意明度、纯度的层次感，避免采用同明度或者同纯度的并置组合，易造成色彩混乱影响整体的视觉效果（图7-39）。

2.不同种类服饰陈列的色彩搭配方式

服装陈列是以服装为核心展开的设计，各种因素都有可能在陈列中作为参考的依据，使设计真正围绕“以人为本”的表现形式从而满足不同种类服饰的需求。

（1）男装品牌服饰陈列色彩搭配技巧

男装品牌的陈列应依据严格的规范标准进行设计，通过合理的布局与设计意念，强调外观样式与实用功能的有机结合，达到稳重、成熟的视觉效果。男装品牌的色彩搭配应讲究陈列空间的整体性、秩序性、节奏性，避免过于花哨凌乱，不要给消费者造成视觉紊乱。但也切忌过于整齐化与统一化，否则会产生呆板、沉闷之感，会与消费者之间产生距离。

色彩间隔法是男装陈列中运用比较广泛的设计手法，通过这种手法可以产生一定的韵律与秩序感，使整个卖场充满生气，引导消费者的审美变化，进而产生购买行为。此外色彩的明度、色彩的渐变、色彩的对比等搭配原则同样在男装中有较多的应用。在大面积中性色的陈列范围内加入有跳跃感的彩色，比如彩色围巾、配饰、帽子等进行色彩上的调和，使陈列看上去既有立体感又不缺乏整体性，统一、稳重又有活力，通过这些细节表现出品牌的价值感（图7-40）。

图7-40　男装品牌陈列

（2）女装品牌服饰陈列色彩搭配技巧

女装风格多元化是设计与审美的发展趋势，在服装市场的潮流中，女装一直占据着主流地位。在女装品牌的陈列配置规划中，需遵循一个重要的原则：美感优先。这个原则其实就是从营销战略上重视女性的消费心理，因为女性在购物过程中，往往是一种感性的思维定势起到主导功能，服饰搭配的美感在影响购买的可能性中占到很大的比例，而色彩就是实现感性消费方式的有力武器（图7-41）。

美感优先的陈列手法，实际上就是按照形式美的方式与原则将商品进行有机组合，使卖场的整体环境满足女性消费的心理需求，激发消费者的购物欲望，到达很好的销售效果。在陈列中针对女装品牌款式多样化、色彩丰富化、材质差异化等特征，通过对称、均衡、重复等多种手法在有限的空间环境内，使产品的色彩和造型产生高效的附加值。

图7-41 女装品牌陈列

（3）童装品牌服饰陈列色彩搭配技巧

塑造童装品牌的过程，有两个目标市场不容忽视，即儿童和家长。首先针对儿童的心理和生理特点，服装陈列时直观表现出童装所特有的天真、活泼、跳跃等形象特征，同时家长对于儿童的情感关怀也是陈列的重要环节（图7-42）。

图7-42 童装品牌陈列

在童装的陈列空间内多采用生活化场景的布置来营造卖场的视觉氛围。明快、鲜亮的组合配置是童装陈列的重要选择，这种释放儿童天性的缤纷色彩能在第一时间内能吸引他们的视觉感官，激发他们潜意识的购物感知。此外可以通过生动的装饰结合道具的意象性与真实性，烘托卖场可爱、活泼的氛围。

（4）正装品牌服饰陈列色彩搭配技巧

正装的品牌精神旨在体现简洁、实用、大气，在展示中传达出隐抑含蓄的风格特征。它注重实用功能的特性，结合流行趋势，稳中求变，往往通过精湛的工艺和严谨的色彩及配饰来表现服装品牌内在的本质。在正装品牌的陈列设计中讲究布局的均衡与对称，讲究品牌文化下的简约、精致风格以及完美品质的情感体现。

正装品牌中主要以黑、白、灰为主，而同类色或者相近色的搭配形式在正装品牌中运用得比较广泛，所以消费者容易对相对单一的色彩产生审美疲劳或者对商品的注意力分散。为了改善这种视觉上的缺陷，对于同类色的搭配方式，可以通过间隔法或者对比色搭配进行部分点缀，来营造出成熟庄重而不缺乏层次的效果。对于相近色的搭配方式，要注意色彩明度的变化，以丰富陈列的视觉效果（图7-43）。

图7-43 正装品牌陈列图

（5）休闲装品牌服饰陈列色彩搭配技巧

不局限于现代社会的紧迫感，不局限于常规礼仪的束缚，体验轻松舒适的着装方式，体现着时尚流行元素，这就是休闲装的典型特征。休闲装的款式多样化，并且面料也新奇复杂，色彩丰富多样，给陈列设计很大的发挥空间，没有固定的规则与定律，但讲究整体搭配的舒适、随意协调（图7-44）。

在休闲装的陈列中，根据消费者求新、求异的审美需要进行新颖的搭配，客观地反映和迎合消费者的心理，引导时尚潮流。通过设定焦点、渐变、反复以及平衡、层次等手法都可以获得风格各异的美感，以更好地吸引目标消费群体。

图7-44 休闲装品牌陈列

（6）时尚装品牌服饰陈列色彩搭配技巧

时尚是物质文明与精神文明发展的产物，它反映出一个时代的生活方式和审美倾向。在为时尚类服装品牌进行陈列规划时，一定是形式与内容的高度统一，通过多种表现手段使品牌形象鲜明而富有生命力，更好地突出形式美感表现时尚元素（图7-45）。

图7-45 时尚装品牌陈列

（四）店铺陈列的橱窗设计方式

橱窗是最能直接吸引消费者以及对流行时尚进行诠释的主要平台，充分利用橱窗的便利直观特点展现流行色在品牌中的运用，让消费者对品牌产生充足的信心和吸引力。在时尚类服饰的陈列中，对于色彩的搭配关系没有固定的标准，展架的排放要灵活多变，彰显年轻化、时尚化的气息。模特可以选用造型夸张、个性鲜明的形象，营造出一种戏剧性的感官效果。优秀的陈列永远离不开细节的处理，配饰作为整体搭配的有效补充，可以增加时尚的附加值。

1. 橱窗设计的基础知识

橱窗是商店和卖场的内涵表现，有人称为品牌的眼睛，是商店内部商品信息的传达工具，作为店面的重要组成部分，它有着独特的艺术表现特征，起到了传达品牌意念和吸引顾客的作用。有时它代替了甚至强于电视媒体和平面媒体的说服力，具有真实感。完整的服饰橱窗陈列包括对商品进行巧妙的布置、陈列，有助于展示的装饰物和处理过的背景，也可以运用色彩照明等手段，利用立体媒体和平面媒体结合橱窗的空间设计，可以营造时尚美好的视觉效果。

2. 封闭与开放式橱窗陈列

（1）封闭橱窗陈列

封闭橱窗陈列多用于大型综合性商场，橱窗的后背被全部封闭，与营业空间隔绝，形成独特的空间。这种构造形式完整性比较强，它与商场及顾客都进行了有效的隔离，通过背景的烘托，等效的装饰与物品的摆放陈列手段实现舞台的效果。

封闭橱窗的利用元素有几个方面，首先是背景，可以利用背景装饰做整个陈列的平面展示部分，作为平面媒体传达信息，构成了前有立体后有平面的交错展示空间效果；其次就是灯效对封闭橱窗内进行照明和气氛烘托，渲染整个场景；另外就是将封闭空间进行有效分割，进行不同方式的置景，构造服饰与道具、服饰与场景、服饰与气氛的舞台效果，成为街景中写实的广告片（图7-46）。

爱马仕品牌的皮革制品和服饰在国际上是奢华的代名词，而其在香港半岛酒店内的门店，外观只是以门两边的两个封闭式橱窗陈列作为标识，简洁而大方，取自自然中的元素构成陈列道具，并突出了该品牌的人文精神和品质。

（2）开放式橱窗陈列

开放式橱窗陈列在大小服饰卖场以及服饰专营店或者专柜都会采用，橱窗背景被全部取走，透过玻璃即可看到商店内部构造，也有的橱窗背景成半通透式，构成了背景加上卖场内部场景的效果，此类橱窗陈列设计要考虑里外两面的观看效果，设计要巧妙对展示服饰效果和吸引顾客有很独特的作用（图7-47）。

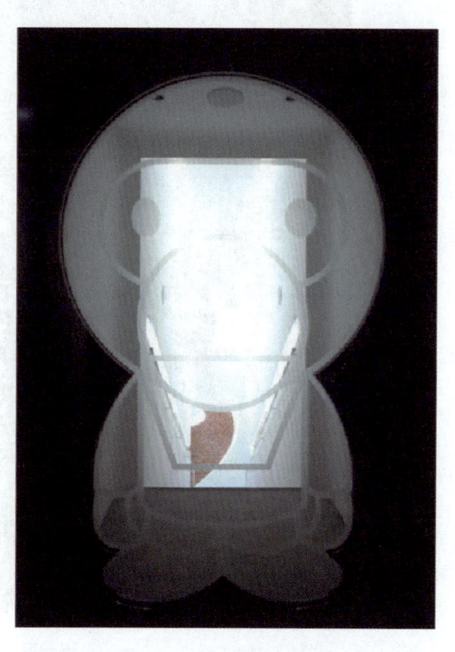

图7-46 封闭橱窗陈列图

半开放式橱窗陈列呈半通透样式，观看时使人感到内外似透非透，透中有隔，隔中不堵。应用的现代装修材料如有机塑料和透明、磨砂材质玻璃灯等，在设计的应用手法上也采取结构分割（包含横向分割、纵向分割）等，强化了半开放的效果（图7-48）。

图7-47　开放式橱窗陈列

图7-48　半开放式橱窗陈列

3.店头橱窗、店内橱窗与店外橱窗结合

店头橱窗一般设计在店面门口的一边或者两边，构成和店头融为一体的组合式宣传手段，是店头店名的配合烘托，现代陈列中常利用主题场景和不同风格的道具装饰，构成服饰品牌的风格特征。在图7-49中，Dior品牌童装系列店头橱窗陈列简洁而不失雅致，儿童的童真涵盖在高品质外观内，并在此橱窗中将醒目的品牌标志和简洁大方的服饰陈列组合搭配相映生辉。

图7-49 店头橱窗陈列

在图7-50中，店内橱窗和店外橱窗是现代橱窗陈列向多元化发展的表现，让橱窗陈列的方向和角度向广度扩展，在空间上进行了有效的延伸，不再拘泥于原有的传统店头橱窗陈列单一方式，是店头橱窗陈列的一个有力补充。图7-51为香港尖沙咀商业区的街道两旁店外橱窗陈列，没有店面的墙面却有着很多品牌的陈列橱窗，它在这里不是为纯意义上的销售而是对自己品牌的宣传。

4.橱窗设计的技巧和方法

橱窗的设计技巧和方法有很多种，根据不同的服装品牌风格和橱窗的空间大小，可以对橱窗进行形式不同的组合设计。如何更好地设计橱窗内部空间陈列，将服装的品牌意念传达给消费者，并有效地体现视觉艺术有以下几个角度。

（1）平面展示与立体展示结合

在橱窗空间内，可以全部或者部分封闭，只展示平面媒体，如模特着装拍摄的服装广告张贴在橱窗之内，没有任何真实的服装，这种形式可以归纳为平面展示。但多数橱窗陈列，喜欢用矛盾的多元表现方式来展现服装的魅力，单纯用平面展示在某种程度上稍显单一，因此往往会搭配一些立体造型（图7-52）。ZARA的卖场橱窗大幅平面广告张贴于主要

位置，而橱窗内背景墙被分割成不同尺寸的格子，构成了立体造型的错落，配合平面广告模特的姿势，构成了平面、立体交融的形式。

图7-50 店内和店外橱窗陈列相结合

图7-51 店外橱窗陈列

图7-52　平面媒体展示与立体造型结合

（2）道具的人模组合变化

人模是在服装类的橱窗设计中常用的道具，也是展示服装立体效果比较明显的方式，利用人模来进行展示服装的组合方式变化，如人模的大小、多少、方向和姿势等都可以产生不同的风格效果，人模和服装作为橱窗设计中的两大元素也在某种程度上决定了整个橱窗的基本框架和造型（图7-53、图7-54）。

图7-53　人模的简单等距离排列

图7-54　人模的站姿与坐姿的陈列

在现代橱窗陈列中，进深的空间是有限的，但展示的前后位置是体现商品特性和内容的表现形式，而人模则是最能体现商品立体效果的，所以它的合理组合和位置调整都直接影响着整个橱窗的外观。

（3）简洁单纯的构成设计

在惯有的思维中，人们喜欢把橱窗装饰的很丰富，包括店内个性的和新颖的服饰都希望在橱窗中涉及或展示出来，这样看起来东西很多，会给人拥挤、没有了重点和主体的感觉。

在现代橱窗设计中，设计师开始了简洁单纯的设计风格的运用，这种风格相对比较简洁，格调高雅，很多奢华品牌和个性化品牌常会选用这种风格的橱窗设计。其设计语言是用简洁的表现方式达到让消费者更多的注目，任何道具都只是配角，这是深受当代极简主义设计风格影响的。图7-55运用了极简风格，陈列台、陈列商品、背景处理的极简风格乃至灯光的单纯都营造了经典与优雅的氛围，标识了服饰品牌的内在魅力和外在张力。

（4）生活场景式设计

在很多橱窗设计中，设计师喜欢根据服饰品牌的风格特征以及所要表达的内涵、品牌服务的对象特征来加以陈列，从道具的组合方式、服饰着装的组合变化等表达某一主题的设计，其最终的效果是一个充满生活气息的场景式设计（图7-56）。在此橱窗中，利用摄影器材组成了拍摄现场画面，将服饰品牌皮装陈列在这一场景的聚焦点位，让人们很自然地将视线从拍摄画面中聚焦到皮装的人模上，摄影主题的场景设计具有视觉引导作用，同时也给观者以美的享受和想象的空间。

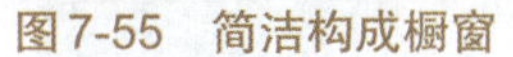

图7-55　简洁构成橱窗

图7-56　场景式设计橱窗

（5）夸张怪诞式艺术化处理

奇异夸张的设计手法在某种程度上可以在平凡的创意中脱颖而出，赢得更多路人和消费者的视线，加之采用特殊的排列、组合和视觉元素的搭配，会带给人们视觉上的巨大冲击。有研究表明，行人在服装橱窗前停留“只有10秒钟的时间”，按照这样的行进速度，怎样才能在有限的时间里抓住顾客的眼球，就是橱窗陈列设计中需要解决的首要问题。

奇异夸张的方式多在陈列的装饰材料上做文章，或者对道具的选材进行大胆尝试，而这些装饰材料和道具多少都与该品牌服饰的总体风格有关系。HERMES的包是最引人注目的，扩展出来的其他服装、配饰也同样具有独特的风格，该陈列设计中应用自然界的竹藤道具，映衬了品牌的自然之风和本季的主流风格（图7-57）。

图7-57　HERMES夸张怪诞式橱窗

（五）店铺陈列的人模展示方式

服装是一种立体化、伸缩性大、可塑性

强的商品，其款式、色彩、质地、尺寸、工艺质量等特性需要通过展开后的立体状态才能更有效地展示出来。以人体模特代替人进行服装穿着，可以全方位立体化地展示服装的各种特征，具有“人性化”，即动态、情态、性格的一面，也会使陈列更具有“人情味”，产生强烈的艺术感染力。

1. 人模的种类

模特从风格上来看，一般可分为三种，即具象型模特、意象型模特和抽象型模特。

（1）具象型模特

具象型模特的造型几乎和真人完全一样，头、毛发、眼睛、身体、四肢等制作得非常逼真，可以模仿真人做出站、立、坐、卧等各种微妙的姿态，有的还被制作成富有个性的样式，一般适合穿用新潮、流行的服饰进行展示。这类具象型模特展示服装时，亲切自然，真实感强，有时甚至可以达到以假乱真的程度，常常能够营造出某种情景化、生活化、戏剧化的场景，引人入胜，意趣无穷（图7-58）。

图7-58　具象型模特

（2）意象型模特

意象型模特的造型大致上与真人相同，但不同于具象型模特那样有近乎真实的眼睛、毛发，而是采用概括、同一的手法，舍弃真实的质感、色彩，甚至将身体的肤色涂成全黑、全灰、全白等颜色，整个形体为意象化。这类模特展示效果简洁、单纯、富有时代气息和趣味性。意象型模特就像艺术设计手法中的变形、夸张一样，通过单一的肤色，无毛发、无眼睛的形态，将模特意象化、简洁化，使顾客视线可以多停留在具体的服饰展品上，突出了展品的视觉印象。这种模特的姿态可以任意变化，给人自由、活泼的感受（图7-59）。

（3）抽象型模特

抽象型模特的躯体构架仍较符合人体的比例尺度，但其露在外面的身体部分大多采用

图7-59　意象型模特

图7-60　抽象型模特

自由变形的形式，即抽象化、异体化的形态。如头变成长方形、椭圆形；手变成棍棒形、锥形；下肢变成三角形、柱形等。有的还故意夸张身体比例，颈部和手腿较细长，脸部和手脚的细节被部分切割或省略（图7-60）。多用于颇具个性的服装展示，如用于展示泳装、内衣等商品。

2. 人模陈列的规范

① 同一品牌的商业空间（零售店、连锁店、展览会等）中的展示模特风格应统一。

② 同一展示空间中两个以上的人模组合展示时同组人模的着装风格、色彩应协调。

③ 除特殊设计外，人模的上下身均不能裸露。

④ 配有四肢的人模，展示时应安装四肢。

⑤ 不要在人模上张贴非装饰性的价格牌等物品。

3. 人模展示案例

人模在陈列中的展示，如图7-61～图7-66所示。

（六）店铺陈列的照明设计方式

1. 陈列的照明类型

根据灯具的布局方式，可把照明分为整体照明、局部照明、装饰照明和事故与指示照明四大类（表7-1）。

图7-61　单个人模展示

图7-62　两个人模展示

图7-63　三个人模展示

图7-64　均衡展示

图7-65　并列展示

图7-66　三角形展示

表7-1　陈列的照明类型

类型	范围	亮度	光效要求	照明目的	照明形式	方法
整体照明	全面	中	均匀平和	保证卖场中的基本照度，满足顾客的基本购物要求	直接照明 间接照明 漫射照明	① 采用漫射照明光源 ② 采用嵌入式、吸顶式灯具安装方式 ③ 灯具分布均匀
局部照明	局部	高	指向性、立体感强	突出重点商品， 吸引顾客、 刺激顾客的购买欲望	直接照明	① 采用固定射灯或轨道射灯 ② 亮度为基础照明的3～5倍
装饰照明	局部	低	柔和、 奇妙、 丰富	营造氛围， 丰富卖场的灯光效果	漫射照明 间接照明	① 采用漫射或间接照明方式 ② 采用装饰性灯具 ③ 采用有色光源

（1）整体照明

整体照明是指整个陈列空间的照明，所以又称为基础照明。它的特点是分布比较均匀，一般以均匀的亮度照亮整个区域。通常，整体照明与展品照明的亮度对比以1 ∶ 3为宜（图7-67）。

（2）装饰照明

装饰照明又称为“气氛照明”。灯光除了具有照明的实际功用，在陈列艺术中，它还是一种特有的造型语言，是创造某些“氛围”和“感觉”的重要手段，有益于展示目标和效果的气氛采用灯光渲染的手法去实现灯光的戏剧性效果（图7-68）。

图7-67　整体照明

图7-68　装饰照明

（3）局部照明

局部照明又称为重点照明，有明确的目的性。旨在突出展品独特的材质美、色彩美、色泽美，用灯光衬托展品的明确、清晰的观赏性，以吸引观众视线，感染观众情绪。局部照明与整体照明相比，前者的亮度通常是后者亮度的3～5倍，用局部照明的高亮度表现光泽，用强烈定向光突出立体感和质感。展柜照明、版面照明及展台照明是陈列中局部照明的三种主要方式（图7-69～图7-71）。

图7-69　展柜照明

图7-70　版面照明

图7-71 展台照明

（4）事故与指示照明

事故与指示照明是指为事故应急与指示行走方向的照明。事故与指示照明在方便观众、疏导人流、事故应急灯方面均有重要作用。如安全口、出入口、洗手间等处。

2.陈列的照明技巧

人们通常把灯具按照安装的方式进行命名和分类，诸如吊灯、吸顶灯、壁灯、台灯、落地灯，但是这种分类方法没有反映出灯具的光的分布特点。因此，国际照明委员会推荐以光通量散向空间的比例来进行分类，将照明方式分为五种：直接型、半直接型、漫射型、半间接型、间接型。

图7-72 直接型照明

（1）直接型照明

直接型照明是用途最为广泛的一种照明方式，它使90%的光线向外照射，灯具光通量的利用率最高（图7-72）。按照灯泡与灯罩相对位置的深浅，直接型灯具可分为广照型、窄照型和格栅型。

（2）半直接型照明

半直接型照明是使60%～90%光线向下直接照射，还有40%～10%光线向上投射。在照明效果上，灯具上方发出少量的光线照亮顶棚，减少灯具与顶棚间的强烈对比，使环境亮度分布更加舒适。（图7-73）。

（3）漫射型照明

漫射型照明是使40%～60%光线扩散以后向下投射，其余60%～40%光线扩散后向上投射。这种灯具最典型的是乳白玻璃球形灯罩，其他形状漫射透光的封闭灯罩也有类似的照明形式。该灯具将光线均匀地投向四面八方，对于工作面而言，光量利用率较低（图7-74）。

（4）半间接型照明

半间接型照明运用采光装置使60%～90%光线往上投射，经天花板或墙壁往下反射，只有40%～10%光线直接往下投射，光量较低，眩光与阴影也较弱。灯具上端开口较大而下端较小的壁灯和吊灯或上面有敞口的半透明罩均属这一类。

（5）间接型照明

间接型照明把灯光全部投向顶棚，使顶棚成为第二光源。这种照明光线扩散性极好，几乎没有阴影和光幕反射，也不会产生直接眩光，光量弱，光质柔。只有上端开口的壁灯、落地灯、吊灯以及顶棚采光等属于这种类型（图7-75）。

图7-73　半直接型照明

以上五种照明方式各有其特点。服装陈列的照明设计可根据具体要求，对每类灯具的实用性以及光对环境的影响等进行认真分析，作出正确选择，使之发挥各自的照明效果。

图7-74　漫射型照明

图7-75　间接型照明

五、休闲童装品牌店铺陈列实例

童装陈列区域就像一个童装店铺，产品系列很完整，按照不同年龄段设计的婴幼儿、少年服装服饰都有展示，但分区明显，遵守统一的色彩原则，在道具和POP符号使用上有所区分。

主题系列：冲浪之夏。

图7-76中从背景海报的内容可以看到鲜明的沙滩海浪的风情，相应的沙滩海浪设计元素也在店铺中的产品上体现，向顾客表明这一季产品设计的大主题。不同尺码的童装由不同身高的模特展示，有高低对比，但是背景海报的内容一定要露出来，模特站位在展示设计时就需要考虑到不能遮挡背景海报。

图7-77中一对模特在台上很醒目地展示精彩的搭配方案，柜台上的叠装提供同款不同色的备选方案，以及其他搭配组合的可能，围绕这对模特，顾客可能需要的商品都在视线可及范围内。

图7-76　橱窗

图7-77　人模及展台展示

图7-78中即使在同一个童装商品区内，仍然明确分出男装和女装的区域，并有相应的模特陈列提示。顾客不必询问店员男孩子和女孩子的衣服分别在哪里，而只要在最醒目的位置看到陈列的模特就可以了。在陈列中需要考虑的仍然是尽可能满足大流量的快速消费。

图7-79在童装内衣和配饰品销售区，醒目的模特仍然是天然的标牌，对于袜子、帽子和儿童内衣及手袋等小件物品，需要陈列足够的数量，以形成色彩平面，进行视觉上的组合。配饰品出样数量充足，由于相对较低的价格，会吸引大部分顾客的注意，不管今天有没有这部分的采购计划，都会被吸引过来从而产生购买行为。

图7-80中的立面陈列很精彩，琐碎的配饰鞋帽等商品很容易产生混乱无章，甚至廉价的感觉，而由位于视觉黄金位置的模特陈列引导，就将这个陈列面内所有的商品凝聚到了一个视觉核心上。模特展示加上多种商品悬挂陈列展示的方案相当完美。色彩布置合理，粉色基调把握住了婴幼儿应该有的可爱粉嫩的感觉，就连小块的贴纸也被足够的数量组合成一块黑色区域，与整体形成对比。

图7-81中岛架的两侧分别陈列短袖和鞋袜腰带，显然商品适用人群年龄已经超过5岁，

图7-78　性别区分展示

图7-79　配饰与服装组合

图7-80　立面陈列

图7-81　中岛架陈列

孩子的服饰搭配意识开始出现，自我形象和模仿的意识正在逐渐形成。墙壁上张贴的海报，有小帅哥和小美女的POP将对幼年顾客的选择意识产生强烈的影响，除了要让爸爸妈妈看了喜欢，抓住这些已经开始有主见和选择意识的小顾客的注意，是非常有价值的投入。

在图7-82中，涂鸦不仅仅是陈列设计中作为装饰的流行方式，也代表着层板上的商品所针对的顾客的年龄段。涂鸦等街头化叛逆化的表现手段，一方面标示着这部分顾客的年龄段是有主见和表达能力的少年，同时，涂鸦可从在这个年龄段的顾客意识中引起共鸣——少年文化的符号。

干净舒服的单品陈列，每样一件，在草绿色的背墙上富有立体感。重点照明恰到好处如图7-83所示。

充满生机的草绿色以及花型图案，视觉上的美感已经毋庸置疑。不同的商品定位有不同的展示方法，手段统一但是内容细分，具有人性化的极致表现，见图7-84。

休闲童装店铺形象与陈列设计的特点概括起来，可以归纳为空间宽阔、光线明亮、设计简洁、分区明确、色彩有序、主题明了以及观取方便。

图7-82 涂鸦的运用

图7-83 单品配合重点照明

图7-84 背景与服装的配合

第二节 ● 店铺商品管理

一、商品上货管理

（一）商品收货管理

商品收货管理是指仓库，按照一定的程序和手续，对物资进行接运、收货、验收和办理入库手续工作。

收货管理涉及的内容有：根据合理库存的要求对订货进行管理；接收供应商送来的定购商品，并对商品进行验收、入库等操作管理。收货要做到收货的数据必须是真实的，不是虚假的；退货优先原则，即先办理退货后，再进行收货程序；紧急优先原则，市面已经缺货并等待销售的商品，可以考虑优先收货；收货执行严格的区域原则，即未收货、正收货、已收货区域；当天的收货、退货必须当天完成确认的工作，不能推迟录入和确认。收货程序如图7-85所示。

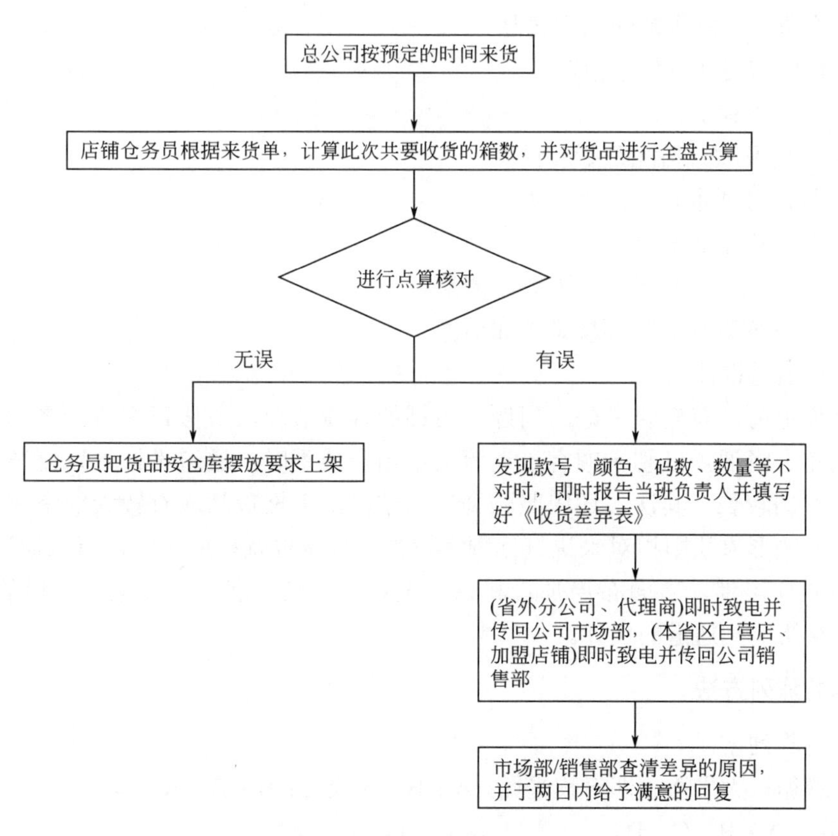

图7-85　收货程序示意图

（二）商品上货陈列管理

1.陈列前的准备工作

① 了解现有货品结构、货品主题销售状况。

② 了解同类品牌的销售结构及店铺陈列。

③ 划分区域，因为服装的色彩多样，货品结构丰富，区域划分应迎合消费者的消费心理。

2.陈列中的工作

（1）确定店铺货位摆放

按客流情况及店铺的销售情况确定店铺货位摆放，一般有三种摆放方式。

① 对称型。摆放通道顺畅，区域划分明显，适用于大型节日陈列。

② 平衡型。货品概念体现到位，视觉有层次感，适用于新店开业、新品上市、表现新主题。

③ 变化型。店铺整体有随意感，给顾客有柳暗花明又一村的感觉，适用平时客流较少时。

（2）确定主款货品的陈列，表现货品主题

（3）确定其他货品的摆放，完善陈列细节

（4）配合货品主题规范使用宣传品

陈列工作中需要注意如下事项。

① 主题是否明确。

② 色彩运用及款式搭配是否和谐。

③ 货架摆放及通道设计是否合理。

④ 宣传品使用是否规范。

⑤ 细节是否到位，货场是否整齐、清洁。

⑥ 整个店铺陈列与周围环境是否和谐。

（5）货场通道设计

在设计通道前，首先要考虑的问题是店铺的客流情况。节假日客流较多的情况下，货场通道应简单、畅通，以利于顾客迅速流动；销售淡季时，通道设计可以复杂，使顾客滞留在店铺的时间较长。其次，还应照顾到货品结构，主推货品应有较大的空间来容纳更多的顾客，而一些形象款则相对来说目标顾客较少，客流也就相应少些，所以通道设计较窄。此外，顾客走向习惯，店面布局是否和谐与美观，家具、展台、展架、人模的摆放方式，这些因素都会影响到通道的设计。

3.具体的陈列方法

（1）边场陈列

原则应遵循三大平衡，即对称平衡，A：B：A或A：B：B：A；韵律平衡，A：B：A：B；变化平衡，A：B：C：B。

（2）中场陈列

流水台一般摆放于门口的位置，用于陈列主推货品；陈列架放在卖场中间位置（单个陈列、两个组合陈列或三个组合陈列）；中岛架一般摆放在店铺的中后场，但也可因货场的需求灵活调整，通常用于上下装的配搭出样，也可单独陈列。

（3）橱窗陈列

橱窗陈列的目的是为展示形象货品，反映流行趋势，提高货品格调，树立品牌形象，最终达到吸引顾客及促进销售的目的。

操作细则：有简单明确的主题，能够反映推广主题及时尚潮流；保持橱窗清洁卫生，光照充足；符合品牌风格，有格调；定期更换；烘托气氛，传递资讯；根据橱窗大小与推广手法选用模特；选用的服装款式鲜明，有代表性且搭配和谐。

（4）模特陈列

陈列原则：同一性别的模特高度一致，并保持身体的垂直。人模组合陈列的三种方式如下。

① 同行陈列：2个及2个以上人模同时出样，追求一种气势，如AA、AAAA、BA形式（普遍型）。

② 突出重点：3个及以上人模同时出样，突出重点，如ABB或AAB形式。

③ 层次分明：在多个人模同时出样时，主要突出前面的服饰。

（5）陈列细节

用于陈列的货品（小配件除外）一律拆除包装袋，并保持干净整洁；印有英文LOGO或图案的正面展示给顾客；货量丰满，规格齐全；挂装出样的货品应熨烫平整，且出样整齐大方；侧挂的最后一件应反转挂，使正面朝向顾客；服饰吊牌要隐藏起来；衣架的朝向要一致；叠装的基数要保持一致，切忌高低不平；服饰折叠整齐，从上到下由小到大，并保证规格齐全；店铺所有应季货品应通过恰当的方式在货场表现出来；时刻保持货场干净清洁，道具，镜面，玻璃等处无污渍；宣传品使用准确到位，并保持整齐干净。

（6）服饰色彩搭配艺术

服饰搭配的配色方法常用的是同类色搭配、近似色搭配和对比色搭配。同类色搭配：由同一种色调变化出来，如墨绿与浅绿等，配色柔和、文雅；近似色搭配：指色环上比较相近的颜色相配，如红色与橙色相配，感觉温和、统一，又富于变化；对比色搭配：鲜丽明快的效果，如黄色与青色，感觉较强烈，但不宜运用过多。

（7）上下装的色彩搭配

上浅下深：上装用明亮色调，下装用较深沉色调，配搭洋溢着轻便感；下浅上深：上装用深色调，下装用明亮色调的穿法，给人的感觉稳重、成熟；如果上装有花样则下装纯素色的搭配方式以及上衣素色则下装有花样的搭配方式都会比较协调无凌乱感；上装是由两种颜色的格子纹组成，长裤的颜色一定要可以搭配其中的一个颜色。

二、商品流动管理

（一）货品换货商品管理（指对顾客而言）

商品因质量（生产过程、制版工艺、面料）产生的问题，企业给予换货处理。对顾客而言，换货程序如图7-86所示。

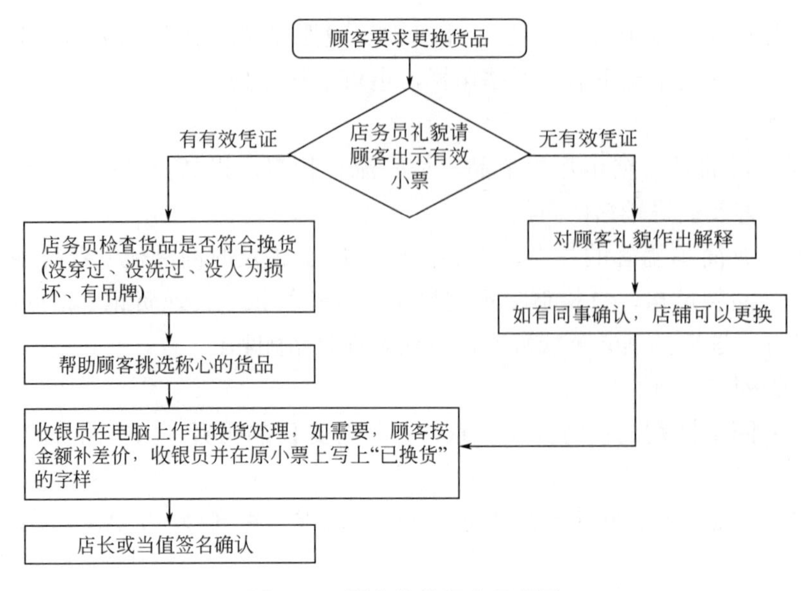

图7-86　顾客换货程序示意图

（二）补货、转场、退货流程

1.补货程序

补货是指理货员将标好价格的商品，依照商品各自既定的陈列位置，定时或不定时地将商品补充到货架上去的作业。补货可分为定时补货和不定时补货。定时补货是指在非营业高峰时对货架商品进行补充，不定时补货是指只要货架上商品即将售完，就立即补货。

补货程序如图7-87所示。

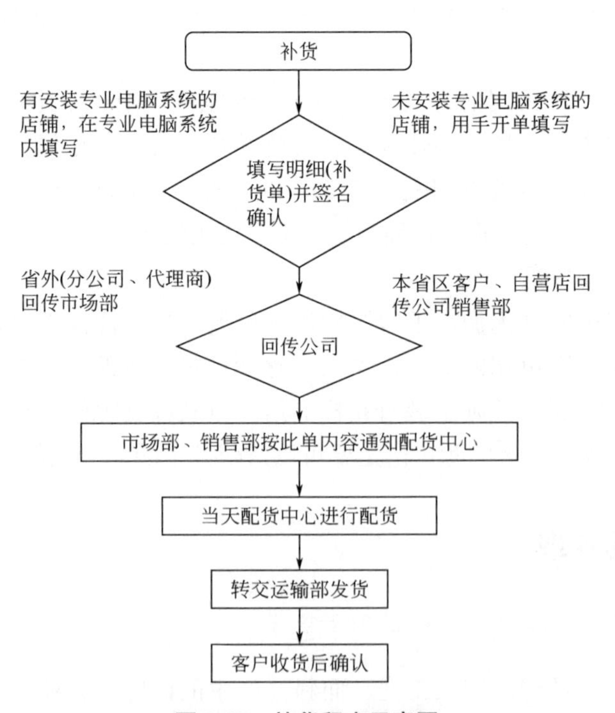

图7-87　补货程序示意图

2.店铺转场程序

新货上市、做促销、大型减价场、按货品的畅销与滞销进行转场。

（1）店铺转场前的准备

店铺转场前的准备如图7-88所示。

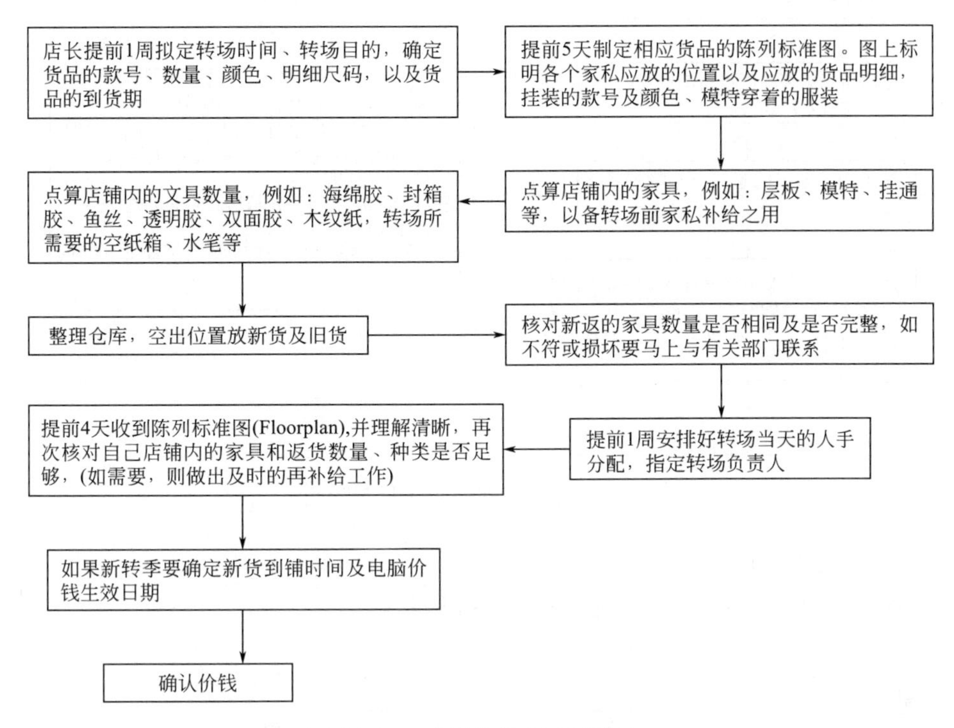

图7-88　店铺转场程序示意图

（2）店铺晚转场前的准备工作

店铺晚转场前的准备工作如图7-89所示。

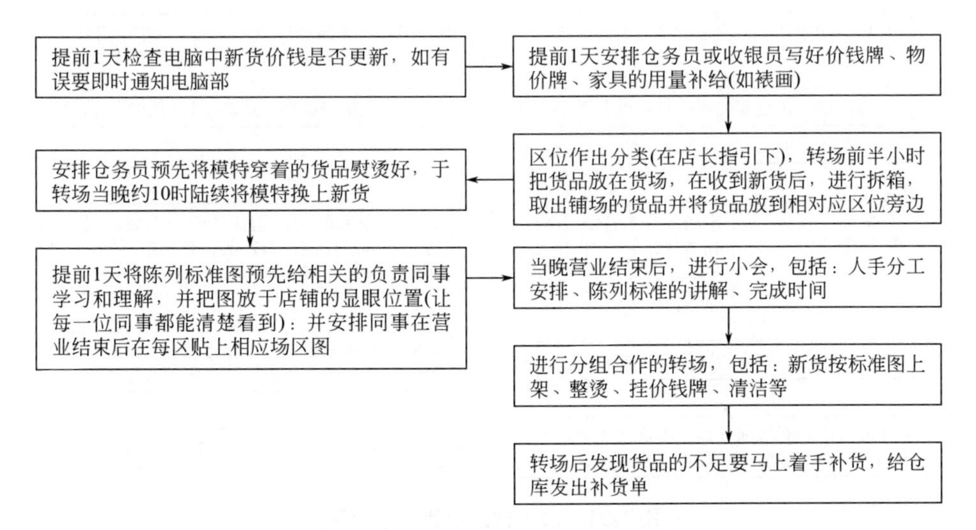

图7-89　晚转场前的准备工作示意图

（3）店铺转场后的工作安排

店铺转场后的工作安排如图7-90所示。

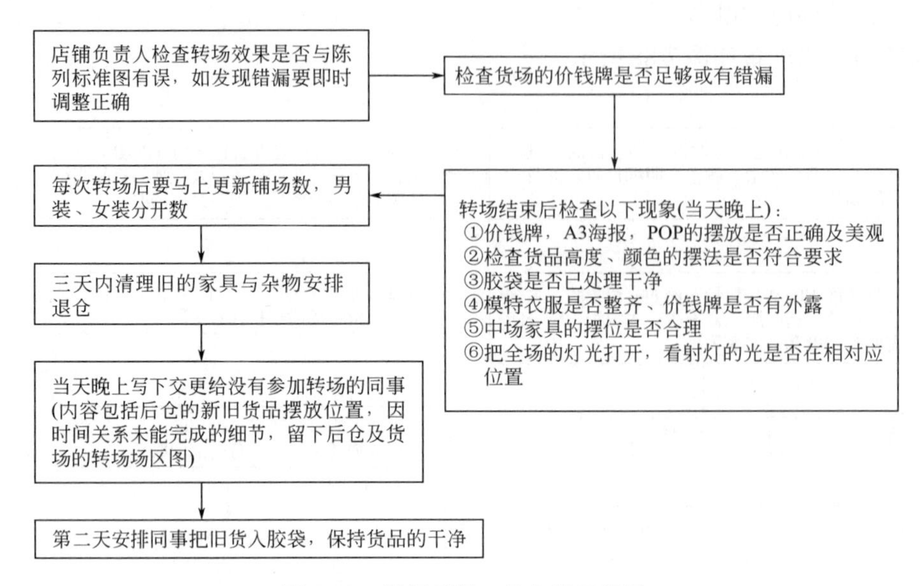

图7-90 转场后的工作安排示意图

（4）店铺中次货或退货程序

店铺如有次货或退货时的工作流程如图7-91所示。

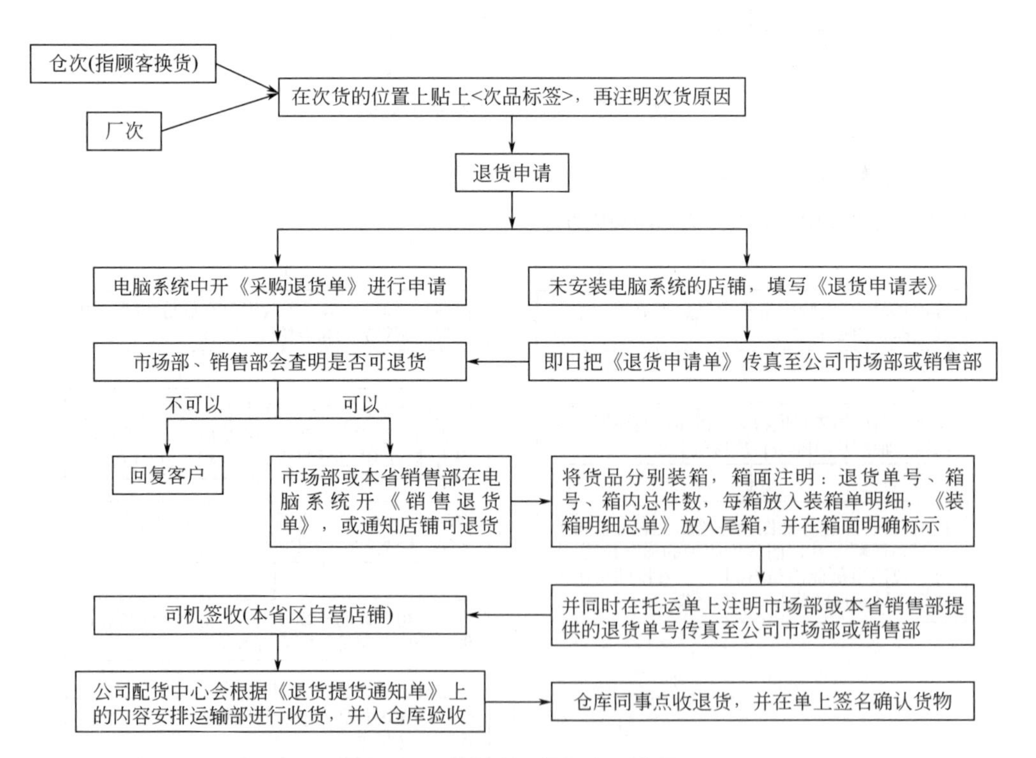

图7-91 次货或退货程序示意图

思考题

1.服装终端店铺陈列的原则是什么?
2.服装终端店铺人模展示技巧有哪几种?
3.结合案例分析说明终端店铺内商品色彩搭配的技巧。

实践训练

选择一个知名服装品牌的终端店铺，就平时商品流动管理中出现的问题和困难访谈店铺内的店长，以小组形式进行讨论，寻求有效解决方案。

第八章 品牌财务预算企划

财务预算是一系列专门反映企业未来一定期限内预计财务状况和经营成果以及现金收支等价值指标的各种预算的总称。财务预算属于企业计划体系的组成部分，是以货币表现企业长期发展规划和近期经济活动的计划。同时，财务预算又是企业全面预算的一个重要方面，它与企业业务预算（即产、销、存预算）相互联系、相辅相成，共同构成企业完整的全面预算体系。财务预算具有综合性和导向性特征。

财务预算包括如反映现金收支活动的现金预算；反映销售收入的销售预算；反映成本、费用支出的生产费用预算（又包括直接材料预算、直接人工预算、制造费用预算）；期间费用预算；反映资本支出活动的资本预算等。综合预算是反映财务活动总体情况的预算，如反映财务状况的预计资产负债表、预计财务状况变动表，反映财务成果的预计损益表等。

第一节 企业成本

服装企业的财务预算和规划需要结合品牌策略进行，必须考虑到自身的实力、产品的成本、利润率等因素之后再开展预算活动。

成本是指产品在生产和流通过程中所需的全部费用，通常指为取得商品或劳务所支付的现金或提供交换的非现金资产的价值。成本还包括企业行政管理费、财务费、销售费等。

一、成本类别

成本预算根据行业的不同，分为产品成本预算和营业成本预算。

成本预算是从事工业生产的单位在预算期内生产产品所需的生产成本、单位成本和销售成本的预算。成本预算是对生产预算中的直接材料预算、直接人工预算、制造费用预算的汇总，得出产品的总成本和单位成本。

营业成本预算是非生产型单位对预算期内为了实现营业预算而在人力、物力、财力方面必要的直接成本预算，主要依据企业有关定额、费用标准、物价水平、上年实际执行情况等资料汇总。

二、服装生产成本

在计算服装生产成本时，材料费、人工费、制造费等都是成本的组成部分。

1. 直接成本与间接成本

成本按照与特定的成本对象直接相关还是间接相关，分为直接成本与间接成本两大类。服装企业直接成本是指每件服装耗用的面辅料费用、计件工资、样衣试制费、外加工费等。服装企业间接成本是指服装生产中，缝纫机油等辅助材料费、管理人员劳务费、机器折旧费等。

2. 固定成本与变动成本

成本按其与“产量”这一成本动因之间的依存性，可以分为固定成本和变动成本两大类。

固定成本（Fixed Cost）是与产量多少无关而需要花费的费用，是总额在一定时期和一定业务量范围内不随产量的增减而发生变化的成本。服装产品的固定成本有机器与厂房折旧费、厂房保险费、管理费、行政人员工资等。

变动成本（Variable Cost）是与产量成正比增减的费用，总额随产量的增减而成正比变动的成本。通常包括直接材料费、直接人工费、加班费、直接人工提取的福利费等。

总成本可以看成是由固定成本和变动成本两部分组成。

3. 单位成本与总成本

单位成本，也叫平均成本，是以总成本除以数量计算的。订货为多品种、小批量方式时，宜采用单位成本计算总成本。同类产品大批量生产时，适合用总成本除以产量得出单位成本。

4. 盈亏分析

由图8-1可知，变动成本、固定成本、销售数量、利润之间的相互关系为：

$$销售利润=销售收入-变动成本-固定成本$$

或

$$销售利润=销售数量\times（单位售价-单位变动成本）-固定成本$$

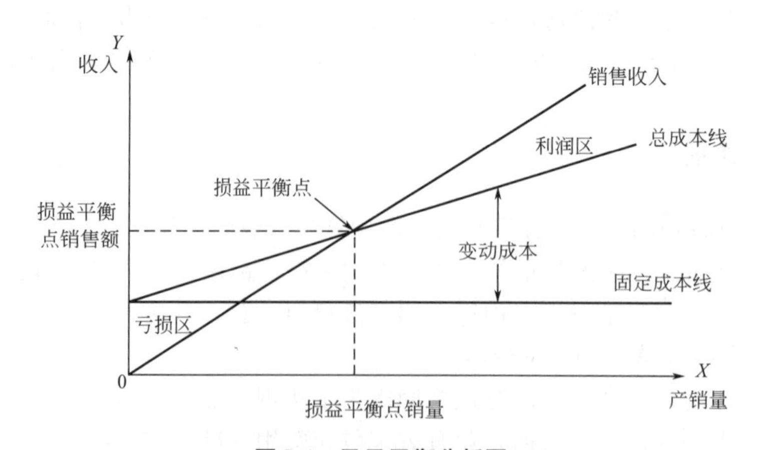

图8-1　盈亏平衡分析图

销售收入线和产品总成本线相交处是损益平衡点，也称盈亏临界点或保本销售点（Breakeven Point），即在一定销售量下，企业销售收入等于产品总成本，不盈不亏。以盈亏临界点为界，销售收入高于此点，则企业盈利；反之，则企业亏损。但这种线性分析仅适用于少数品种大批量生产的服装品牌情形。

产品售价超过变动成本的部分，称为边际贡献、边际利润。在经营中，将贡献毛益用于补偿固定成本，补偿后有余额，便是利润；反之，不能补偿固定成本，则出现亏损。如果贡献毛益与固定成本正好相等，这表明企业处于不盈不亏、损益平衡的状态。

第二节 全面预算管理

一、预算的作用与内容

全面预算管理是利用预算对企业内部各部门、各单位的各种财务及非财务资源进行分配、考核、控制，以便有效地组织和协调企业的生产经营活动，完成既定的经营目标。

预算的基本目的是规划和制订经营目标，进而将目标与实际结果进行比较。它是经营决策和长期决策目标的一种数量表现，即通过有关的数据，将企业全部经营活动的各项目标具体、系统地反映出来。企业根据制订的各种预算，可定期或不定期地对各部门的执行情况进行考核与评价，及时纠正偏差，对经济活动加以控制，确保决策目标的实现。

预算主要包括三个方面的内容：经营预算、财务预算、专门决策预算。经营预算是与企业日常经营活动有关的预算，主要包括销售预算、生产预算、直接材料预算、直接人工预算、制造费用预算、单位生产成本和期末存货预算、销售及管理费用预算。财务预算是与企业现金收支、经营成果和财务状况有关的预算，主要包括现金收支预算、预计利润表、预计资产负债表。图8-2反映了预算的完整体系。

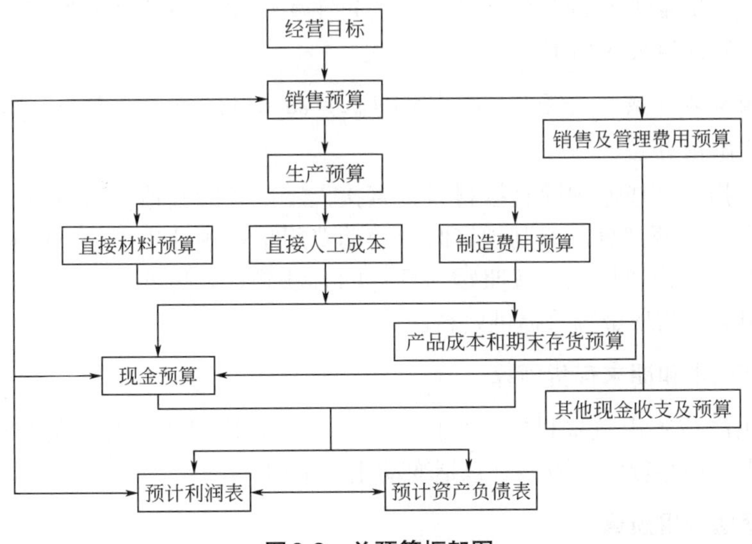

图8-2 总预算框架图

二、预算编制方法

（一）经营预算

1. 销售预算

销售预算是编制预算的起点与关键，因为产品产量、材料、人工、制造费用的支出，推销及管理费用以及存货水平，都是由产品销售量决定的。

销售预算以经营目标（即目标利润）为基础，由市场需求、商品单价及成本消耗等因素决定。销售预算的内容主要包括销售数量、单价和收入等。在编制销售预算的同时，还要编制应收账款收入预算，以反映各期销售额的应收数和实收数，为现金预算提供依据。

2. 生产预算

生产预算是从事工业生产的预算执行单位在预算期内所要达到的生产规模及其品种结构的预算，主要是在销售预算的基础上，依据各种产品的生产能力、各项材料及人工的消耗定额及其物价水平和期末存货状况编制。

销售预算确定以后，即可编制生产预算。产品的生产量是由预计销售量、预计期末存货量和期初存货量共同决定的。产品生产量的预算既要考虑销售量的要求，又要考虑存货的要求。预计生产量的计算公式如下：

预计生产量=预计销售量+预计期末存货−期初存货

（1）直接材料预算

材料的耗用量取决于生产量的大小及材料库存量。预计材料采购量的计算公式如下：

预计材料采购量=预计材料耗用量+预计期末材料库存量−期初材料库存量

在编制材料采购预算的同时，还必须编制应付购货款的支出预算。反映各季度应付购货款的应付数和实付数，为现金预算提供依据。

（2）直接人工预算

直接人工预算编制的基础是生产预算中的每季生产量、单位产量的工时定额以及单位小时的工资率。其计算公式如下：

预计直接人工成本=预计生产量×单位产品工时定额×单位小时工资率

（3）制造费用预算

制造费用是指生产成本中除直接材料、直接人工以外的其他一切费用，包括变动制造费用和固定制造费用两部分。编制预算时，变动费用根据预计生产总工时和预计变动制造费用分配率计算；固定费用预算按照零基预算的方法确定。另外，在预算表中还要计算以现金支付的费用数，为现金预算提供资料。

3. 单位生产成本和期末存货预算

产品单位生产成本由直接材料、直接人工、制造费用组成。若采用变动成本计算法，产品单位生产成本和存货成本应该只包括变动生产费用。

4. 销售及管理费用预算

销售及管理费用预算，即营业费用预算。销售及管理费用是指生产制造业务范围以外所发生的各种费用，包括销售人员薪金和佣金、运输费用、广告费、差旅费、办公费、保险费、财产税等。其预算的编制与制造费用预算编制的方法相同。

（二）资本支出预算

资本支出预算是专门决策预算的一种，它是根据企业决策层做出的长期投资决策项目编制的预算。

1.现金预算

现金预算是反映企业在预算期内现金收支详细情况的预算。编制该预算，可以使企业加强对预算期内现金收入的控制，合理使用和调度资金，保证企业财务活动正常进行。现金预算一般包括四个部分：现金收入、现金支出、现金多余或不足、资金的筹集和运用。

2.预计利润表

预计利润表反映了企业在预算期内全部经营活动的最终成果。它综合反映计划期内预计销售收入、销售成本和预计可实现的利润或可能发生的亏损，可以揭示企业预期的盈利情况，有助于管理人员及时调整经营策略。

3.预计资产负债表

预计资产负债表反映了企业预算期末有关资产、权益及其相互关系的状况。在期初资产负债表基础上，依据当前的实际资产负债表和全面预算中的其他预算所提供的资料，即可编制预计资产负债表。

4.其他现金收支预算

其他现金收支预算，是指企业日常财务管理活动所发生的各项收支预算，主要包括企业筹集资金预算、多余资金进行短期投资的预算以及发放股利、支付所得税的预算。

第三节 ● 资金筹措

资金是企业进行生产经营活动的必要条件之一。筹集资金是企业资金运动的起点，是决定资金运动规模和生产经营发展程度的重要环节。

品牌运作需要资金的投入，因为资金是服装品牌运作的基本要素之一。企业和品牌创建时都需要筹集一定的初始资本，用于购买或租赁场地、设施等，支付工资和费用，维持正常经营活动等。品牌在发展过程中，为维持或扩大经营规模、调整产品结构、研制开发新产品等，也需要筹集资金，补充资金的缺口。服装企业可以通过金融市场或有关渠道，运用各种筹资方式进行资金筹措。

企业筹资的动机有设立性、扩张性、偿债性、混合性。

一、筹资的渠道与方式

筹资渠道就是指企业筹措资金的来源与通道。筹资方式是指可供企业在筹措资金时选用的具体筹资形式。

筹资渠道体现的是取得资金的客观可能；筹资方式是指把筹资可能性变为现实而采用的方法，往往取决于企业的组织形式、规模、信用度、担保能力和经营能力。筹资方式主要有投入资本、发行股票、发行债券、向银行或非银行金融机构借款、商业信用、商业票据、租赁、留存收益、其他金融衍生工具等。

1. 筹资渠道

筹资渠道主要有以下8种。

① 国家财政资金。

② 银行信贷资金。

③ 其他金融机构资金。

④ 社会民间资金。

⑤ 企业自留资金。

⑥ 其他企业资金。

⑦ 居民个人资金。

⑧ 境外资金。

2. 筹资方式

筹资方式是指企业在筹措资金时所采用的具体形式。我国企业目前筹资方式主要有以下几种。

① 吸收直接投资。

② 发行股票。

③ 利用留存收益。

④ 向银行借款。

⑤ 利用商业信用。

⑥ 发行公司债券。

⑦ 融资租赁。

二、权益资金的筹集

1. 吸收直接投资

企业在采用吸收投资方式筹集资金时，一般投资者可以用下列资产作价出资。

① 以现金出资。

② 以实物出资。

③ 以工业产权出资。

④ 以土地使用权出资。

2. 发行股票

股票是有价证券的一种主要形式，是指股份有限公司签发的证明股东所持股份的凭证。股票的分类有如下3种。

① 普通股票和优先股票。

② 记名股票和不记名股票。

③ A股、B股、H股和N股。

3.发行公司债券

公司债券是股份制公司发行的一种债务契约，公司承诺在未来的特定日期，偿还本金并按事先规定的利率支付利息。公司债券是公司债的法定形式，公司债是公司债券的实质内容。

标准普尔公司和穆迪公司对于债券评级见表8-1。

表8-1　公司债券评级

风险程度	穆迪	标准普尔
还本付息能力极强，有可靠保证，承担风险最小	Aaa	AAA
还本付息能力很强，但风险性比前者略高	Aa1 Aa2 Aa3	AA^{+}AAAA^{-}
安全性良好，还本付息能力一般，有潜在的导致风险恶化的可能性	A1 A2 A3	A^{+} A A^{-}
安全性中等，短期内还本付息无问题，但在经济不景气时风险增大	Baa1 Baa2 Baa3	BBB^{+} BBB BBB^{-}
有投机因素，不能确保投资安全，情况变化时还本付息能力波动大，不可靠	Ba1 Ba2 Ba3	BB^{+} BB BB^{-}
不适合作为投资对象，在还本付息及遵守契约条件方面都不可靠	B1 B2 B3	B^{+} B B^{-}
安全性极低，随时有无法还本付息的危险	Caa	CCC
极具投机性，目前正处于违约状态中，或有严重缺陷	Ca	CC
最低等级，完全投机性	C	C
债务违约	D	D

三、企业财务竞争力

企业核心竞争力在普拉哈拉德和哈默尔《企业核心竞争力》文中被定义为："企业会开发独特的产品、发展独特的技术和发明独特的营销手段，是积累组织中的知识，尤其是关于如何协调不同的生产技能和结合多种技术的知识"。

竞争力的分析方法有沃尔评分法、复合财务系数、综合指数法、描述性统计分析法、多元线性回归分析法、数理统计法中的因子分析法、综合排名法分析等。

目前，我国纺织服装行业在沪深上市的企业有78家，从中选出40家主营服装的上市企业，这些上市企业大多为国有企业、民营企业，少部分为集体企业和中外合资企业（图8-3）。

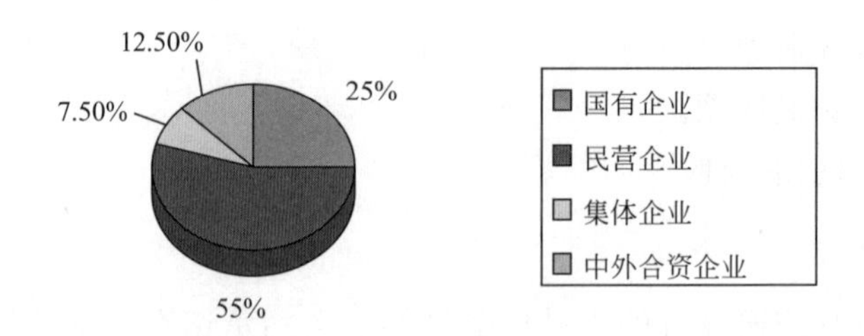

图8-3 服装上市企业性质构成

财务竞争力常见的分析方法为杜邦分析法（图8-4），从财务分析的角度来评价企业绩效，其基本思路是把企业的净资产收益率通过计算然后逐级分解成多个财务比率的乘积，这样将更有助于深入地对企业的经营业绩进行比较分析。

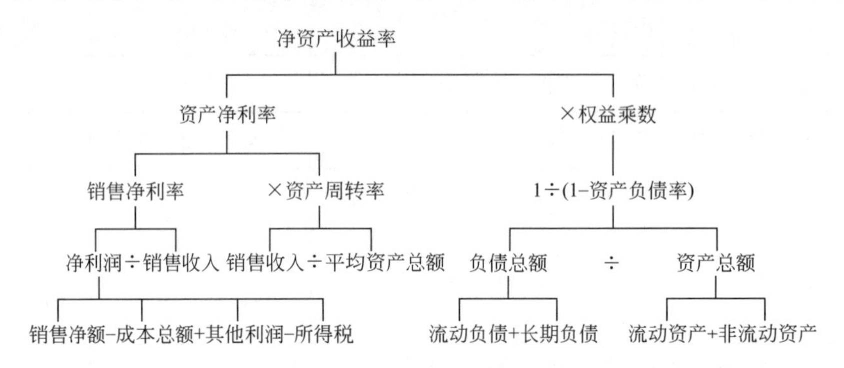

图8-4 杜邦分析图示

杜邦模型最显著的特点是用来评价若干个企业经营效率和财务状况的比率，然后按其内在联系有机结合起来，形成完整的指标体系，并最终根据权益率综合反映出来。采用这种方法，可使财务比率分析有明确的层次感和条理性，能够仔细地了解到企业的经营和盈利状况。

（一）净资产收益率的计算过程

第一步：净利润=销售净额–成本总额+其他利润–所得税
负债总额=流动负债+长期负债
资产总额=流动资产+非流动资产

第二步：销售净利率=净利润/销售收入
资产周转率=销售收入/平均资产总额
资产负债率=负债总额/资产总额

第三步：资产净利率=销售净利率×资产周转率
权益乘数=1/（1–资产负债率）

第四步：净资产收益率=资产净利率×权益乘数

（二）计算分析

净资产收益率是杜邦分析系统的起点和核心。该指标的高低会直接反映出投资者净资产获利能力的大小。净资产收益率是由销售净利率，资产周转率和权益乘数决定的。

权益系数表明了该企业的负债程度。这项指标越大，表明该企业的负债程度越高。

总资产收益率是销售净利率和总资产周转率的乘积，综合反映了企业销售成果和资产运营的情况。

总资产周转率能够反映企业销售收入的综合能力，能反映出企业资产结构是否合理，也能反映出存货周转率、流动资产周转率等有关资产使用效率指标关系。

所以，净资产收益率具有很强的综合性，可以根据这项指标了解到企业的经营绩效，并分析出财务状况。

以内衣行业三年来某股份公司的财务指标（表8-2）来解说该企业的财务指标。

可以计算得到该上市企业的：

2012年净资产收益率（%）=2.30

2011年净资产收益率（%）=7.87

2010年净资产收益率（%）=10.64

表8-2　某上市企业2010～2012年财务指标数据

二级指标	三级指标	2012年	2011年	2010年	平均值
偿债能力	速动比率	1.61	1.13	1.27	1.34
	流动比率	2.65	2.13	2.33	2.37
	现金比率（%）	91.02	80.78	84.39	85.40
	资产负债率（%）	26.82	33.75	30.29	30.29
盈利能力	总资产净利润率（%）	1.62	5.56	7.89	5.02
	总资产利润率（%）	1.68	5.22	7.44	4.78
	净资产收益率（%）	2.30	7.87	10.64	6.94
	成本费用利润率（%）	3.12	10.81	17.67	10.53
	主营业务成本率（%）	85.79	82.39	75.96	81.38
	主营业务利润率（%）	13.86	17.28	23.76	18.30
成长能力	总资产增长率（%）	–7.33	14.21	12.70	6.53
	净资产增长率（%）	2.35	8.55	11.95	7.62
	净利润增长率（%）	–70.11	–19.95	44.60	–15.15
	主营业务收入增长率（%）	1.27	20.25	57.09	26.20

续表

二级指标	三级指标	2012年	2011年	2010年	平均值
运营能力	总资产周转率（次）	0.65	0.66	0.62	0.64
	存货周转率（次）	1.84	1.69	1.86	1.80
	固定资产周转率（次）	3.25	3.39	4.34	3.66
现金流量	经营现金净流量与净利润比率（%）	1.55	0.78	–1.27	0.35
	经营现金净流量对负债率比率（%）	0.10	0.12	–0.31	–0.03
	现金流量比率（%）	9.94	12.34	–32.18	–3.30

思考题 

1. 企业成本由哪些内容构成？
2. 预算的作用和内容是什么？

实践训练

针对某服装品牌企业进行成本分析，在企业财务预算管理中存在哪些问题，如何解决？

第九章 服装商品企划案例分析

我国是世界上最大的服装消费国和生产国，但国内知名品牌并不多，世界知名的就更少了。我国服装出口大多是贴国外的知名品牌，很少有自己的品牌。因此，所得利润极少，只是很低的加工费而已，大部分被国外品牌持有者获得。根据中华全国商业信息中心的监测数据，女装服装市场销量前十位品牌基本都是知名品牌，相对稳定和集中。目前国产女装缺乏强劲的领军品牌，而国外一些知名品牌已经进入我国市场，有的已经占据了相当的市场份额，如ONLY、ESPRIT、ETAM、VEROMODA等。要想成为真正的世界服装大国、服装强国，就要在服装品牌上下工夫。

虽然我国的很多服装企业也强调品牌效益，强调品牌文化，但在设计和生产时，却还是没有将品牌效益做到位，服装企业的经营模式不是“满足”，而是“追随”，他们讲究的还是生理偏好和经济实惠，容易忽略人们的心理需求。在服装产品严重同质化的时代，如何建立优秀的服装品牌来满足消费者的需求，如何在产品和风格上形成不可替代的独特竞争力，已经成为服装企业在市场上立足的“第二生产力”。因此，创建自主服装品牌，做好服装商品企划势在必行。

本章介绍对冬季女外套和男休闲装品牌企划案进行分析。

第一节 冬季女外套企划案分析

一、目标市场设定

（一）目标市场研究方法

本案例运用AIOV分析法进行研究，此方法是设计一份与消费者的个人基本属性、服装消费状况相关的问卷，对消费者进行抽样调查，然后进行分析。研究过程可以分为五个步骤进行，如图9-1所示。

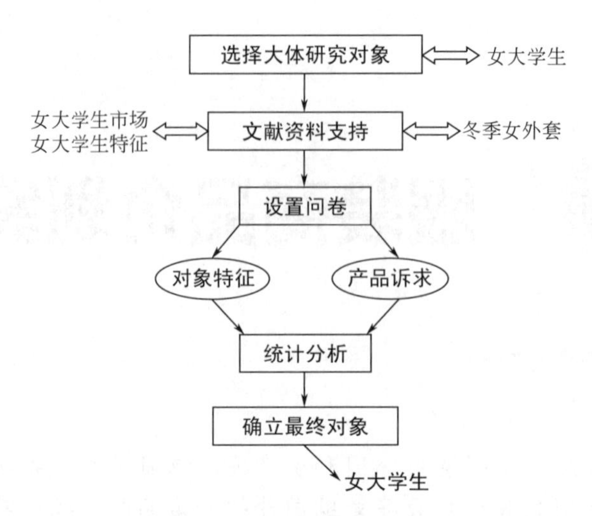

图9-1 目标市场研究过程

① 初步选定冬季女外套的潜力消费群（女大学生），范围较为广泛。

② 参考资料，探讨该人群本身的特点和服装特点。

③ 按照步骤② 设置对这类消费者的问卷（调查阶段）。

④ 进行数据分析，找出需求量最大的目标市场（分析阶段）。

⑤ 确立最终的消费群体，将步骤① 具体化，了解其特征属性（描绘阶段）。

（二）目标市场分析

目标市场的分析，是建立在对消费者的诉求、价值观、个性、生活环境等方面的基础上进行群体分析，AIOV分析要素如图9-2所示。

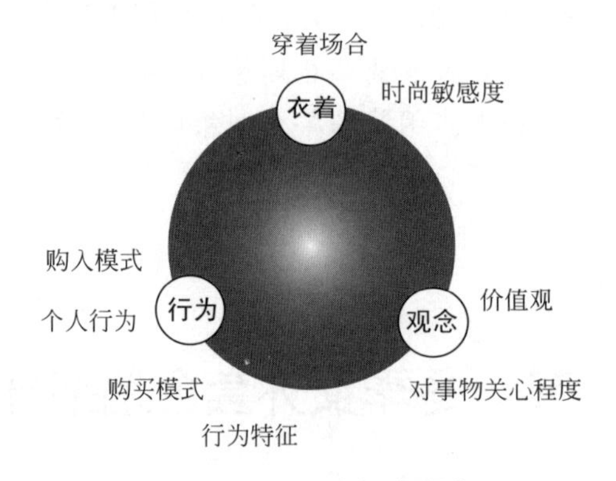

图9-2 AIOV分析主要素

1. 目标消费者特征分析主要内容包括

（1）社会文化特征

文化阶层、社会阶层、所属群体、家庭地位。

（2）个人特征

年龄、性别、职业、收入、个性、学历、信仰、居住。

（3）生活方式

生活场景、嗜好、穿着特征（品类、款式、色彩、材料）。

（4）购买意识

决定购买要因。

（5）价格认可

与消费者的收入、购买意识等相关。

（6）购买行为

购买的时期、场所、方法、动机。

分析过程为：设计一份与目标消费者的行为、兴趣、观念相关的问卷，对其进行抽样调查，然后对结果进行心理分析，根据分析结果判断出此类消费者的潜在需求。

本案例问卷调查的对象锁定在校女大学生，当代大学生服装市场是重要的细分市场之一。为了调查的便利和准确，本案调查选取了上海、南通、厦门、福州的女大学生作为调查对象，这4个地区都是南方较发达的城市，具有共性和代表性。共发放调查问卷320份，有效问卷284份，问卷的有效回收率为88.8%。

如图9-3和图9-4所示，问卷发放的城市比例分别为上海23.94%、南通26.76%、厦门24.65%、福州24.65%，地区分布平均，符合科学统计原则；专业类别比例为理工类>文史类>艺术类>其他，也符合中国大学学科设置的状况，问卷发放合理、真实、有效。

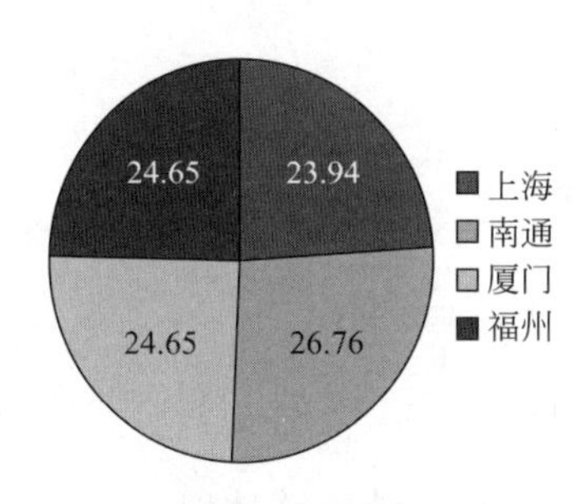

图9-3　调查城市分布情况

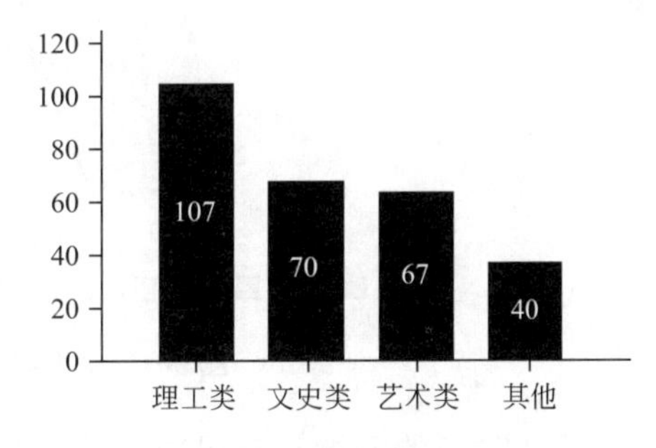

图9-4　专业类别

2. 群体特征

（1）时尚个性群体

选取的顾客层是女大学生群体，她们接受良好的教育，思想积极向上、兴趣爱好广泛，对新事物采取接受、采纳的态度，如图9-5所示。

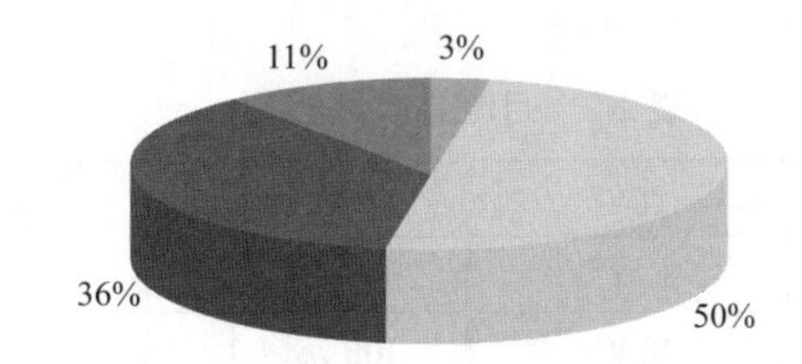

图9-5　女大学生生活方式

这个群体中，生活方式为积极进取所占比重最大约达到50%；积极进取加上革新开放类型的人数占60.6%，说明该群体大部分人是充满活力、积极向上、喜欢时尚潮流的；而踏实稳定占36.3%，说明受传统教育影响，一部分女大学生还是比较知性优雅，乐于充实新知识。总体而言，该群体对信息具有敏感度，尤其是时尚资讯，如表9-1所示。

表9-1 获取信息途径

获取信息途径	人数	比例	获取信息途径	人数	比例
橱窗陈列	118	24.7%	电视/户外广告	39	8.2%
他人穿着	94	19.7%	时装展示会	18	3.8%
报纸杂志	81	17%	销售员介绍	20	4.2%
家人朋友介绍	41	8.6%	网络	66	13.8%

在校女大学生获取服装流行的信息多半来自商品、橱窗陈列及其他人的穿着，说明该群体喜欢逛街，容易受周围人的影响；另外还有一大部分信息来自于报纸杂志、网络、广告，则反映他们兴趣广泛，接受时尚信息的渠道广、能力强。他们是年轻时尚，又不失自我的一群人，如图9-6所示。

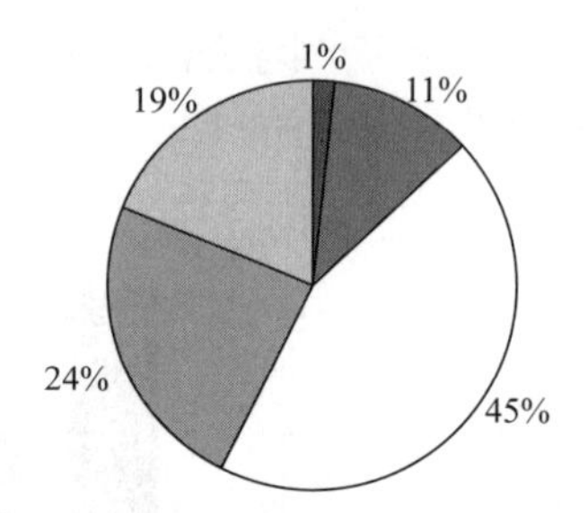

图9-6 女大学生着装风格

该群体中有44.7%的人拥有自己独特的着装风格，力求服装能够体现个性。还有23.9%的人不喜欢一成不变的服装风格，而是随心情变化选择不同的服装搭配。说明该群体服装意识较为成熟不会盲目追赶潮流，他们会按照自己的审美情趣来装饰自己，穿着讲求个性，渴望与众不同。

（2）经济不独立群体

虽然在校女大学生这个群体拥有强烈的爱美之心，也乐意在服装方面花费，但由于经济未独立，消费受到很大制约。

表9-2 月服装消费金额

消费金额	人数	比例	消费金额	人数	比例
100元以下	90	31.7%	200～300元	40	14.1%
100～200元	139	48.9%	300元以上	15	5.3%

表9-3 冬季外套的心理价位

心理价位	人数	比例	心理价位	人数	比例
150元以下	64	31.7%	300～500元	67	14.1%
150～300元	146	48.9%	500元以上	7	5.3%

由表9-2和表9-3可以看出，这个群体受经济制约的影响极大。他们的月平均服装消费水平都不高，以每月100元以下和每月100～200元居多，超过每月200元的比较少；而冬季外套的心理价位也都在300元以下，300～500元的不多，超过500元的更少。

如图9-7所示，在选择促销方式的时候，该群体大多数人选择了直接打折和满多少元减多少元这两种促销方式，都是相对可以支付较少费用购买心仪服装的方式，其他促销方式不多，可见经济因素是制约该群体服饰消费的关键。

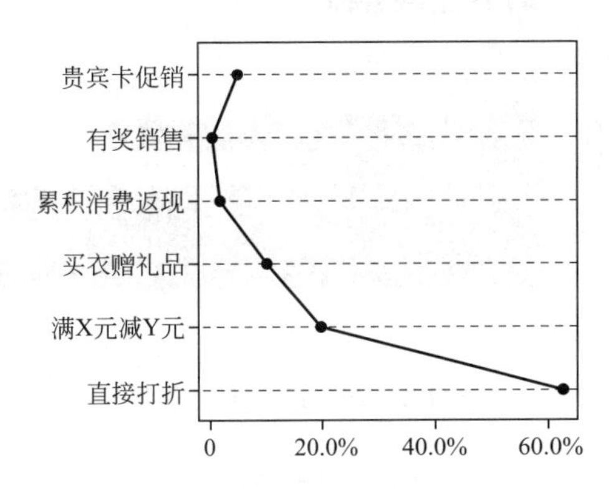

图9-7　喜欢的促销方式

（3）“时尚”与“经济”的矛盾群体

该群体既追求时尚个性、高品质、高品位的生活，又渴望物美价廉，是一个时尚与经济相结合的矛盾体。从她们购买服装的经历可以很好地说明这个问题，如图9-8所示。

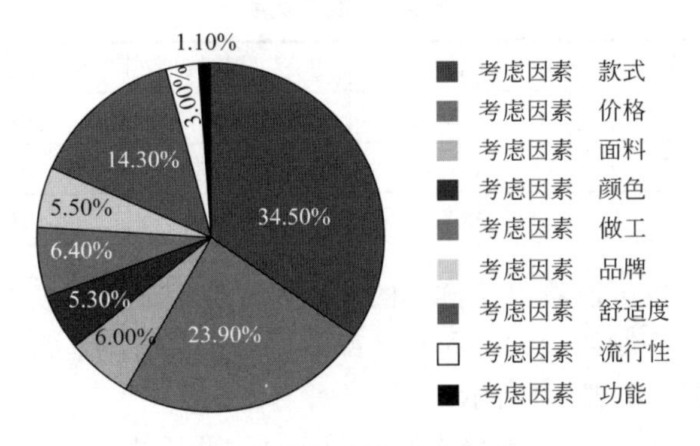

图9-8　购买服装考虑因素

在购买服装时，该群体优先考虑的因素是款式，这就印证了上面的“时尚个性群体”的说法，其次考虑价格因素，这就证明了他们在经济上不够独立，可自由支配的服装消费金额有限。

在调查中发现，95.1%的女大学生有购买品牌服装的经历。为了追求品牌服饰，她们可以透支下个月甚至下下个月的生活费，这充分体现了她们对于追求高品质、高品位生活的强烈心理需求。但是迫于经济压力她们多数情况只能选择价位相对较低的国内品牌，而像ONLY、Etam、Esprit、VeroModa这些时尚个性的国外品牌，喜欢的人很多，选择的人却不多，主要是对其相对的高价位望而却步，如图9-9所示。

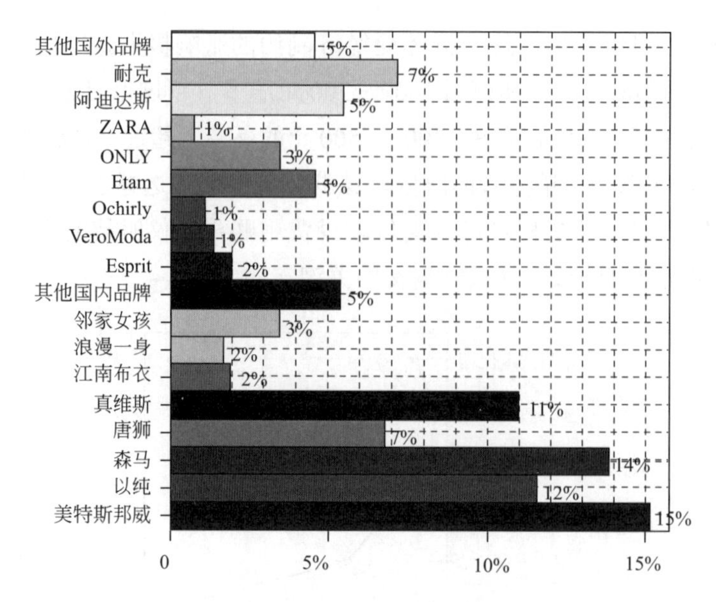

图9-9　购买过的服装品牌

表9-4　购买时间表

购买服装时间	人数	比例	购买服装时间	人数	比例
新货上市	55	13.8%	无所谓	138	34.6%
换季打折	87	21.8%	其他	20	5%
节假日促销	99	24.8%			

表9-5　购买场所

购买服装场所	人数	比例	购买服装场所	人数	比例
百货商场	112	22.8%	个体零售店	139	28.3%
专卖店	162	32.9%	批发市场	11	2.2%
超市	18	3.6%	网络商店	50	10.2%

从购买服装的时间也可以看出该群体的矛盾性。他们通常在换季打折和节假日促销时购买服装，说明其受经济制约较大，而有一部分人对购买时间显得无所谓，同时也说明了他们是非常感性的群体，如表9-4所示。

从表9-5可以看出，该群体大部分人倾向于在百货商场和专卖店购买服装，说明他们中大多数人想要有良好的购物环境和高品质的服务享受；而部分人会选择个体零售店，那些服装零售店往往物美价廉，但服装的质量和品牌并没有保证。

表9-6　购买服装原因

购买服装原因	人数	比例	购买服装原因	人数	比例
适应季节变化	127	26.2%	服装搭配需要	54	11.2%
衣服出现问题	51	10.5%	闲逛时看中	71	14.7%
追赶潮流	32	6.6%	促销活动	37	7.6%
社交需要	31	6.4%	其他	6	1.3%
心情变化	75	15.5%			

同时，该群体也有非常理性的一面，她们中由于追赶潮流而购买服装的比例只有6.6%，大多数人还是为了适应季节变化、衣服出现问题、社交需要或者是看到促销时才会考虑购买服装（见表9-6）。

从表9-7相关分析中可以看到相关性系数为0.543，显著性为0.000，服装月消费和所能承受的服装价位呈现正相关，且相关显著。说明该消费群的服装购买能力完全由手中持有的可支配资金所决定。

表9-7　月服装消费与服装价位的相关性

月消费金额	冬季外套心理价位	月消费金额	冬季外套心理价位
相关性系数	0.543	人数	284
显著性	0.000		

（三）目标市场确定

通过对4个地区在校女大学生的问卷调查分析及深入访谈，可以很明确地细分目标消费群，并且确定了本案的目标市场是一群洋溢着青春气息并且靓丽、时尚的女大学生。她们生活环境单纯，校园环境练就她们独特的气质；她们个性独立，不喜欢随波逐流；她们讲求对自由生活的享受，崇尚激情与欢乐；她们思想积极向上，对未来和人生有美好的向往和规划；她们兴趣爱好广泛，积极参与各种社会活动；她们关注主流媒体，注重个人形象，强调沟通；她们没有独立的经济基础，无法自由支配手中的金额。

这一群体消费意识强烈，按照自我概念进行消费，她们喜欢设计独特、美观大方、彰显个性的服装。据调查发现，只有30.3%的女大学生表示她们目前所拥有的冬季外套能够满足需要，50.4%表示服装勉强满足需要，19.4%表示服装不能满足需要。

综上所述，本案的目标市场是那些爱好流行时尚、注重个性风格，经济相对不独立，且对现有服装不能满足的女大学生群体。

二、品牌命名

（一）品牌命名

1.命名原因

本品牌命名为“唯衣”（拟音型）。

本品牌的理念风格为简约、女性化风格，“唯衣”二字短小精悍，能够很好地传达本品牌简约而不简单、富于女性化浪漫色彩的内涵。

本品牌的目标消费者是时尚个性的女大学生，她们对服装有独到的见解，喜欢穿着独一无二的服饰，而“唯衣”二字短而具有象征性，很容易让人联想到同音词“唯一”，即为每一个顾客提供个性化的服务和与众不同的服装，从而吸引她们的眼球。

“唯衣”简洁鲜明，易记、易读写，适合所有的广告媒体，便于推广。

“唯衣”寓意着本品牌因精美的服装、优质的服务和合理的价位受到广大消费者的喜爱，并成为她们“唯一”信赖的品牌，购买女装“唯一”的最佳选择。

2.命名意义

本品牌能表达出如下六层意思。

① 属性：一个品牌首先给人带来特定的属性，唯衣代表了年轻时尚的服装。

② 利益：属性需要转换成功能和情感利益，唯衣能够满足顾客对服装的心理需求。

③ 价值：品牌体现了商品的某些价值感，唯衣体现了高品质服务。

④ 文化：品牌可以象征一定的文化，唯衣代表的是时尚校园服饰，有朝气、有活力、有品位。

⑤ 个性：品牌代表了一定的个性，唯衣的品牌形象会使人想起一位清纯亮丽的女大学生，或者轻松美丽的大学校园氛围。

⑥ 使用者：品牌还体现了购买或使用该产品的是哪一类消费者，体现其穿着者简约的服饰理念、女性化的外在形象。

（二）BI计划

BI即品牌形象设计，就是将品牌的核心理念准确有效地传达给消费者，塑造一种消费者可以看到、感觉到或体会到的品牌特征，本案BI设计如图9-10所示，本品牌命名为“唯衣”。

图9-10　唯衣品牌标识

标识的图案是由一个微微低着头看似闻着花香，又像在思考的女孩的侧脸，和品牌名称“唯衣”的汉语拼音首字母大写W组合而成，图案简洁美观，且个性鲜明，符合女大学生的审美喜好。标识的色彩采用无色系的黑和白，与整个标识图案搭配协调。

应用设计要保持标识风格的统一性和传达设计意图的准确性。主要应发挥商标、吊牌及其他一些标识对产品相关信息提示的作用，商标和吊牌如图9-11和图9-12所示。

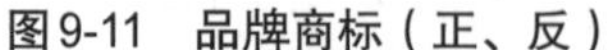
图9-11　品牌商标（正、反）

图9-12　品牌吊牌

三、理念风格设定

1. 冬季女外套理念风格的确定方式

冬季女外套单一品类的理念风格是通过问卷分析来确定的。通过问卷收集、筛选和归类得到6组理念风格词汇的对比：活泼·优雅、休闲·职业、现代·经典、简约·华丽、男性化·女性化、个性化·大众化，进行理念风格问卷调查，计算得出目标市场偏好的理念风格，调查结果如表9-8所示。

表9-8　问卷调查结果

Xn	词汇对比	–3	–2分	–1分	0分	1分	2分	3分	平均值
x1	活泼·优雅	2	29	39	80	81	24	29	0.398
x2	休闲·职业	32	59	101	65	23	3	1	–0.996
x3	现代·经典	7	46	71	82	40	31	7	–0.215
x4	简约·华丽	24	99	91	42	19	9	0	–1.141
x5	男性化·女性化	2	8	12	46	131	62	23	1.021
x6	个性化·大众化	15	42	79	90	32	19	7	–0.412

2. 冬季女外套理念风格的设定

由表9-8得出被调查者的风格喜好排列顺序：简约>女性化>休闲>个性化>优雅>现代。理念风格细分评价如图9-13所示。

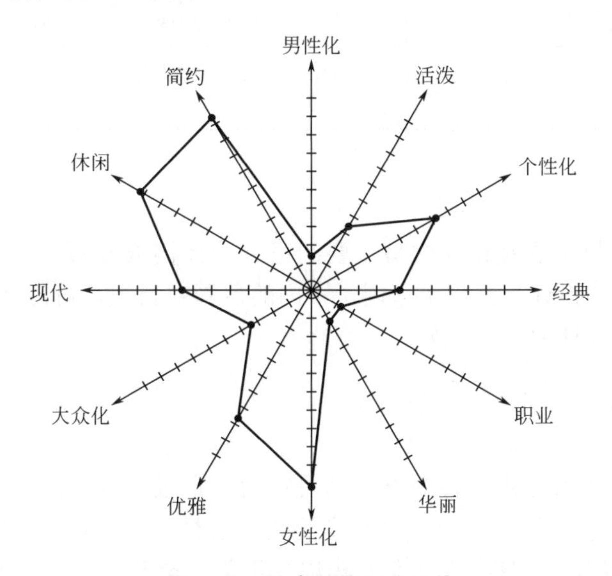

图9-13　理念风格细分评价

女大学生最喜欢的冬季外套的理念风格为简约风格，其次是女性化，然后是休闲，而女性化和休闲的平均值相差不多。放眼大学校园里女大学生的穿衣风格并不会显得另类怪诞或是哗众取宠，大多是简单大方、干净舒适，这与她们所处的环境和个人素养相关。她们崇尚简约、自然之美；享受休闲自由的感觉；也乐于表现自己的女性魅力。

冬季女外套的理念风格：简约、女性化的风格为大前提，旨在表现女大学生青春、亮丽的一面。服装整体感觉简单自然，舒适大方，塑造出着装者具有朝气、活力而又不乏知性的形象特征。

四、总体设计

（一）总体设计前提

服装总体设计就是根据已设定的品牌理念风格，确定设计主题与背景，然后绘出设计效果图，它是将品牌的战略构成结果付诸实施的过程，如表9-9所示。

表9-9 总体设计的前提

5W	W（why）：为什么	目的：一为消费者需求；二为生产商利益；三为表现品牌理念
	W（who）：为了谁	目标顾客，本案企划针对女大学生作为消费群体
	W（when）：何时穿	服装的穿着时间，本案企划是针对冬季穿着
	W（where）：地点与场合	服装的生产地、流通渠道、卖场位置；消费者穿着场合
	W（what）：考虑的内容	包括：生理舒适、心理舒适和服装美观等。
1H	H（how）：如何运作	设计、生产、销售三方面的协调统一；人事、技术、生产、流通、营销等各部门的协调统一
2C	C（cost）：花费多少	一般零售价少则是成本3～4倍，多则10倍以上
	C（communication）：交流功能	功能：一为品牌树立良好形象；二成为消费者表达自我的工具

（二）总体设计

款式、色彩和面料是服装设计中最重要的三大设计构成元素，是服装产品三个密不可分的组成部分。相同的设计元素由于采用了不同的色彩或材质，可能产生迥然不同的效果。

冬季女外套总体设计内容具体如下。

1.款式设计

（1）廓型

服装造型的总体印象是由服装的外轮廓决定的，它进入视觉的速度和强度高于服装的局部和细节。本案冬季女外套的理念风格是简约、女性化的，H型的廓型特征是简约、舒适、宽松、修长，X型的廓型特征是女人味浓、优美、柔和，所以本案冬季女外套的廓型以H型为主，再根据流行需要适当加入几款X型的设计。

（2）细节

细部结构设计是为了充分完善和塑造服装的款式，在局部给予充实、协调、呼应的一些造型特征。冬季女外套的细节设计主要包括领子、袖子、口袋、连接设计、腰节、门襟、下摆等设计，如表9-10所示。

表9-10 冬季女外套细节

★领子：
1 连身领 A无领——圆形领、方形领、V形领、船形领、“一”字领 B 连身出领
2 装领 A 立领 B 翻领 C 驳领 D 平贴领
3 组合领形
★袖子：
1 袖山设计 A装袖 B连身袖 C插肩袖
2 袖身设计 A紧身袖——一片袖（毛衫、针织衫） B直筒袖 C膨体袖——灯笼袖、泡泡袖、羊腿袖
3 袖口设计 A收紧式 B开放式 C外翻式 D克夫袖口 E装饰袖口 F七分袖或九分袖
★口袋：
A无袋 B贴袋 C暗袋 D插袋 E里袋 F复合袋
★连接设计：
A纽扣、袢带 B拉链 C搭扣 D绳带
★腰节：
1 收腰设计 A省道——褶裥、抽褶 B松紧带、罗纹带 C纽扣、袢带、绳带 D腰带
2 分割线、装饰线
★门襟：
1 对称式 2 偏襟 3 闭合式 4 敞开式 5 工艺门襟——镶边、嵌条、刺绣
★下摆：
1 普通平下摆 2 圆下摆 3 开衩摆 4 前后不对称下摆 5 抽褶下摆 6 贴边（罗纹）下摆 7 波浪下摆

2. 色彩设计

服装色彩冲击力是吸引消费者并使其发生购买行为的决定因素之一。本案目标消费群体偏好的服装色彩及其比例，如图9-14所示。

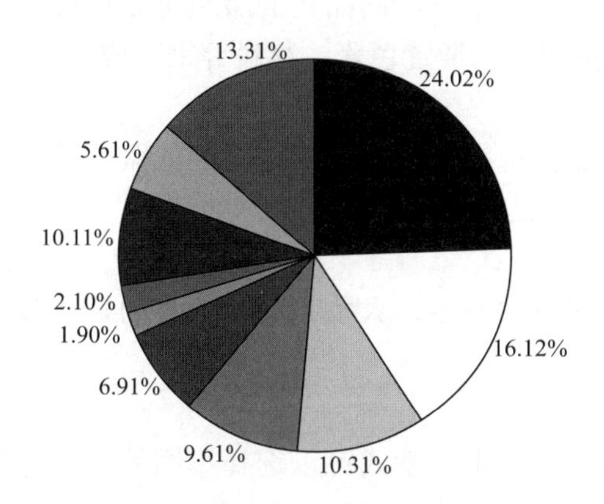

图9-14 色彩喜好比例及色彩标准卡

从调查数据可以看出，消费者选择黑、白、灰、米色这四种简单素雅的颜色所占的比例最大，也有部分人喜欢紫、红、蓝这些浓烈鲜艳的色彩。这些色彩都是服装经典色，在冬季女外套中也经常会运用到，深受年轻女性的喜爱。

3. 面料设计

冬季女外套的面料受流行变化影响较大，再加上不同品类的外套所用面料大相径庭，所以在选择冬季女外套的面料时，应该视具体款式和流行状况而定。纵观近几年的女外套市场，可以发现呢料在冬季女外套的运用广泛，也深受女性消费者的喜爱。据调查，呢料大衣是继羽绒服之后占据目标市场喜好程度最高的服装品类。另外，由于冬季气候寒冷，羽绒服成为冬季最受欢迎的品类，而受日韩欧美潮流影响，喜欢具有日系甜美休闲风的针织外套和喜欢具有欧美简约大气风格的风衣的人也不少。

冬季外套多采用100%的毛织物或者混纺织物，以厚型面料为主，花呢、绒面呢等质感厚实的面料在冬季外套中采用率较高；风衣常采用棉华达呢或与涤纶混纺的斜纹面料；冬季毛衫常用纯羊毛，或马海毛、安哥拉毛，或羊毛与腈纶、锦纶、粘胶纤维混纺的材料。

五、服装品类组合

服装的品类组合包括服装的组合搭配、服装商品构成、服装的规格尺寸和服装价格设定。

（一）组合搭配

服装的组合搭配是指将不同的廓型、细节、色彩、图案、面料的服装搭配和组合成具有某种整体风格的形象。本案设计到的组合搭配有品类搭配、款式搭配、色彩搭配、图案搭配和材料搭配。

（1）品类搭配

冬季女外套是服装品类的总称，包括羽绒服、棉袄、风衣、毛线衣、夹克等等。根据消费者喜好的服装品类，本案例选择了羽绒服、呢大衣、风衣和针织毛线衣作为唯衣品牌冬季产品主要的服装品类。

（2）款式搭配

冬季女外套的款式搭配变化丰富，同品类的服装可以通过长短款、细节间的搭配等来实现，而不同品类的服装搭配可以通过色彩、材料等来形成。

（3）色彩搭配

冬季女外套的色彩搭配体现在一个品类不同系列的服装的色彩对比以及一个系列不同品类的服装之间的色彩排列，达到吸引消费者眼球的目的。

（4）图案搭配

冬季女外套用到独立图案的不多，大多是面料本身的外观效果，所以图案搭配主要体现在面料的应用。

（5）材料搭配

冬季女外套根据不同品类、不同款式可以选择不同的面料进行组合搭配，以达到协调统一的效果。

（二）商品构成

冬季女外套的商品构成包括商品构成比例、品类构成比例以及商品款型。

1. 商品构成比例

冬季女外套的商品构成包括主题商品、畅销商品和常销商品。唯衣品牌的风格理念是具有简约的、女性化风格的服装，而女装的款式变化相对较大，再加上目标消费群是个性时尚的女大学生，所以主题商品的比例可稍微加大一点，但因为冬季女外套单品价格比较高，女大学生经济基础薄弱，购买时会比较谨慎，购买频率也不高，故为保证销售的稳定，常销商品或畅销商品的比例会比较大，主题商品的比例较小。所以，唯衣品牌的商品构成比例为：主题商品15%，畅销商品60%，长销商品25%。如图9-15为唯衣品牌的商品构成比例。

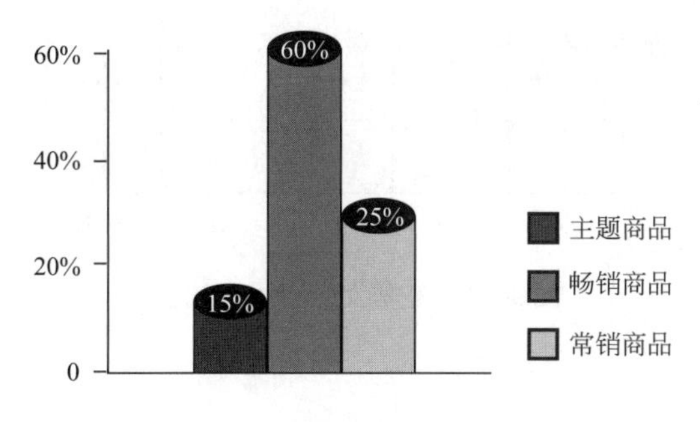

图9-15 唯衣商品构成比例

2. 品类构成比例

根据实地调查，即对服装款式设计、流行趋势和市场需求等方面的调查，以及目标消费者对服装品类喜好的问卷调查，发现目标消费者喜好的服装品类依次为羽绒服、呢大衣、针织毛线衣、风衣，如图9-16所示。尽管羽绒服穿着效果并不那么美观，但要抵挡风寒、保持温度，羽绒服肯定是首选；而呢大衣的保暖性能也不错，且款式新颖美观，是近几年比较流行的冬季外套；风衣和针织毛线衣分别因其简约干练和可爱休闲的风格受到年轻女性的喜爱，但因保暖性不足，可在初冬或气温稍微暖和时穿着。因此，唯衣品牌商品品类构成比例为：羽绒服30%，呢大衣25%，风衣20%，针织毛线衣25%。

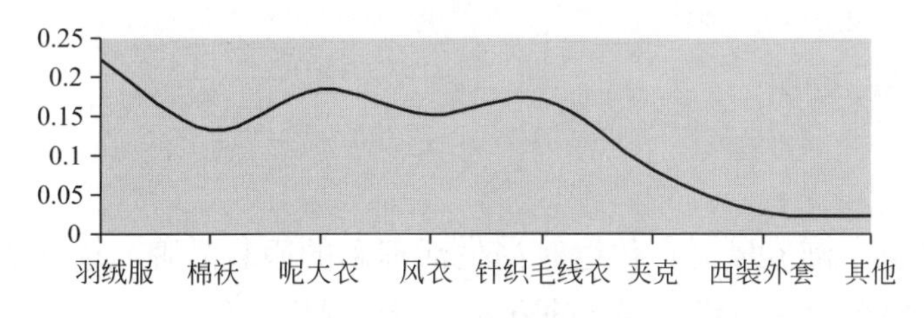

图9-16 喜好的服装品类

3. 商品款型

冬季女外套的商品款型是基于唯衣品牌简约、女性化的理念风格设计的，也要考虑时尚潮流，还应该考虑到女大学生日常穿着外套的场景与购衣计划的吻合性，再根据不同品类、不同系列设计出简洁大方又浪漫清新的款式。

（三）规格尺寸

冬季外套一般都是穿着在最外层的服装，由于冬天穿的衣服比较多，并不会将外套直接包裹身体，所以在冬季女外套的规格尺寸设计上，我们采用一号一型的配置方法。

通过问卷调查得出，冬季女外套的穿着人群的身材号型以M、L居多，占据36.6%和31.7%，S为16.9%，XL为13%，而XXL只有1.8%，如图9-17所示。女大学生群体大多身材匀称，所以冬季女外套也将按照这个比例来配置规格尺寸，即S：15%；M：40%；L：35%；XL：10%。

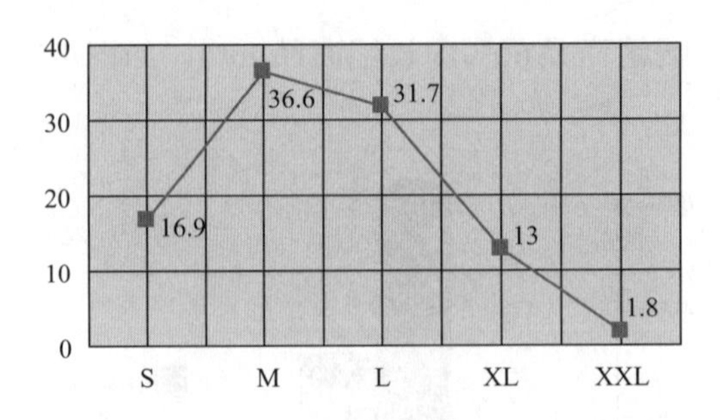

图9-17　冬季女外套号型比例

（四）价格设定

消费者对价格通常都比较敏感，尤其是大学生群体，没有独立经济基础，所以价格定位不宜太高，一定要在他们所能够承受的心理价位范围内。据调查发现，女大学生对于冬季外套的心理价位为：150元以下占比22.5%，150～300元之间占比51.4%，300～500元之间占比23.6%，500元以上占比仅为2.5%。

另外，冬季女外套各个不同品类之间所用的面辅料等成本有所差异，在价格设定的时候还应根据具体款式所用的成本来设定价格。因此，价格设定在198～398元之间，以298元为中心价格。

六、销售策略

（一）销售渠道与场所

1.流通渠道

唯衣作为一个符合潮流风尚，传达时尚生活理念的服装品牌，选择的流通渠道为服装生产企业→服装零售企业→消费者这样的方式，符合品牌定位。

2.营销渠道

（1）中间商的选择

以零售商为主，代理商为辅，前者分布最广、数量最多，与消费者接触密切，后者对产品价格、交易条件等有较大影响力。

（2）渠道长短选择

唯衣作为女性时尚服饰品牌，应该选择短渠道，这样能够适应本品牌多品种、小批量、时尚性强的特点。

（3）渠道宽窄选择

采用选择性分销的方式，以控制产品的分销面和价格以维持产品的形象和定位。

（4）零售场所选择

作为品牌女装店，零售场所应该选在女性逛街频率比较高的场所，特别是人流量大的闹市区和商场，所以选择专卖店和百货商场作为唯衣的零售场所。专卖店在一个地区设置一两家，百货商场设置1个专柜。

（二）促销战略

据调查，吸引消费者进入品牌服装店购买的因素主要有橱窗及店面的整体陈列和风格（16.2%），品牌形象好、信誉度高（31.6%），服装更新快、质量好、款式新颖（32.8%），服务态度好（13.5%），如表9-11所示。

表9-11　吸引消费者入店购买因素

吸引入店因素	人数	比例	吸引入店因素	人数	比例
整体陈列	77	16.2%	服装款式和质量	156	32.8%
品牌形象	150	31.6%	服务态度	64	13.5%
品牌忠实客户	24	5.1%	其他	4	0.8%

因此，唯衣品牌也需要通过橱窗和各种服装信息媒介宣传品牌形象，向消费者推广产品优势；然后通过优质的服务和良好的产品质量，来促进顾客购买，同时提高品牌信誉度。

1.促进顾客进入卖场

女大学生了解服装流行信息的媒介主要是商品及橱窗陈列（24.7%）、报纸杂志（17%）、网络（13.8%）。所以唯衣品牌可以通过商品及橱窗陈列及在报纸杂志和网络投放广告来宣传品牌和发布促销消息。

2.促进顾客购买

从消费者的立场出发，对设计、生产和销售等方面全方位思考，改进冬季女外套在设计和销售方面存在的不足。据调查，除了已经生产服装本身的状况，有25.1%的人认为售货员向顾客提供专业的颜色、尺码选择和服装搭配是一个值得改进的地方，而向顾客提供相关时尚潮流的信息、动态也占到需改进的20.8%，所以应该加强服务员的技能培训，包括对商品知识的了解以及服务态度和技巧，才能提高顾客购买率和品牌忠诚度，如图9-18所示。

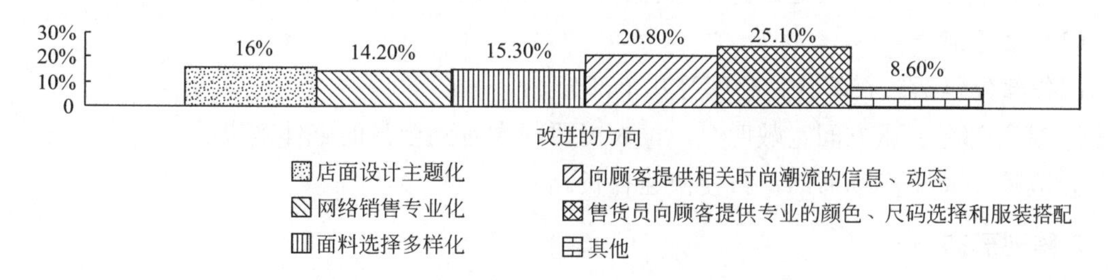

图9-18　冬季女外套设计及销售改进的方向

3.促销方式

由于大学生受经济因素制约严重，她们对促销方式的选择为直接打折（62.6%）、满多少元减多少元（20%）、买衣赠礼品（10%），所以唯衣品牌的促销方式以“折价”和“减价”为主，辅之以买衣赠送礼品（包括本品牌的服装）。

在实施促销战略时，将参照调查数据，按照表9-12来操作。

表9-12 唯衣品牌促销战略

促销战略		
促进顾客进入卖场	促进顾客购买	促销方式
1.商品及橱窗陈列（25%） 2.报纸杂志（17%） 3.网络（15%） 4.其他	提高服务水准，向顾客提供专业的颜色、尺码选择和服装搭配；提供相关时尚潮流的信息、动态等服务	1.打折（60%） 2.减价（20%） 3.赠送礼品（10%） 4.其他

（三）视觉促销

服装陈列主要是通过对产品、橱窗、货架、道具、模特、灯光、音乐、POP海报、通道等一系列卖场元素进行有组织的规划，从而促进产品销售、提升品牌形象的一种视觉营销活动。

唯衣品牌的陈列从以下三个方面入手。

1.陈列构成和规划

（1）导入部分

导入部分包括店头、橱窗、POP海报、流水台、出入口等元素。

① 店头：贴上由唯衣品牌标识的海报，一目了然，用以吸引顾客。

② 橱窗：由模特等陈列道具组合构成一幅主题鲜明的橱窗图像。

③ 流水台：陈列柜和陈列桌放于店面的显眼位置，用于摆放主题商品和促销商品。

④ POP海报：放在入口处，用于告知新品上市或促销的信息。

⑤ 出入口：由于面积限制，入口和出口合二为一。

（2）营业部分

营业部分主要由各种展示器具、收银台组成。

① 展示器具：高架用于正挂和侧挂服装商品。

② 收银台：位于店头处，方便顾客咨询、付款。

（3）服务部分

服务部分包括试衣部分、仓库等几个部分。

① 试衣部分：试衣间宽敞明亮，试衣镜要够大看到全身的整体效果。

② 仓库：位于卖场后面，方便快速补货。

2.陈列形态

（1）店内通道布局

采用自由型通道，布局灵活，根据不同货品、不同时期的情况及时调整，有利于促销、使顾客产生新鲜感。

（2）服装陈列形态

① 服装放置于容易看到、容易取到之处。正常视觉范围，如图9-19所示。

② 服装组合形态方法，按照主题商品、畅销商品和长销商品分开放置的方式来布置。

③ 服装放置方式，包括正挂、侧挂、悬挂、叠放陈列和人模展示。

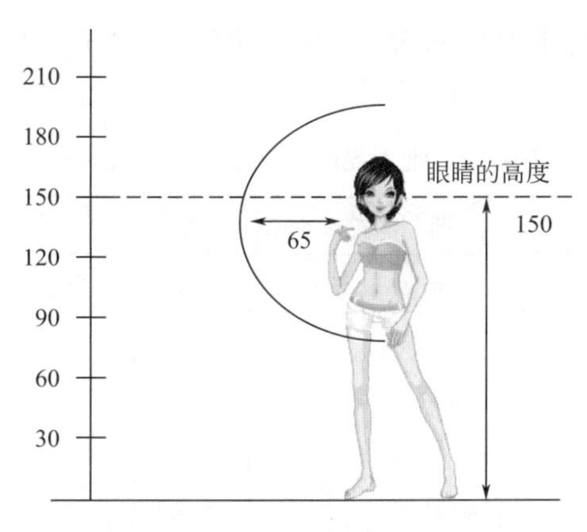

图9-19　视觉范围

3. 色彩构成

服装卖场色彩的构成主要有三个方面：服装色彩组合、装修格局色彩、照明设施灯光效果。

① 服装：采用渐变式陈列，富有层次感。

② 装修：采用女人味十足的紫色系，温馨浪漫。

③ 照明：采用白光，便于展示服装本身的色彩。

综上所述，可以设计出如下一个整体的店面布局，如图9-20所示。

图9-20　唯衣品牌店面布置

店面布置宽敞明亮，整体感觉温馨浪漫，与唯衣品牌简约、女性化的理念风格相一致。硬件设施齐全，设有海报、橱窗、货架、收银台、试衣间、休息椅等，使顾客在选购服装的过程中享受到一段非常愉快的购物之旅。

七、设计企划

总体企划是建立在对目标消费群的调查的基础上，再依据品牌的理念风格、服装总体设计、服装品类组合和销售策略的研究，制定出唯衣品牌的总体企划方案，见表9-13、表9-14。

表9-13 唯衣品牌冬季女外套款式企划

理念风格：简约·女性化							
	款式图	价格	面料	品类	色彩	廓型	细节
主题商品		¥398	棉（100%）	大衣	粉红色；米白	A	翻领，插肩袖、袖口外翻、七分袖，斜插袋，腰带，偏门襟、双粒扣，普通平下摆，中腰线
		¥368	羊毛呢（100%）	大衣	大红色；咖啡色	A	立领，装袖、泡泡袖、袖口外翻、九分袖，腰节分割、做褶裥，对称门襟，普通平下摆，高腰线
畅销商品		¥198	纯羊毛（100%）	短外套	宝石蓝；茶绿色	H	连身立领，紧身袖，插袋，偏门襟，普通平下摆
		¥198	纯羊毛（100%）	针织衫	藏青色；灰色	H	连身翻领，连身袖、五分袖、罗纹袖口，偏门襟、双排扣，罗纹下摆
		¥198	纯羊毛（100%）	针织衫	深紫色；大红色	H	圆形领，装袖、灯笼袖，罗纹腰节，对称门襟，普通平下摆，低腰线

续表

理念风格：简约·女性化							
	款式图	价格	面料	品类	色彩	廓型	细节
畅销商品		¥268	羊毛呢（100%）	短外套	白色；黑色	H	翻领，装袖、袖口外翻，斜插袋，工艺门襟，普通平下摆
		¥298	羊毛呢（100%）	大衣	大红色；米白	A	翻领，装袖、袖口外翻、七分袖，斜插袋，对称门襟，普通平下摆
		¥298	羊毛呢（100%）	大衣	灰色；黑色	A	驳领，装袖、九分袖，斜插袋，偏门襟，双排扣，普通平下摆，中腰线
		¥298	羊毛呢（100%）	大衣	宝石蓝；灰色	H	翻领，插肩袖、袖口外翻，对称门襟，普通平下摆
长销商品	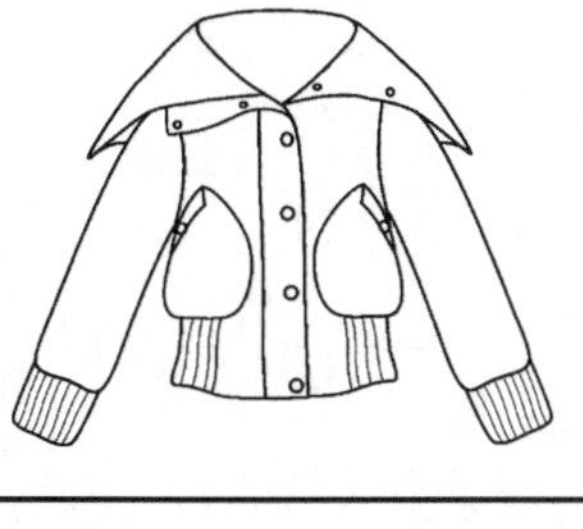	¥268	棉（70%）涤纶（30%）混纺	夹克	宝石蓝；白色	H	连身翻领，装袖、罗纹袖口，侧贴袋，对称门襟，罗纹下摆

续表

<table>
<tr><th colspan="8">理念风格：简约·女性化</th></tr>
<tr><td rowspan="3">长销商品</td><td>款式图</td><td>价格</td><td>面料</td><td>品类</td><td>色彩</td><td>廓型</td><td>细节</td></tr>
<tr><td></td><td>¥268</td><td>棉（70%）涤纶（30%）混纺</td><td>夹克</td><td>银灰色；黑色</td><td>H</td><td>连身立领，装袖、罗纹袖口，斜插袋，对称门襟，罗纹下摆</td></tr>
<tr><td></td><td>¥268</td><td>棉（70%）涤纶（30%）混纺</td><td>短外套</td><td>白色；墨绿</td><td>H</td><td>连身帽，装袖，斜插袋，对称门襟、扣袢，普通平下摆</td></tr>
</table>

表9-14　唯衣品牌冬季女外套总体企划

<table>
<tr><td>销售渠道</td><td colspan="2">① 百货商场（35%）</td><td colspan="2">② 专卖店（65%）</td></tr>
<tr><td>商品构成</td><td>① 主题商品（15%）</td><td colspan="2">② 畅销商品（60%）</td><td>③ 长销商品（25%）</td></tr>
<tr><td>品类构成</td><td>① 羽绒服（30%）</td><td>② 呢大衣（25%）</td><td>③ 风衣（20%）</td><td>④ 针织毛线衣（25%）</td></tr>
<tr><td>尺寸构成</td><td>① S15%</td><td>② M40%</td><td>③ L35%</td><td>④ XL10%</td></tr>
<tr><td>促销方式</td><td>① 打折60%</td><td colspan="2">② 满x元减y元20%</td><td>③ 其他20%</td></tr>
</table>

第二节 格绫澜品牌策划案

一、品牌概述

1.品牌理念

格调、质感、豁达。

2.风格定位

简约、文艺、设计感。

3.人群定位

25～35岁的都市男性。

4. 品牌映像

- 他，是初入社会的职场新人
- 他，是奔波忙碌的城市蚁族
- 他，在纷繁的世界打拼未知的生活
- 他，在嘈杂的都市守护内心的平静
- 他，崇尚淳朴自然的诗意生活
- 他，向往遗世独立的世外桃源
- 他，是都市中特立独行的文艺青年
- 他，在卓尔不群的格调中，享受属于自己的品质生活
- 他，在变幻莫测的世界中，泰然处之，内心豁达
- 他，以简约诉说着另一种奢华
- 他，是你，也是我，是每一个拼搏路上的勇者
- 他，就是格绫澜
- GREENLAND——我们心中坚守的一方净土

5. 竞争品牌

① 速写。
② 德诗。
③ 非池中。
④ 圣迪奥。

6.SWOT 分析

① 优势：服装品质较好，设计独特，在内地宣传和口碑较好，有一定的品牌追随者。
② 劣势：定位人群跨度较大，店铺较小，有时会出现缺货现象。
③ 机会：如何在原有消费群体的基础上形成稳定的购买力。
④ 威胁：受到同类低价、款式独特品牌的威胁。

7. 目标人群分析

① 中心年龄：25～35岁。

② 购买意识：崇尚休闲自在，无拘无束，富有设计感的穿着方式，希望不凡的搭配体现自身的追求，重视格调、质感。

③ 喜好空间：常去美术馆和电影院等艺术气息浓厚的场所，也喜欢到海边、山野、高原去体会自然。

④ 喜好品牌：非池中，速写。

⑤ 家庭关系：渴望独立，追求自己的生活方式，一般不会按照家长的意愿进行人生的规划，最终实现自我。

二、格绫澜流行趋势主题预测分析

1. 流行主题

格绫澜的品牌Logo和流行主题如图9-21和图9-22所示。

图9-21　品牌Logo

图9-22　品牌流行主题

2. 色彩

2013春夏男装秀场，各种鲜艳明快的颜色依旧是本季设计师的最爱，但烟灰、洋红、石绿，以及电光蓝也在其中大放异彩（图9-23）。

图9-23　品牌色彩参考

3. 面料

网眼面料成为2013春夏男装的焦点，呈条纹效果的面料和精细的运动网眼面料共同打造出多孔的编织效果。亚麻和亚麻混纺面料成为春夏发布会上的重头戏，其中自然色调的亚麻面料更受欢迎（图9-24）。

图9-24　品牌面料风格

4. 款式

衬衫之于男人，就好比小黑裙（little black dress）之于女人，纵使永远都是黑色或是白色，但细节之处的变幻就足以让人应接不暇。在2013春夏高级成衣秀上，设计师们擅长的加减游戏，在衬衫上表现得游刃有余。暖色调和金属光泽的面料，打破了秋冬的沉闷色彩；波普等不同文化元素的印花丰富了衬衫的视觉层次，而隐蔽的门襟以及衣领处的各种材质拼接等细节设计又为经典款式注入了新生力量。2013春夏男装衬衫单品分析：极简素色款、几何图案款、通体印花款、宽松休闲款、趣味拼贴款。品牌款式特点如图9-25所示。

图9-25　品牌款式特点

三、格绫澜2013系列设计提案

本系列男装灵感来源于经久不衰的格子面料，根据2013春夏男装流行趋势，围绕“灰烬破晓”这一主题展开设计，通过对男士衬衫突破常规的剪裁和分割，结合格子与纯色布，以及梭织棉布和亚麻布的拼接，简约中不失时尚，体现出生活在都市的男青年渴望冲破束缚，追逐自由的心态。

1.春——衍生与发现

尚未开启的神秘世界，有着无法预知的未来与色彩。丰富的蓝色与绿色是主打色彩，透着清凉感，就像神秘的海之国度，有靛蓝色的珠宝与绿色海藻。纯净的蓝色到绿色的丰富渐变，利用一丝橙色增添动感。以黑色衬托亮色系体现未知旅程的新奇与亮点（图9-26）。

图9-26　品牌春季服装系列

2. 夏——文化的回归

一组带有反叛色彩的调色板。不加修饰的红色与白色共存，黄色与粉红的搭配，充满活力的色彩混战，是20世纪90年代对于时尚的追忆，不特定不常规。街头艺术与嘻哈风格融入大胆色彩当中，高调色彩在讲述对于不同文化的支持与认可。街头创作与城市独立风气，这是一场自我文化的回归（图9-27）。

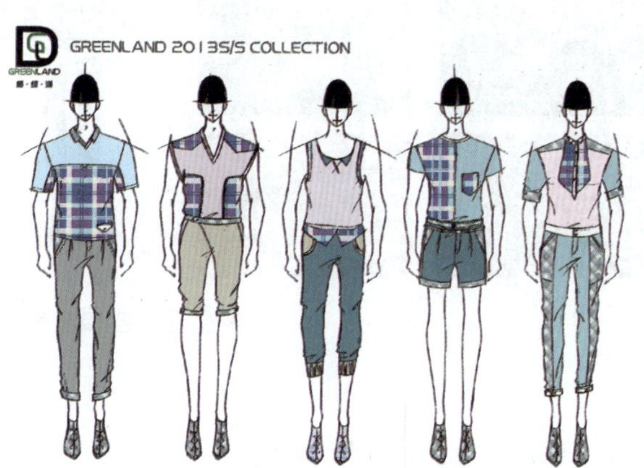

图9-27　品牌夏季服装系列

3. 秋——大地的内敛

来自大自然的清新色系，色泽高贵优雅，沉稳且内敛。大地泥土的颜色与藤蔓的紫色给人恒定感，白色的无形存在是空气，黑色是厚实的土地。粉色的沙子与冬季花开的光线感，一组微妙色系的过渡，极具本能性的色彩。众多元素组合形成了内敛的大地色系，看似不堪一击的柔和，却有着永恒经典的耐用（图9-28）。

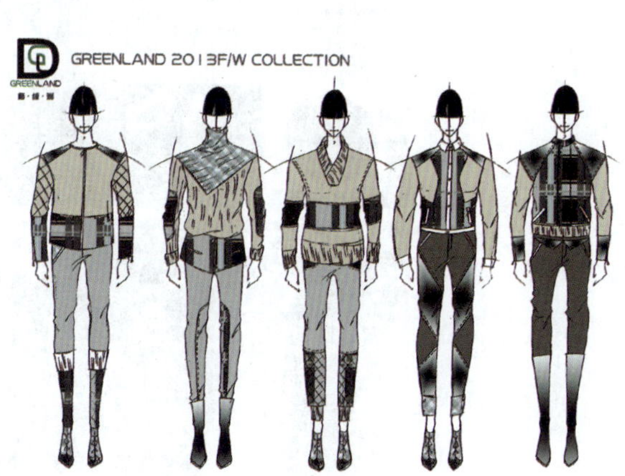

图9-28　品牌秋季服装系列

4. 冬——游牧的野性美

这是游牧民族与生俱来的野性与自然之美。亮丽的桃红色点燃心中的信念，绿色是永恒的青意，土褐色是真实有力的大地美感。红色不同层次的变化，是游牧者情绪的变化。

游牧的浪漫与冗长是经典色系的代表（图9-29）。

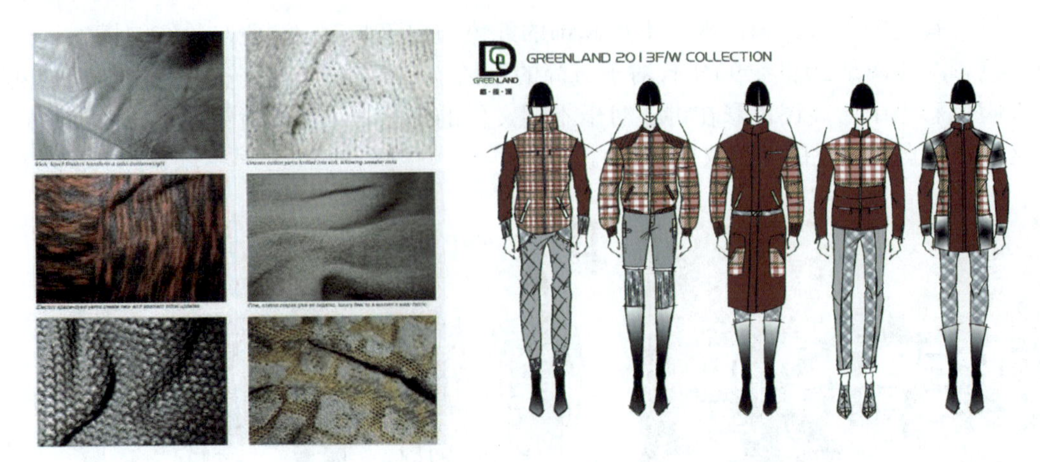

图9-29　品牌冬季服装系列

四、格绫澜2013年成品

格绫澜2013年成品系列如图9-30所示。

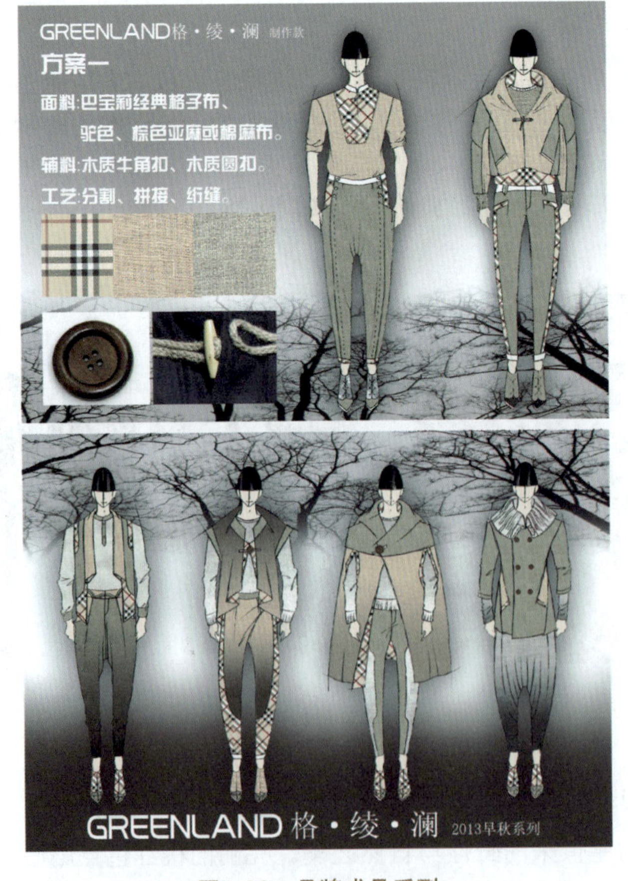

图9-30　品牌成品系列

1. 格绫澜2013年秋冬季产品规划

格绫澜2013年秋冬季产品规划见表9-15、表9-16。

表9-15 秋——大地的内敛风格产品规划

类别	款式	颜色	零售均价（元）
衬衫	20	咖啡、米色	269
休闲西装	20	米色、浅蓝	939
毛衣	24	米色、黄色	539
风衣	15	黄色、灰色	799
夹克	10	黄色、米色	659
小脚裤	10	黄色、咖啡	399
哈伦裤	8	黑、绿、灰	399

表9-16 冬——游牧的野性美产品规划

类别	款式	颜色	零售均价（元）
风衣	8	红色、红格	1099
毛衣	20	米色、黄色	539
斗篷	6	黄色、灰色	1099
夹克	6	黑色、咖色	769
小脚裤	10	黄色、咖啡	399
哈伦裤	8	黑、绿、灰	399

2. 与产品相关的VI设计

格绫澜产品相关VI设计如图9-31所示。

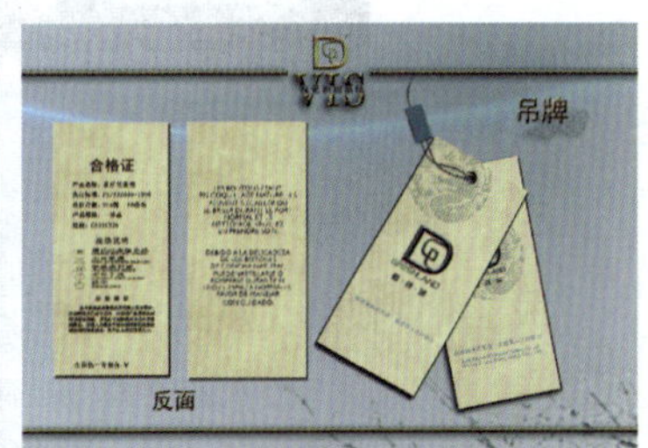

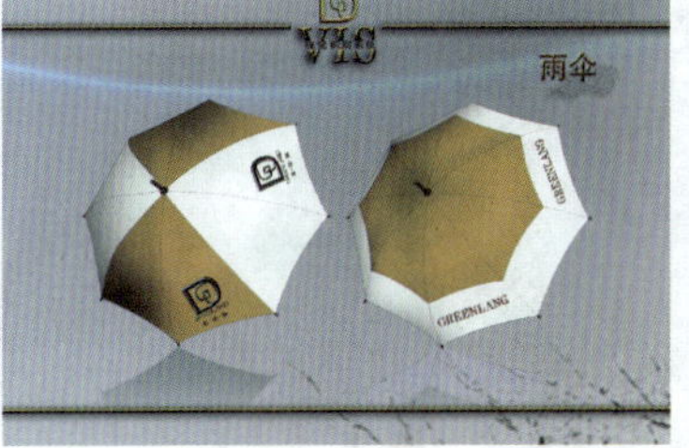

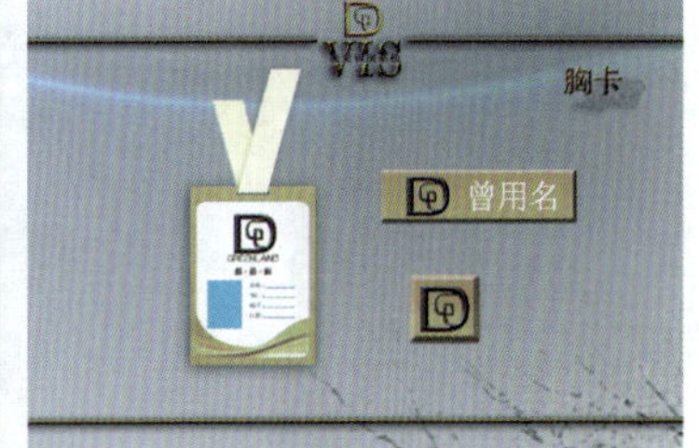

图9-31 与产品相关VI设计

3.店面形象设计

格绫澜店面形象设计如图9-32所示。

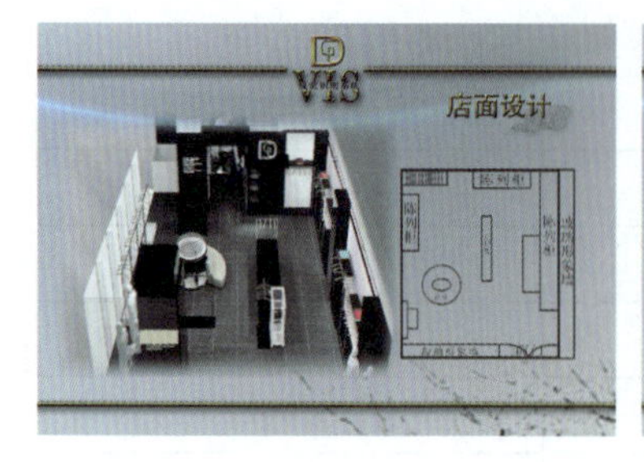

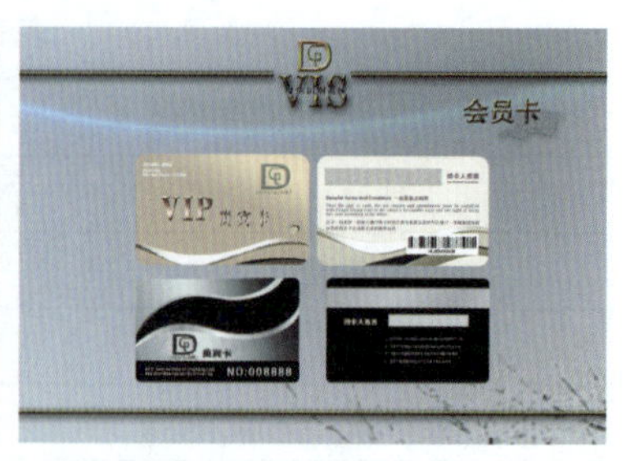

图9-32 店面形象设计

4.招贴设计

格绫澜招贴设计如图9-33所示。

图9-33 招贴设计

5.成品模特展示

成品模特展示如图9-34所示。

图9-34　成品模特展示

思考题

1. 服装商品企划成功的要素是什么？如何具体实施这些要素？
2. 服装商品企划需要的专业技能有哪些？

实践训练

选择一类服装，了解该类型服装的特征，以小组形式对该类商品进行企划，写出完整的案例分析报告。

参考文献

[1] 李俊 . 服装商品企划学 [M]. 北京 : 中国纺织出版社，2010.
[2] 何佳讯 . 品牌形象策划——透视品牌经营 [M]. 上海 : 复旦大学出版社，2000.
[3] 杨以雄，顾庆良 . 服装市场营销 [M]. 上海 : 中国纺织大学出版社，2001.
[4] 赵平 . 服装营销学 [M]. 北京 : 中国纺织出版社，2008.
[5] 贠玉珍，王伟，王学东 . 服装品牌建设浅谈 [J]. 纺织科技进展，2005.（4）:
[6] 宁可强，李秀丽 . 浅析品牌文化构建 [J]. 商场现代化，2006.（9）:
[7] 毛立辉 . 中国男装如何打造品牌魅力 [J]. CHINATEXTILE，2003.（4）:
[8] 李国生，张瑜 . 我国男装品牌的个性化与国际化 [J]. 商场现代化，2006.（3）:
[9] 刘晓刚 . 品牌服装设计 [M]. 北京 : 中国纺织出版社，2011.
[10] 谢荣华 . 国内服装品牌建设问题及对策 [J]. 华东经济管理，2006.（9）:
[11] 刘云华 . 服装商品企划与实务 [M]. 北京 : 中国纺织出版社，2009.
[12] 艾丽诺 · 伦弗鲁（Elinor Renfrew），科林 · 伦弗鲁（Colin Renfrew），袁燕，张雅毅译 . 时装设计元素 : 拓展系列设计 [M]. 北京 : 中国纺织出版社，2010.
[13] 朱松文 . 服装材料学 [M]. 北京 : 中国纺织出版社，2001.
[14] 袁利，赵明东 . 突破与掌控 : 服装品牌设计总监操盘手册 [M]. 北京 : 中国纺织出版社，2008.
[15] 丰蔚 . 成衣设计项目教学 [M]. 北京 : 中国水利水电出版社，2010.
[16] 黄世明，余云娟 . 现代成衣设计与实训 [M]. 辽宁 : 辽宁美术出版社，2009.
[17] 于国瑞 . 服装产品设计 [M]. 北京 : 中国纺织出版社，2012.
[18] 刘云华 . 服装商品企划与实务 [M]. 北京 : 中国纺织出版社，2009.
[19] 周辉 . 图解服饰陈列技巧 [M]. 北京 : 化学工业出版社，2011.
[20] 王芝湘 . 展示设计 [M]. 上海 : 东华大学出版社，2008.
[21] 马大力、徐斌、徐军 . 服装展示技术 [M]. 北京 : 中国纺织出版社，2006.
[22] 王怡然 . 服饰店经营管理实务 [M]. 辽宁 : 辽宁科学技术出版社，2003.
[23] 邱庆剑 . 营销总监 [M]. 广东 : 广东经济出版社，2003.
[24] 庄贵平 . 企业营销策划 [M]. 北京 : 清华大学出版社，2005.
[25] 李定好 . 服装设计实务 [M]. 北京 : 中国纺织出版社，2006.
[26] 杨大峻，李宽，马大力 . 商品企划 [M]. 北京 : 中国纺织出版社，2003.
[27] 莎伦 · 李 · 塔特 . 苏洁译 . 服装 · 产业 · 设计师 [M]. 北京 : 中国纺织出版社，2008.
[28] 李国强，苗杰 . 市场调查与市场分析 [M]. 北京 : 中国人民大学出版社，2005.